20,-

z'BÄRG
WEGE ZUM ALPKÄSE

ISBN 3-909532-01-2

© 2002   Autorenteam und Verlag
          Das Werk einschliesslich aller seiner Teile,
          ist urheberrechtlich geschützt. Jede Ver-
          wertung ausserhalb der engen Grenzen des
          Urheberrechtsgesetzes ist ohne Zustimmung
          des Verlages unzulässig und strafbar.

Herausgeber	Volkswirtschaftskammer Berner Oberland
Verlag, Gestaltung, Realisation	Weber AG, Werbeagentur und Verlag, Gwattstrasse 125, CH-3645 Gwatt/Thun
Erstauflage	4000 Ex., Juni 2002
Titelbild	Alp Loohern mit dem Looherenhürli, fotografiert vom Wildenstein
Karten	Reproduziert mit Bewilligung des Bundes- amtes für Landestopographie (BM022105)
Hauptsponsoren	SMP Schweizer Milchproduzenten
	LOBAG Landwirtschaftliche Organisation Bern und angrenzende Gebiete

z'BÄRG
WEGE ZUM ALPKÄSE

Ernst Roth (Text)
Beat Straubhaar (Fotos)

80 Käsealpen der Ämter Signau,
Thun und Niedersimmental

Ein Wanderbegleiter für
Alp- und Käseliebhaber

INHALT

Alpenperlen	8
Einführung in Thema und Gebiet	10
Bergkäse oder Alpkäse?	14
Die Alpbeschreibungen	18
Die Alp	20
Die Sennten	22
Von der Emme an die Zulg	24
Zwischen Zulg und Sigriswilergrat	68
Das Justistal	88
Zwischen Stockhorn und See	136
Im Bunschental und darüber hinaus	168
Im Südwesten des Gantrisch	208
Ins Diemtigtal hinein	244
Vom Pfaffen zum Seehorn	292
Glossar	360
Alphabetisches Register Sennten	363
Tabelle: Nummern und Namen	364
Literatur	366

VORWORT

Mit dem Buch über die Käsealpen am Eingang zum Berner Oberland ist es den beiden Autoren gelungen, die Welt der Älpler und Sennen den Lesern näher zu bringen. Mit ihm werden nicht nur Alp- und Käseliebhaber zum Besuch der Alpen angeregt, sondern es lockt auch Menschen an, die in dieser kargen und Ehrfurcht gebietenden Alpenwelt nach neuen Werten und auch nach dem Sinn des Lebens suchen. Den Alp- und Käseliebhabern ist dieses von Kennern liebevoll gestaltete Buch ein Wanderbegleiter, der sie in die Hütten und auf die Alpweiden führt und ihnen auch Wissen über die Geschichte, die Besonderheiten und die heutige Nutzung der Alpen vermittelt. Einheimische werden auf anschauliche Art daran erinnert, dass diese werkigen Älplerinnen und Älpler unsere schöne Alpenwelt nicht nur nachhaltig nutzen, sondern auch mit beachtenswertem persönlichem Einsatz pflegen – zum Nutzen von uns allen und insbesondere auch zum Nutzen des Tourismus. Unseren Gästen aus der Schweiz und dem Ausland, die sich von der Hektik des Alltags befreien wollen und nach alten und neuen Werten suchen, kann dieses Buch zum persönlichen Wegbegleiter werden. Sie entdecken darin Menschen, die mit harter Arbeit für sich und die Tiere sorgen, auf Unnötiges verzichten können, dem Erhalt der Bergwelt und dem Traditionellen verpflichtet sind. Menschen die der rauen Bergwitterung trotzen und deren Arbeitsrhythmus von natürlichen Prozessen und nicht nur von profitgerichtetem Leistungsdruck und künstlicher Hektik bestimmt wird. Dieses Buch ist in diesem Sinne nicht nur ein Wanderführer, sondern es schafft auch Identität mit einer von uns allen neu zu entdeckenden Land- und Bergwirtschaft. Es wird zum Steg zwischen Traditionellem und der Moderne. Wir wünschen allen, die sich auf den Weg zum Alpkäse begeben, ein schönes und sinnstiftendes Erlebnis.

Volkswirtschaftskammer Berner Oberland

Hans Jakob Hadorn   Norbert Riesen
Präsident   Direktor

Mys Älpli

Froh und innig   Text und Musik von Adolf Stähli

1. J ha di gärn, mys lie - ben Älp - li, we d'vor mer zue ir Sun - ne
2. Wes lüüch-tet vo de Bärg - a - hor - ne, de weis i, dass der Win - ter
3. *(mf)* U treisch du ei - nisch ds Win-ter-chleid - li, wenn i die er - schte Spu - re

steisch! Am schönschte, düechts mi, sigsch im Sum - mer, grad denn we
naht. Ja, denn möcht i e Tag ver - tröi - me, im stil - len
zieh, *(f)* de jub - lets freu - dig i mym Här - ze: Nei, schö - ner

ds Blue - me-chleid - li treisch.   Am schönschte, düechts mi, sigsch im
Älp - li un - trem Grat.   Ja, denn möcht i e Tag ver -
bisch du all - wäg nie!   De jub - lets freu - dig i mym

chleid - li treisch.
1. Bass: un - trem Grat.
all - wäg nie!

Reproduziert im Einverständnis mit der Erbengemeinschaft von Adolf Stähli.

ALPENPERLEN

Das Jodellied von Adolf Stähli, dem bekannten und beliebten Dichter und Komponisten (1925–1999) besingt eine dieser Perlen. Wie aus dem Lied hervorgeht, war er gerne im Justistal, vor allem auch in stillen Winterzeiten (seine Spur auf S. 93); aber sein «lieu préféré» war das Unterbergli hoch über Tal und Thunersee (S. 96ff). Stellvertretend für die Alpkultur sei dieses Lied allem voran gestellt.

Die übrigen Alpen aus dem umschriebenen Gebiet wurden wie Perlen an einem Faden aufgereiht, damit man sie eine nach der anderen begreifen und geniessen könne.

Ebenso faszinierend aufgereiht liegen die Berner Alpkäse in Kellern und Speichern, und stehen später zum Hobelkäse reifend in den Rechen im Gaden.

Die Idee des Buches ist, Informationsperlen, die in der Datenbank www.alporama.ch zu jeder Alp bereitliegen, auf Wanderung oder Reise mitnehmen zu können. Ein Buch gibt die Möglichkeit schöner Gestaltung und zweckmässiger Gruppierung der Bilder in handlichem Format.

Mit diesem Buch sollen dem Alpkäsegeniesser Hintergrundinformationen nachgereicht werden, die ihm erleichtern, den Herstellungsort aufzusuchen, Landschaft, Tiere, Menschen und Umstände kennenzulernen; dadurch bekommt der Genuss eine weitere Dimension, und die Identität der Älpler wird gestärkt. Aber auch Touristen aller Art sollen die Landschaft, in der sie sich bewegen, von der Produktionsseite her kennen lernen; die Produkte, welche die Alp hervorbringt, sind ein Teil der Kulturlandschaftspflege durch die Älpler und müssen zu einem angemessenen Preis vermarktet werden. Alpwirtschaft und Tourismus können so

Blick in einen ebenmässig gefüllten Käsekeller: schön liegen die Laibe einer neben dem andern.

zusammenarbeiten. Nachhaltige Entwicklung im Alpengebiet und sanfter Tourismus sollen damit gefördert werden. So ist das Buch auch als Beitrag zum Internationalen Jahr der Berge zu sehen.

Das Glossar von Begriffen, die Tabelle über Namen und Nummern von Alpen und Sennten sowie das Literaturverzeichnis sollen den Gebrauch des Buches erleichtern.

Gedankt sei hier allen herzlich, die zum Werk in der vorliegenden Form beigetragen haben. Es sind dies

- «Alpi e formaggi delle nostre montagne» von Lettieri et.al. über die Käsealpen des Kantons Tessin als Anregung für Datenbank und Herausgabe in Buchform.
- Die Schweizerische Arbeitsgemeinschaft für die Berggebiete (SAB) und der Schweizerische Alpwirtschaftliche Verband (SAV), die den Anstoss gaben sowie Infrastruktur und Datenbank unterstützen.
- Die Volkswirtschaftskammer Berner Oberland, die als Herausgeberin das Buch tragen hilft, aber schon mit «Berner Oberland – Originalprodukt» zusammen mit der CASALP wesentlich zu den Grundlagen beiträgt.
- Die Weber AG Verlag, Gwatt, welche die Initiative ergriffen hat, das Datenbankmaterial in dieser Form zu veröffentlichen, und ihre Fachkräfte für Gesamt- und Detailgestaltung zur Verfügung stellte.
- Beat Straubhaar, der einen Sommer lang den Textautor mit Fotoapparaten sowie Feingefühl und Können auf die Alpen begleitet hat.
- All die Eigentümer, Bewirtschafter, Pächter und Angestellten der Alpen und Sennten mit ihrer Offenheit, Gastfreundschaft, Mitarbeit und Unterstützung.
- Alle, die durch ihr engagiertes Interesse an Buch und Projekt dazu beigetragen haben, Probleme zu bewältigen.

Rückmeldungen, Anregungen, Bemerkungen und Ergänzungen können in die Datenbank jederzeit eingespeist werden. Sie werden auch für eine zukünftige Verwendung sehr gerne entgegen genommen. Die Kontaktadresse ist dem Literaturverzeichnis angefügt.

Ernst Roth   Juni 2002

Perlendes Wasser, gesunde Urkraft, Ursprung des Lebens, unabdingbar für Mensch und Vieh, sowie für Käseherstellung und nachhaltige Energiegewinnung.

EINFÜHRUNG IN THEMA UND GEBIET

Was sind eigentlich «die Alpen»?
Die Alpen sind ein grosses Gebirge, das sich von der Côte d'Azur bis an den Balkan erstreckt. Sie sind aber auch die schneebedeckten Gipfel, die nach Süden unsern Horizont begrenzen. Und drittens sind «Alpen» wirtschaftliche Einheiten in den Sömmerungsgebieten, welche Alpwirtschaft betreiben und für die Berglandwirtschaft eine grosse Bedeutung haben.

Alpen oder besser Alpbetriebe sind zeitweise bewirtschaftete und bewohnte Gebiete und Gebäude in den oberen Zonen des landwirtschaftlich nutzbaren Gebietes. Es sind Betriebe, die in der Sömmerungszone liegen. Alpen sind seit Generationen genau umschriebene Geländeteile, die streng organisiert sind. Sie werden zu bestimmten Zeiten im Frühsommer bestossen und im Herbst wieder entladen. Sie sind meist für eine bestimmte Zahl von Tieren resp. «Füssen» «geseyt», d.h. zur Sömmerung freigegeben, damit sie weder über- noch unternutzt werden. Diese Nachhaltigkeit hat eine sehr lange Tradition und wird von Genossenschaften wie privaten Alpeigentümern beachtet. Korporationsalpen sind häufig in kleinere Einheiten unterteilt, die aber oft nicht ausgezäunt sind. Hingegen sind diese kleineren Einheiten oder Sennten an die entsprechenden Alp- oder Sennhütten gebunden, die vielfach in Privateigentum stehen. Das Vieh der verschiedenen Senntenbewirtschafter weidet manchmal kreuz und quer durcheinander; für das Melken wird es aber von seinen Betreuern separiert, und die Milch der zugehörigen Tiere wird in diesem Senntum verarbeitet, häufig zu schmackhaftem Alpkäse (aus Kuhmilch), aber auch zu andern Produkten, wie Alpmutschli, Ziger, Ziegenkäse, Alpbutter oder der berühmten «Gebsenidle.»

Da die grossen Korporationsalpen oft mehrere hundert Meter in die Höhe reichen, sind sie zudem in Stafel unterteilt, d.h. Teilgebiete, die gestafelt besetzt werden: die untersten schon früh im Sommer, die obersten erst im Hochsommer, und das Ganze gegen den Herbst zu wieder nach unten.

Die Frühlings- resp. Herbstweiden, die als Vorweiden, Voralpen oder Vorsassen, manchmal auch Allmenden bezeichnet und vor der eigentlichen Alpfahrt genutzt wer-

Ganzheitliche Alpwirtschaft: Jungvieh, Milchvieh, Molkenverwerter.

den, sind von den Alpen getrennt und rechtlich ganz anders organisiert. Sie werden nur dort in Betracht gezogen, wo sie eher den Charakter eines Unterstafels haben. In einigen Fällen hat auch ein Nutzungswandel stattgefunden. Dies führt dazu, dass die Begriffe «Allmend» oder «Vorsass» heute auch in den Namen von eigentlichen Alpen vorkommen.

Alpwirtschaft

Alpwirtschaftliche und alptechnische Zusammenhänge werden in vielen Büchern und andern Publikationen, z.B. auch in Tageszeitungen und Branchenzeitschriften von Fachleuten umfassend erläutert. Deshalb beschränken wir uns hier auf einige besonders für den Alpkäse wichtige Dinge und verweisen auf die zum Thema reichhaltig verfügbare Literatur (AfL des EVD, Anderegg, BFS, Dietl, Hösli, Ramseyer, Schatzmann, Stebler, Werthemann/Imboden).

Die Alpwirtschaft ist ein Musterbeispiel für die nachhaltige Bewirtschaftung von sensiblen Landschaften. Deshalb kann die Bedeutung einer gesunden Alpwirtschaft nicht genug betont werden! Die Einhaltung strenger, aus Erfahrung entstandener Regeln ermöglichte während Jahrhunderten die Bewirtschaftung dieser Zone. Die Intensivierung der Landwirtschaft und die entsprechenden Empfehlungen (z.B. im Alpkataster aus den Jahren 1960–1980) drohten manchenorts und zeitweise, das Gefüge aus dem Gleichgewicht zu bringen. Forschung, Lehre, Ausbildung und Beratung tendieren seither wieder mehr in eine ganzheitliche, erhaltende Richtung. Aber auch Naturschutzbestrebungen sollten beachten, dass die Alpwirtschaft mehr zur Erhaltung beiträgt, als dass sie zerstört; sie muss es, wenn sie Bestand haben will; und es ist deutlich zu erkennen, dass sie das will.

Landwirtschaft und Tourismus als sich ergänzende Tätigkeitsbereiche sind in aller Leute Mund. Dazu ist festzuhalten, dass die Vollerwerbslandwirtschaft, besonders im Berggebiet, eine Erfindung der Moderne ist. Es ist deshalb nicht leicht verständlich, wenn Nebenerwerbe zur Landwirtschaft und die Nebenerwerbslandwirtschaft in Misskredit geraten. Gerade das Ineinandergreifen von Leistungen für Tourismus und Produktion ist Nachhaltigkeit pur. In der Berglandwirtschaft gibt es nicht immer gleich viel zu tun. In stilleren Zeiten kann die landwirtschaftliche Arbeitskraft anderweitig genutzt werden, wie das seit Jahr-

Tägliche Milchkontrolle: Grundlage für die Verteilung des Sommernutzens auf die Berechtigten am Chästeilet im Herbst.

hunderten der Fall ist. Handwerk, Tourismus, aber auch Eigenleistung bei Investitionen und intensive Selbstvermarktung sind solche Bereiche.

Die Alpkäseherstellung ist im Berner Oberland neben der Viehaufzucht einer der bedeutendsten Zweige der Alpwirtschaft. Deshalb liegt das Hauptgewicht dieser Darstellung auf dem Alpkäse, ergänzend zur bestehenden Literatur (FAM, Frehner, Gotthelf, Lettieri, Leuenberger/Rytz, Manuel, Roth A.G. [«Der Sbrinz und ...»], Roth E.).

Nachhaltige Alpwirtschaft

Die nachhaltige Nutzung der Alpen ist in aller Leute Mund. Kaum eine Woche vergeht, in der nicht die Nachhaltigkeit der alpwirtschaftlichen Nutzung hervorgehoben, oder mehr Nachhaltigkeit im Bewirtschaften der alpinen Räume gefordert wird. Dies gibt Anlass zu einigen Gedanken über die Nachhaltigkeit. Nachhaltig nutzen heisst doch einfach: den Ertrag nutzen ohne die Substanz anzugreifen und zwar in jeder Beziehung. Gelegentlich entsteht der Eindruck, dass Nachhaltigkeit einzig in Bezug auf die Natur gebraucht wird und gemeint ist. Dabei ist man sich heute weitgehend einig, dass Nachhaltigkeit drei Aspekte zu berücksichtigen hat: den ökonomischen, den ökologischen und den sozio-kulturellen.

Ökonomisch nachhaltig heisst, dass nicht das Kapital, was immer das sei, verbraucht oder angetastet wird, sondern dass man das mittels des Kapitals Erarbeitete nutzt. Das wirtschaftliche Gefüge soll im Gleichgewicht bleiben!
Für die ökonomische Nachhaltigkeit braucht es keine Vorschriften, soweit nicht abhängige Menschen davon betroffen sind. Die Vorschriften sind die kaufmännischen Grundsätze, die wirtschaftlichen Regeln, die sich die Branche oder jeder Einzelne selbst geben müssen; die gute Herstellungspraxis, die man lernt. Sobald durch wirtschaftliche Massnahmen andere Menschen betroffen sind, kommt zusätzlich die soziale Verantwortung zum Zug (vgl. die soziale Nachhaltigkeit unten).

Ökologisch nachhaltig heisst, Naturlandschaften und Kulturlandschaften zu erhalten. Nutzen, was bei den natürlichen Prozessen, die sich darin abspielen, anfällt, ohne den Bestand zu gefährden. An sich kann man reine Naturlandschaften überhaupt nicht nutzen; stellt sich höchstens die

Obstbäume auf den Alpen zeugen von intensiverer Bewirtschaftung in geschichtlichen Wärmeperioden.

Frage, was nutzen in diesem Fall heisst. Beeren lesen, Kräuter sammeln, Holz schlagen, Tiere weiden lassen – wie weit ist das natürlich, ab wann ist es bereits kultürlich?

Natur ist das, was selber geworden ist, was geboren wurde (natus); was geboren wurde, entwickelt sich, verändert sich ständig; ein Naturreservat erhalten, wie es ist oder war, ist ein Widerspruch. Man kann es unberührt lassen, dann wird es sich wandeln und mit der Zeit etwas anderes werden!

Kultur ist das, was der Mensch bebaut (colit), was durch ihn bebaut wurde (cultus), was eben der Bauer (cultor) bestellt hat; dann aber auch, was vom Menschen gebaut wurde. Das Bestreben geht dahin, etwas herzustellen und zu gestalten, was Dauer hat, was so bleibt, wie es gemacht wurde. Man baut dauerhaft; man bebaut, so dass auch mit Produktion der Landschaftsaspekt erhalten bleibt. Das Landschaftsgefüge soll im Gleichgewicht bleiben. Weil die ökologische Nachhaltigkeit nicht offensichtlich ist, besonders ihre Missachtung nicht, braucht es zu ihrer Respektierung Vorschriften.

Soziologisch nachhaltig resp. gesellschaftlich nachhaltig heisst, dem Menschen den Freiraum lassen, die Betätigung erlauben, die ihm ermöglichen, im inneren und äusseren Gleichgewicht zu bleiben; seine Kräfte zu nutzen, ohne seine Substanz zu verbrauchen. Da auch hier die Nachhaltigkeit nicht offensichtlich ist, und da die Bedingungen oft von aussen (Arbeitgeber, Behörden, andere Menschen) vorgegeben sind, braucht es Vorschriften. Vorschriften, welche ganz generell die Ausbeutung der Menschen durch andere Menschen verhindern. Die kulturelle Nachhaltigkeit ist ein Teilaspekt der sozialen und wird deshalb hier nicht speziell abgehandelt. Aber auch hier sind – natürlich – die gleichen Erwägungen zu machen.

Nachhaltigkeit umfasst alle drei Aspekte; Nachhaltigkeit muss umfassend, ganzheitlich sein. Verhältnismässigkeit zwischen den Aspekten muss berücksichtigt werden. Die eine Nachhaltigkeit darf nicht zulasten einer andern Nachhaltigkeit gehen. Ökologische Auflagen sollten weder die ökonomische Funktion noch die soziale Funktion beeinträchtigen.

Küher und Sennen markieren ihr Produkt, die Händler «marquent le passage» (Identität, Soziokulturelles).

BERGKÄSE ODER ALPKÄSE?

z'Bärg

In manchen Gegenden heissen die Sömmerungsbetriebe Bärg/Berg, in andern wiederum Alp; entsprechend geht man im Sommer z'Bärg oder z'Alp, es handelt sich also um die Bergfahrt oder die Alpfahrt resp. den Alpaufzug; manchmal heisst es auch einfach Züglete, und die findet auf dem Zügelweg oder auch Fahrweg statt, weil man nach altem Sprachgebrauch mit dem Vieh fährt, so wie es im Berner Marsch heisst «die wo z'Fuess und z'Sattel fahre.»
Eine Älplerin geht z'Bärg, aber auch ein Alpinist geht z'Bärg. Die eine «fährt» für einen ganzen Sommer auf ihren Berg, ihre Alp, während der andere meist für einen Tag oder ein Wochenende eine Bergtour unternimmt und einen oder mehrere Berg- resp. Alpengipfel besteigt: «Über Alpweiden hinweg zu den Alpengipfeln!» könnte der Slogan heissen.

Berg- und Alpkäse

Was ist richtig? Was ist was? Sehr aktuelle Fragen, wenn man in die Fachpresse schaut. Fragen, die bei der Vermarktung von Käsespezialitäten eine wesentliche Rolle spielen; besonders weil selbst bei den Berglern verschiedene Auffassungen herrschen. Auf den ersten Blick ist logisch, dass dort, wo man z'Bärg geht, Bergkäse (Bärgchäs) hergestellt wird. Ebenso einleuchtend aber, dass dort, wo man z'Alp geht, Alpkäse produziert wird. Je nach Gegend heissen die Sömmerungsbetriebe eben so oder anders. So weit, so gut.
Wenn es nicht die ganz Schlauen gäbe: Früher, bis ins 18. Jahrhundert, gab es nur den in den Sömmerungsbetrieben hergestellten Käse; im Winter waren die Kühe bei den damaligen geringen Milchleistungen längere Zeit galt (trocken) und das Restchen Milch brauchte man im Haushalt. Dies änderte zu Beginn des 19. Jh., als man infolge der intensivierten Landwirtschaft auch im Tal und im Winter Käse herzustellen begann. Dazu steht bei Jeremias Gotthelf «Käserei in der Vehfreude» viel Bemerkenswertes zu lesen! Z.B. auch, dass die Konsumenten in die neumödischen Talkäse noch kein grosses Vertrauen hatten. Und da stiegen nun eben die Schlauen ein, die in den Bergtälern Käse herstellten, und nannten ihren Käse nicht Talkäse, sondern Berg-

Die Margerite (Leucanthemum vulgare) ist ein Symbol der Reinheit, beim Alpkäse gross geschrieben.

käse. Denn nicht überall, wohin man ihn verkaufte, wusste man, dass er aus den Bergdörfern kam, und so profitierte man vom guten Namen, den der Bergkäse, eben der vom Berg herab, hatte. So weit so schlecht.

Nun hatte man also einen Bergkäse vom Berg und einen Bergkäse vom Dorf. Die Milch kam von den gleichen Bergbauern, die ihre Milch im Sommer auf dem Berg verkästen und im Winter in die Dorfkäserei lieferten. Als man die Verwirrung beim Konsumenten bemerkte, war es wie so oft zu spät; die initiativen Käsereigenossenschaften liessen sich den – mit Absicht – missbrauchten Namen nicht mehr nehmen. In den Gegenden, wo man z'Alp geht, war die Sache noch recht einfach: es gab Alpkäse (den von der Alp) und Bergkäse (den aus dem Dorf). Dies sollte nun in den Gebieten, in denen man z'Bärg geht, auch so gehalten werden, auch wenn es vielen gegen den Strich geht, den Käse vom Berg als Alpkäse zu bezeichnen. Warum sollte man?

Der Alpkäse, eine Spezialität

Man sollte, weil der Alpkäse als etwas Besonderes mehrere Franken pro Kilogramm mehr wert ist als der Bergkäse aus dem Dorf. Und wenn der Konsument diese Preisdifferenz bemerkt, sollte er auch erkennen, woher sie kommt. Man sollte ihm erklären können, worin der Unterschied besteht, und zwar der zwischen Alpkäse und Bergkäse, denn ein Unterschied zwischen Bergkäse und «Bergkäse» ist wohl recht schwierig zu erläutern... Worin besteht denn der Unterschied? Es gibt mehrere Unterschiede:

- Der Alpkäse (also auch der ursprüngliche Bergkäse) wird nur im Sommer hergestellt, wenn sich die Milchkühe auf der Alp ihr schmackhaftes, würziges Futter selbst zusammensuchen und mindestens den halben Tag frei auf der Weide herumgehen können. Die Tiere sind in diesen 70 bis 120 Tagen sehr natürlich gehalten und ernähren sich von frischem Gras und Kräutern, wenn diese nicht vom Schnee zugedeckt sind.
- Die Milch auf der Alp wird sehr sorgfältig behandelt, kaum gepumpt, nur in kleinem Umkreis transportiert und von Hand teilweise abgerahmt, wenn überhaupt.
- Der Alpkäse wird in alt hergebrachter Weise, mit viel Handarbeit und nachwachsender Energie (Holz aus den zur Alp gehörigen Wäldern), oft in herkömmlichen Einrichtungen und mit traditionellem Gerät schonend hergestellt.

Presse, von oben: Schwarsteine, Presslad, Ladstecken, Balken, Deckel – und darunter liegt der junge Käse. Der Hebel links dient zum Anheben des Lads, damit der Stecken eingespannt werden kann.

- Alpmilch und damit Alpkäse enthalten nach neuen Erkenntnissen (und wissenschaftlich nachgewiesen!) Substanzen, die nicht nur schmackhaft, gesund und bekömmlich sind, sondern auch Schutzfunktionen haben.
- Alpkäse vermindert den Energieverbrauch und andere Kosten, indem die Milch vor Ort auf nachhaltige Art haltbar gemacht wird. Man entzieht ihr vor dem Transport viel Wasser, was diesen wesentlich vereinfacht, ökologischer und ökonomischer gestaltet. Dies war natürlich früher von grosser Bedeutung – und gewinnt heute wieder an Bedeutung.
- Die Herstellung von Alpkäse ermöglicht Wertschöpfung in den äussersten (obersten) Randgebieten der Besiedlung und ist deshalb ein wichtiges Produkt im Rahmen des Verfassungsauftrages, den die Landwirtschaft hat.

Kennzeichen des Alpkäses

Die Art und Weise, wie sich ein Käse präsentiert oder wie er präsentiert wird, gibt nicht immer einen Hinweis darauf, ob es ein echter Alpkäse oder ein Bergdorfkäse ist. Beim Alpkäse gibt es verschiedenste Grössen (Järbhöhe und Laibdurchmesser), unterschiedliche Farbe, diverse Altersstufen und sowohl halbweiche/halbharte als auch harte und extraharte Käse; von der reichen Geschmackspalette gar nicht zu reden!

Ein echter Alpkäse trägt als Kennzeichen ein Label, das von einer Schutz- oder Marktorganisation definiert wird. Wer die festgelegten Kriterien erfüllt, erhält das Recht, dieses Label zu benützen, den Käse mit einer entsprechenden Marke zu versehen. Diese Marken, die unmittelbar nach der Herstellung auf die Alpkäselaibe aufgebracht werden (vgl. S. 28 und 304), bestehen aus einem Namenszug und eventuell auch einem Bild, welche die Gegend, aus welcher der Alpkäse stammt, charakterisieren (z.B. Berner Oberland) sowie einer Nummer oder einem andern Zeichen, mit dem der Alpbetrieb identifiziert werden kann, in dem der Alpkäse hergestellt wurde. Es ist wichtig, dass sich auch Konsumentinnen und Konsumenten darum bemühen, Missbräuche, die immer wieder vorkommen, aufdecken zu helfen, indem sie beim Anbieter nachfragen und bei Unklarheiten die verantwortlichen Stellen informieren und Auskunft erfragen.

Heilkräfte können auch direkt aus dem gelben Enzian (Gentiana lutea) gewonnen werden.

Berner Alpkäse und Hobelkäse
Berner Alpkäse ist ein Hartkäse und etwas ganz Besonderes. Aus ihm wird durch eine längere, bis mehrjährige Reifezeit der berühmte Hobelkäse. Er wird im Berner Oberland und einigen direkt angrenzenden Gebieten sorgfältig hergestellt und auch durch verschiedene Stellen eingehend geprüft. Der Verein CASALP koordiniert seit 1993 die Bestrebungen um die Vermarktung des Berner Alpkäses und des Hobelkäses. Die CASALP ist seit 1999 in die von der Volkswirtschaftskammer Berner Oberland unterstützten Bestrebungen integriert, die unter dem Label «Berner Oberland – Originalprodukt» gemeinsam unternommen werden. Weitere Informationen zur Herstellungsweise und den Besonderheiten von Berner Alpkäse und Hobelkäse sind auf der CASALP-Homepage www.casalp.ch zu lesen. Das AOC-Gesuch (Appellation d'origine contrôlée, Ursprungsschutz) für diese Käse wird demnächst publiziert werden. In diesem Rahmen besteht ein umfassendes Pflichtenheft für Berner Alpkäse und Hobelkäse, das aber noch bereinigt werden muss, und deshalb erst, wenn es rechtskräftig ist, in einem der geplanten Folgebände bekannt gegeben werden soll.

Der alte und der neue Thermometer; neue Hygienerichtlinien erlauben für dieses Instrument kein Holz mehr.

DIE ALP-BESCHREIBUNGEN

Ziel und Aufbau des neuen Alpinventars
Das Gesamtprojekt Schweizer Alpbetriebe – Marketing-Inventar (SAMI; vgl. Roth in Montagna 3/2002) soll die ganze Schweiz abdecken und ist für die Kantone in Teilprojekte gegliedert. Vorläufig werden die Innerschweiz, das Wallis und das Berner Oberland bearbeitet. Vorweg sind die Käsealpen dran, denn für Marketingmassnahmen ist Geld vorhanden.

Die noch gültigen Daten werden aus dem «Alpwirtschaftlichen Produktionskataster 1961–1980» übernommen, der als umfassendes Werk noch heute wertvolle Dienste leistet. Das Ganze wird aktualisiert in eine elektronische Datenbank eingelesen und mit attraktiven Bildern versehen. Sie ist auf der Internetseite www.alporama.ch für alle zugänglich und dient als Grundlage für weitere Auswertungen. Man kann daraus Adresslisten zusammenstellen, Wanderbücher drucken, Produktinformationen ausdrucken oder Betriebsspiegel gestalten.

Das SAMI wird nicht so umfassend sein, wie der Alpkataster, weil die Behörden an einer flächendeckenden Aufnahme aller Daten in dieser Form nicht interessiert sind. Auch sind die Interessen der Anspruchspartner zu unterschiedlich. So haben sich SAB (Schweizerische Arbeitsgemeinschaft für die Berggebiete) und SAV (Schweizerischer Alpwirtschaftlicher Verband) entschlossen, auf privater Basis diejenigen Teile zu aktualisieren, welche für die Vermarktung von Alpprodukten wichtig sind.

Das Konzept für das Gesamtprojekt SAMI wurde 1999 erstellt. Im Jahr 2000 begann die Umsetzung. Sukzessive wird die Datenbank aufgebaut und immer wieder neuen Bedürfnissen und Erkenntnissen angepasst. Auf ein umfassendes Suchsystem mit verschiedenen benutzerfreundlichen Möglichkeiten wird grosser Wert gelegt.

Das Teilprojekt für das Berner Oberland umfasst 600 Alpbetriebe. Die andern Kantone und Regionen werden je nach Interesse und möglichen Bearbeitern vorangetrieben.

Auch vom Zytröseli (Huflattich, Tussilago farfara) geht eine schützende Wirkung aus.

Auswahl, Namen und Nummern

Die Auswahl der beschriebenen Alpen beschränkt sich ausdrücklich auf die Alpen, von denen mindestens ein Senntum nach dem Verzeichnis des MIBD (Milchwirtschaftlichen Inspektions- und Beratungsdienstes) mit einer Kontrollnummer versehen ist (Sennten-Nummer und ab ca. 2002 Zulassungsnummer). Nur diese stellen verkehrstauglichen Alpkäse her (vgl. die Tabelle im Anhang). Alle diese Alpen sind ebenfalls, und zwar teilweise um einiges ausführlicher, in der Datenbank beschrieben, die im Internet über www.alporama.ch abgerufen werden kann.

Gliederung der Alpbeschreibungen

Das Buch ist so gegliedert, dass die Kapitel mehr oder weniger geschlossene Gebiete umfassen. Sie folgen sich von Osten (E) nach Westen (W) ins Berner Oberland hinein. Im ersten Gebiet «Von der Emme an die Zulg» ist die Alpdichte am geringsten. Im Schatten des Sigriswilergrates liegen sie schon dichter, und im Justistal, das mit einem eigenen Überblick versehen wurde, folgen sich die Käsealpen als lückenlos aufgereihte Perlen.

Hinüberwechselnd aufs linke Aare- und Seeufer finden wir zwischen Stockhorn und See eine Gruppe sehr schön gelegener Alpen in zwei Gemeinden. Jenseits der Stockhornbahn sind die Käsealpen wiederum zerstreut; hier integriert wurden die beiden Alpen der Gemeinde Blumenstein. Im Südwesten des Gantrisch finden sich die ersten Alpen, die mehrere Sennten umfassen: Morgeten (am gleichnamigen Pass ins Gurnigelgebiet) und Neuenberg; in diese Gruppe wurde auch die Alp Grön-Seeberg aufgenommen, die sehr nahe, aber jenseits der Wasserscheide im Schwarzenburgerland liegt.

Auf der rechten Simmenseite liegen der Niesenkette entlang hauptsächlich Diemtigtaleralpen und verteilt über den Rücken zwischen Simme und Fildrich die letzte Gruppe mit Alpen in vier Gemeinden. Hier integriert sind einige Alpen, die politisch zu Zweisimmen, und damit ins Obersimmental gehören, aber touristisch deutlich ins Diemtigtal orientiert sind.

Das Wandern soll auch des Käseliebhabers Lust sein (Landwirtschaft und Tourismus).

DIE ALP

Die erste Doppelseite ist der Alp als Ganzes gewidmet, wie in den Gemeindebänden des «Schweizerischen Alpkatasters» der damaligen AfL des EVD beschrieben.
Der Alpname entspricht der Schreibweise im Alpkataster. Aus Gründen der Verständlichkeit kommen Abweichungen vor. In der Folge wird durch unterschiedliche Schreibweisen der Namen darauf hingewiesen, dass Varianten nach Karte, Alpkataster, Kontrolllisten oder anderen Usanzen bestehen.
Der Beschreibung vorangestellt wurde ein «Motto», eine Charakterisierung, ein Ausspruch, ein Eindruck der Besucher, welches dem Leser ein Gesamtbild der Alp vermitteln soll.

Rechtsform/Eigentümer
Hier werden die oft komplizierten Eigentumsverhältnisse und die Eigentümer genannt, soweit dies möglich ist. Wenn Genossenschaften die Alp selbst bewirtschaften, wird das hier erwähnt, und bei den Personen nur noch die verantwortliche Person genannt.

Landeskarten
Sie dienen als Hilfe für das Aufsuchen der Alpen. Die Karten 1:50000 aus dem Gebiet gibt es mit der Zusatzbezeichnung «T» auch als Wanderkarten.

Koordinaten Referenzpunkt
Neben den Koordinaten und der Höhenkote wird der nächstgelegene Flurname zum Hauptstafel angegeben, möglichst nach der Karte 1:25000. Bei räumlich voneinander getrennten Stafeln einer Alp sind die Koordinaten des zweiten Stafels (Nebenstafels) im Textteil «Lage der Alp» angegeben.

Lage der Alp
Enthält die Beschreibung der gesamten Alp, wie sie im Alpkataster gefunden wurde, oft gekürzt, aber in der damaligen charakteristischen Sprache. Ergänzungen sind eingefügt, Änderungen in und durch Bewirtschaftung er-

Kann man das in Worte fassen?

wähnt und Zahlen angepasst. Himmelsrichtungen sind im militärischen Sinn gebraucht: N bedeutet Norden, Nord- und nördlich; E = Osten, Ost- oder östlich; S, W und Zusammensetzungen analog.

Wege zur Alp
Zufahrtsmöglichkeiten, Beschränkungen und Bewilligungen werden beschrieben. Die Zugänglichkeit zu Fuss ist erprobt, erfragt oder den Unterlagen der Berner Wanderwege (BWW) entnommen (diesen sei gedankt für das Zurverfügungstellen).

Touristisches
Hier geht es um die Vermarktung der Alp und ihrer Umgebung: Exkursionen, Labung, Verpflegung, Beherbergung, Anlässe sowie Sehens- und Erlebenswertes. Naturschutzgebiete werden nicht systematisch erwähnt, weil das Netz auf den verschiedenen Ebenen sehr umfangreich wäre.

Infrastruktur
Hier werden Organisation und Einrichtung der Alp und die Aufteilung der Alp in Sennten und Stafeln dargestellt. Als Stafel werden auch die Gebäude dieser Alpteile bezeichnet. Im Gebiet bestehen die Alpen meist aus einem einzigen, häufig einstafligen Senntum, man ist also während des ganzen Sommers an einem Ort. Weiter geht es um Verkehrs- und Transportschliessung, elektrische Versorgung und die für Mensch, Vieh und Käserei äusserst wichtige Wasserversorgung.

Bestossung
Hier werden die zeitliche Beschickung, Bewirtschaftung und Belebung der Alp und der einzelnen Stafel aufgeliestet. Die Angabe der Stösse und die Umrechnung in Normalstösse sind oft nicht bereinigbare technische Angaben (vgl. Glossar). Die rechtsgültigen Zahlen liegen beim kantonalen Landwirtschaftsamt vor.

Weideflächen
Angegeben ist die nutzbare Fläche (ohne Wald- und unproduktive Flächen), und die aufteilung gibt einen Eindruck vom Charakter der Alp. Viele Alpen sind noch heute nicht vermessen. Die Zahlen sind nicht rechtsverbindlich. Das Wildheu wird kaum mehr eingebracht.

Kühlen und frisch halten im klaren, kalten Bergwasser.

DIE SENNTEN

Die folgenden Seiten beschreiben die Produktionsbetriebe von Alpkäse, die Sennten, in welche die Alp aufgeteilt ist auf je einer Doppelseite. Diese Sennten sind benannt und nummeriert nach dem Verzeichnis von LOBAG und MIBD; die ersten beiden Ziffern bezeichnen normalerweise die mit Käsealpen bestückten Gemeinden des Kantons Bern und die beiden letzten die laufende Nummer in dieser Gemeinde (z.B. 1104 Röstischwand-Bütschi in der Gemeinde Diemtigen). Voraussichtlich ab 2002 wird diese Sennten-Nummer nach erfolgter Inspektion durch die Zulassungsnummer ersetzt. Sie ist auf den Alpkäsen in Form einer Marke aufgebracht und dient der Rückverfolgbarkeit (Nummern und Namen vgl. Tabelle S. 364).

Besatz
Hier werden die Nutztiere aufgeführt, die im Sommer 2001 auf der Alp gesömmert wurden. Hühner und alle Haustiere wurden weggelassen. Soweit möglich wird auch erwähnt, wie viel eigenes Vieh die Bewirtschafter mitführen, und wie viel sie von Dritten annehmen.

Personen
Hier werden die Hauptverantwortlichen und die für den Käse Verantwortlichen genannt; es soll ein Eindruck entstehen, wie viele Personen auf dem Senntum arbeiten.

Gebäude
Die Gebäude tragen wesentlich zum Charakter der Alp und ihrer Sennten bei. Sie sind häufig auch auf genossenschaftlichen Alpen in privatem Besitz. Ihre Beschreibung gibt eine Vorstellung von den Arbeitsbedingungen, architektonische und kulturhistorische Hinweise, und soll Neugierde wecken (vgl. Rubi Chr.).

Käserei
Die Käsereieinrichtungen sind sehr mannigfaltig. Von einfachen, urtümlichen Einrichtungen bis zu neuzeitlichen Ausstattungen findet man alles. Es schien wichtig, dass der Leser seinen Besuch danach auswählen kann.

Heizen und kochen: hinten können Milch und Käsebruch sanft erwärmt werden; vorne gibt's kochendes Wasser zur Reinigung und Desinfektion.

Käselager
Für die erfolgreiche Reifung des Käses sind Lagerung und Pflege mit entscheidend. Auch gibt die Beschreibung Aufschluss über Betriebsabläufe (schwierige Lager erfordern mehr Arbeit!) und darüber, ob die reifenden Käse überhaupt auf der Alp oder schon im Talbetrieb (teilweise sehr schöne und gute Keller) zu sehen sind.

Produkte und Vermarktung
Die Herstellung des Hauptproduktes Berner Alpkäse ist auf der Homepage der CASALP (www.casalp.ch) eingehend beschrieben. Weitere Alpprodukte, die aus einem Senntum in Verkehr kommen, sind aufgezählt; insbesondere soll der Leser erfahren, wo überall er die Alpprodukte finden und kaufen kann.

Auszeichnungen
Charakter und Qualität der Alpkäse sind schwer zu beschreiben und schwierig zu werten; deshalb wird im Buch darauf verzichtet. Die Liebhaber können selbst herausfinden, was ihnen am besten schmeckt. Jahraus, jahrein finden aber regionale, eidgenössische und internationale Wettbewerbe statt. Mulchen, die daran teilgenommen haben und prämiert wurden oder in die vordersten Rängen kamen, werden hier gewürdigt.

Besonderes zur Verarbeitung
Grosse Unterschiede findet man in den Möglichkeiten und Gewohnheiten der Abendmilchlagerung (bis zur Verarbeitung am Morgen) und in der Einstellung des Fettgehaltes; darum wird hier darauf eingegangen. Feinheiten der Fabrikationsschritte sind mehr von fachlichem Interesse und werden in einer eigenen Arbeit ausgewertet. Einzig der Käseauszug wird dann beschrieben, wenn nicht jeder Laib einzeln von Hand herausgenommen wird.

Besonderes zum Senntum
Hier werden spezielle Herstellungsstandards und Labels, sowie persönliche Eindrücke der Leute auf der Alp, von Besuchern oder von Fachleuten festgehalten, welche das einzelne Senntum charakterisieren, wo es mehr als eines pro Alp gibt.

Neues Holz oben schützt das alte unten, das so fast ewig hält.

VON DER EMME AN DIE ZULG

1. Geisshalden (28–31)
2. Rämisgummen (32–35)
3. Gross Imbrig (36–39)
4. Tannigsboden (40–43)
5. Baumgarten (44–47)
6. Obere Mastweid (48–51)
7. Ober Breitwang (52–55)
8. Drüschhubel/Fall (56–59)
9. Honeggli (60–63)
10. Babschwand (64–67)

NÄCHSTE DOPPELSEITE:
Erste Löwenzahnblüten auf der frühlingshaft grünen Honegg. Der Blick geht über das Eriztal hinüber zu den Sieben Hengsten mit der Sichel, dem Übergang ins Justistal.
Aufnahmestandort 629540/182960, 1360 müM

GEISSHALDEN

Eine empfehlenswerte Station auf dem Grenzpfad Napfbergland

Hier ist ein guter Fotograf am Werk: Die Guschti jedenfalls interessiert's. Im Hintergrund die Gebäude der Geisshalde mit dem markanten Ahorn.

Die Haltestelle Geisshalde der PTF resp. der AOE Langnau bietet eine umfassende touristische Information.

Gemeinde/Amtsbezirk
Trub/Signau

Rechtsform/Eigentümer
Privatalp im Eigentum von Andreas Brechbühl, Zimmerzeibergli, 3537 Eggiwil, und Peter Brechbühl, Rainsbergweg 17, 3534 Signau.

Landeskarten
1188 Eggiwil 1:25 000
244 Escholzmatt 1:50 000

Koordinaten Referenzpunkt
Geisshalden, 632600/193000, 1210 müM

Lage der Alp
Die Alp liegt rittlings auf einem Weiderücken, nach E sehr steil, nach N mit Absturzgefahr über eine waldige Fluhnase auf 1150–1265 müM; ein vielseitiger, mehrheitlich gutgräsiger Bewuchs, in den unteren Lagen schattig und leicht vernässt.

Wege zur Alp
Mit dem PW von Trubschachen oder Eggiwil bis Hinter Blappach und nur für Zubringer bis zur Alp. Eine Postautolinie der PTF führt versuchsweise (bis 2002) bis zur Alp. Zu Fuss ist der kürzeste Weg von Trubschachen (731 müM) oder Wiggen (780 müM) auf verschiedenen Wanderwegen 2 bis 2½ Stunden.

Touristisches
Höhenwanderung von Langnau (673 müM) über die Hohwacht in knapp 4 Stunden, sehr abwechslungsreich, teilweise auf alten Wegsystemen (Wanderbuch 3065 Emmental, Route 33). Aussichtspunkt ist der nahe Rämisgummenhoger (1300 müM); weiter über Wachthubel (1414 müM) mit Panoramaaussicht nach Schangnau. Die Alp Geisshalden ist eine Station auf dem «Grenzpfad Napfbergland» (umfangreiche Dokumentation); viele weitere Wanderwege in diesem tollen Gebiet verführen auch 50plus-Leute.

Die Familie Brechbühl hat ein im Sommer ganzwöchig und im Winter an Wochenenden geöffnetes Bergrestaurant eingerichtet und bietet Übernachtung im Massenlager an: Bergrestaurant «Erika», Peter Brechbühl und Christine Wymann-Brechbühl, Geisshaldenalp, 3537 Eggiwil.

Weideflächen
24 ha Weideland

Infrastruktur
Einstafliges Senntum 5701; mit Güterstrasse bis zum Stafel erschlossen; innerhalb der Alp mit Karrwegen; Stromversorgung seit 1947 durch das Netz der BKW; Wasserversorgung aus guten eigenen Quellen.

Bestossung
27 Stösse in 115 Tagen (Ende Mai bis Mitte September): 31 Normalstösse

Besonderes zur Alp
Die Zufahrtsverhältnisse sind rechtlich etwas kompliziert; dadurch war das Bergrestaurant jahrelang immer wieder in den Schlagzeilen der Regionalpresse. Verschiedene Künstler (Emil Zbinden, Fred Baumann) haben hier gezeichnet und gemalt.

Blick nach SW: die imposante Löffelschwandfluh und darüber der Rämisgummenhoger.

Lehrling Beat Emmenegger zum Zaunen ausgeschickt – mit dem treuen Begleiter Blässi.

Geisshalden
SENNTUM 5701

Gebäudegruppe Geisshalde von S: vorne der neue Komplex Bergrestaurant mit Gartenrestaurant, hinten die ursprüngliche behäbige Alphütte, dahinter Reisisegg und Napfmassiv.

Niklaus Brechbühl eifrig bei der Käsepflege im Keller: Arbeit, Kochsalz und Pfeffer sind die besten Konservierungsmittel.

Niklaus Brechbühl wäscht das Käsereigerät: Wasser ist zum Waschen da…

Besatz
18 Kühe, 19 Rinder, 5 Ziegen; es wird praktisch nur eigenes Vieh gesömmert.

Personen

Funktion	Person	Telefon
Bewirtschafter	Andreas Brechbühl Zimmerzeibergli 3537 Eggiwil	034 491 13 54
Käser	Niklaus Brechbühl	
Käserin	Bethli Brechbühl	

Telefon auf der Alp   034 491 12 24

Gebäude
Die Sennhütte ist ein grosser Holzbau, im Stil eines Bauernhauses, aus dem 18. Jh, mehrfach erneuert, mit geräumigem Wohnteil nach W und zwei Doppelquerställen. Ein Kälber- und Schweinestall gleich daneben; das Bergrestaurant mit Massenlager wurde Ende 1960er Jahre anstelle einer Scheune grosszügig gebaut und eingerichtet.

Käserei
In der geschlossenen Küche ummantelte Feuergrube mit 425 l Kessi an Deckenschiene, elektrischem Rührwerk und Hebelpresse mit Spindel, Betonboden und verputzten oder Holzwänden.

Käselager
Keller unter der Hütte, wetterseitig, mit Kiesboden, sehr geeignetem, kühlem Klima und Bankung für 250 Laibe; Abtransport im Herbst.

Produkte und Vermarktung
3000 kg Berner Alpkäse & Hobelkäse in 220 Laiben à 7–15 kg; 170 kg Ziegenkäse; 100 kg Ziger; 250 kg Alpbutter
Verkauf an Passanten und das Bergrestaurant «Erika», das ihn auch selber zu Hobelkäse auslagert, sowie an Privatkundschaft und folgende Geschäfte: Sterchi, La Maison du Fromage, pass. du Centre 4, 2300 La Chaux-de-Fonds (für diverse Restaurants); Ueli Rentsch, Käserei Ilfis, 3550 Langnau; Dubach, Käserei, Bäraustr. 35, 3552 Bärau; Götschi, Käserei, Dorfstr. 58, 3555 Trubschachen.

Besonderes zur Verarbeitung
Die Abendmilch wird in Gebsen gelagert und abgerahmt. Bis in die 1960er Jahre wurde die Milch zentrifugiert und an Kälber verträngt.

Bethli Brechbühl zerschneidet die Dickete für den Geisschäs mit einem Messer; früher benutzte man dazu ein Holzschwert.

Ihr Mann Niklaus entfernt mit feinem Schnitt den Span: zur Qualitätssicherung werden die Kanten des Käselaibes gebrochen.

Bethli Brechbühl rührt eifrig und trotzdem ruhig im kleinen Kessi: sie macht Geisschäs.

RÄMISGUMMEN

Grosszügig, weitläufig, über die Kantonsgrenzen hinweg

Die schöne Gebäudegruppe Mittler Rämisgummen mit Schattbäumen; Kälber weiden um die Sennhütte, Gemüse wächst im Tunnel.

Neugierde gegen Neugierde: ein Rind bestaunt den rührigen Fotografen durchs Mistloch auf Hinter Rämisgummen.

Gemeinden/Amtsbezirke
Eggiwil/Signau und Marbach/Entlebuch LU

Rechtsform
Privatalp

Landeskarten
1188 Eggiwil 1: 25 000
244 Escholzmatt 1:50 000

Koordinaten Referenzpunkt
Mittelrämisgummen, 631600/192100, 1220 müM

Lage der Alp
Rämisgummen ist eine der grössten, weidgängigsten und bestgräsigen Alpen im Emmental in 1090–1300 müM; der Heueinschlag wurde zeitweise auch als Selbstversorgungsacker genutzt; die Alp ist W-exponiert, an einem muldigen, sanften, teilweise feuchten Hang. Die Ländersitenweid hingegen liegt am steilen E-Hang im Kanton Luzern.

Wege zur Alp
Auf dem Fahrsträsschen von Trubschachen oder Eggiwil bis Hinter Blappach, Güterstrasse (für Anstösser) bis Chäserenegg (kein öffentlicher Parkplatz!). Zu Fuss von Eggiwil (739 müM), Trubschachen (740 müM) oder Wiggen (788 müM), 6 bis 7 km.

Touristisches
Von Langnau (670 müM) über die Hohwacht eine vierstündige Wanderung und weiter auf den Wanderwegen über Wachthubel nach Schangnau; dazwischen Panoramaaussicht vom Rämisgummenhoger.

Infrastruktur
Senntum 1201; von den ehemals drei Stafeln wird nur noch Mittelrämisgummen mit Milchkühen bestossen; Vorder- und Hinterweide sowie die Nebenstafel Schärmtannensiten und die Ländersitenweid werden als Parallelstafel für Jungvieh genutzt. Die Güterstrassen zur Alp und die Wege innerhalb sind zweckmässig und privat; Stromversorgung durch das Netz der BKW; eigene Quellwasserversorgung, teilweise mit einem Widder hergeleitet.

Bestossung
ca. 127 Stösse in 120 Tagen (Ende Mai bis Anfang Oktober): 152 Normalstösse

Weideflächen
Total ca. 129 ha: 116 ha Weideland, 5 ha Waldweide, 3 ha Streueland, 5 ha Heueinschlag

Besonderes zur Alp
Neben den Eigentümern haben die langjährigen Pächter Fankhauser wesentlich dazu beigetragen, dass Rämisgummen Vorzeigealp ist. Das Vieh brachte bis 2001 alljährlich die «Züglete» über je 28–30 km zu Fuss hinter sich.
Auf den 1. Januar 2002 hat nach 150 Jahren Pacht durch die Familie Fankhauser, Grosshöchstetten, ein Pächterwechsel stattgefunden. Neu hat die Familie Schenk, Geissschwand, Eggiwil, den Rämisgummen in Pacht.

Hinterrämisgummen gegen den Pfyffer: die Sennhütte mit angehängtem Jungviehstall; links die Zuckerhütte, nicht mehr benutzt.

Vorderrämisgummen vom Hülli aus; die beiden Waldtschüppli hat noch Madame de Meuron gesetzt.

Rämisgummen
SENNTUM 1201

Die Hütte von S gesehen, ein reiner Wohnbau; davor rechts die ehemalige Zuckerhütte.

Melkmaschine: die Rohrmelkanlage ist bereits die zweite Generation; Ende 1960er Jahre wurde noch von Hand gemolken.

Das Butterfass auf der Küchenlaube läuft am Treibriemen; Blick in Richtung Käsespeicher.

Besatz
ca. 48 Kühe, 150 Rinder, 3 Kälber, 50 Schweine.

Personen

Funktion	Person	Telefon
Pächter (ab 2002)	Gebr. Hans und Jakob Schenk, Geissschwand, 3537 Eggiwil	034 491 12 71
Käser (ab 2002)	Jakob und Margreth Schenk	

Weiter sind drei Jungbauern aus der Familie Schenk auf der Alp tätig.

Telefon auf der Alp   034 491 12 23

Gebäude
Die Gebäudegruppen, fast alle mit Walmdächern, wirken urtümlich. (Für diese Gegend Prototypen des 18. und 19. Jh). Einzelne Bauten wurden der modernen Bewirtschaftung angepasst. Der Baumbestand auf den Stafeln wurde in den letzten 50 Jahren verändert und änderte auch den Charakter der Ensembles.

Mittler Rämisgummen: Geräumige gut eingerichtete Hütte (1928), Satteldach mit Gerschilden, auf gemauertem Sockel, vier Stuben, Küche, Milchgaden; im OG vier Gaden und Duschraum; davor Zuckerhütte; Schattstall (1817?)

mit drei Doppelquerställen, Melkmaschinenraum und modernem Schweinestall. Hinter Rämisgummen: Hütte 18. Jh., mit angebautem Jungviehstall; Schattstall 1810 mit drei Doppelquerställen; Zuckerhütte. Vorder Rämisgummen: gefällige Hütte 1714, 1955 für die Alpeigentümer ausgebaut; Schattstall 1784 mit drei Doppelquerställen.

Käserei
In der geschlossenen, geräumigen Küche seit 1991 Dampfkessel und eingemauertes 800 l Kessi, getrennt von der Kocherei; elektrisches Rührwerk; Hebel-Spindel-Presse; Betonboden und Wände teils verputzt, teils Holz.

Käselager
Grosser, schöner Speicher mit steilem Dreiviertelwalm, etwa 100 m von der Hütte entfernt, Käse aber nur im nach SW orientierten Keller. Bankung für 240 Laibe; Abtransport nach Bedarf in einen guten Talkeller.

Produkte und Vermarktung
Ca. 6000 kg Berner Alpkäse & Hobelkäse in 500 Laiben à 8–16 kg; 700 kg Alpbutter, 150 kg Alpmutschli, 100 kg Ziger. Die Alpprodukte werden angeboten durch Käse AG Baumann, Zollikofen, Chr. Eicher Söhne & Cie, Oberdiessbach und diverse Käsereien und Restaurants der Region.

Besonderes zur Verarbeitung
Die Abendmilch wird in Gebsen im Milchgaden natürlich kühl gelagert und abgerahmt.

Der Schattstall Mittler Rämisgummen mit Schattbäumen in seiner charakteristischen Lage; dahinter Lueg und Hasenmatt.

Wo gehobelt wird, da fliegen Späne; der Alpkäse wurde gespant, der «Abfall» wartet auf die Entsorgung – Schweine und Menschen freuen sich.

Der Käsespeicher von S gesehen; unten links die Käsekellertüre; der Traktor auf der Alp zeigt, wie gut sie zu bearbeiten ist.

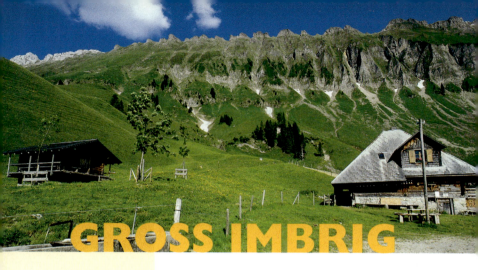

GROSS IMBRIG

Unvergleichlich der Blick übers Emmental, und fern im Westen blinken die Juraseen

Blick über die Alp nach E, links Käsespeicher von 1984 mit werdenden Schattbäumen, rechts Hütte, darüber die Schratte mit Schaffluh und links Hengst.

Laubensims, Blumenkistchen, Blumenampel, Dachkänel und dahinter die Schrattenflühe – Imbrig-Idylle.

Gemeinde/Amtsbezirk
Marbach/Entlebuch LU

Rechtsform/Eigentümer
Privatalp; Eigentümer: Beat und Esther Fankhauser, Brüggmatt, 3538 Röthenbach, sowie Rudolf Fankhauser, Fischbach, 3538 Röthenbach (verstorben am 20. Mai 2002).

Landeskarten
1189 Sörenberg 1:25 000
244 Escholzmatt 1:50 000

Koordinaten Referenzpunkt
Imbrig, 638300/186400, 1460 müM

Lage der Alp
Imbrig ist eine der schönsten und besten Alpen des Gebietes. Sie liegt am W-Abhang der Schratte, zwischen Chadhus- und Marbachgraben und reicht bis auf die Schrattenfluh (1280–2050 müM). Im unteren Teil mässig geneigt und ringgängig mit nährstoffreichem Futter, zuunterst etwas sauergräsig und weiter oben in steileren Lagen eher hartgräsig. Zuoberst steinschlaggefährdet und nur noch für Schafe geeignet.

Wege zur Alp
Ab Marbach auf der Güterstrasse ist die Alp mit dem PW erreichbar; ab Postautohaltestelle Marbach (871 müM) zu Fuss ca. 6 km durch steiles, waldiges Gelände; ab der Postautolinie Schangnau (930 müM) – Kemmeriboden (976 müM) von einer der zahlreichen Haltestellen aus ca. 2–4 km; oder mit der Gondelbahn auf die Marbachegg (1483 müM) und nach dem Wanderbuch 3065 Emmental, Route 44 in einer Stunde zur Alp.

Touristisches
Das Skigebiet sonnseits der Marbachegg ist im Sommer ein vielseitiges Wandergebiet (stark begangene Marbachegg-Kemmeribodenbad-Route; Wanderbuch 3065, Route 44) mit verschiedensten Biotopen, waldigen Schluchten und weiten Alpflächen bis zu den steilen und doch sicher ersteigbaren Flühen der Schratte: vom Imbrig führt ein steiler Aufstieg über ein Pässchen von 2050 müM auf die Matten (2000 müM) und von dort auf den Hengst (mit 2091 müM der höchste Punkt) und auf den Schybegütsch, die markante Aussichtskanzel über der Emmeschlucht hinter dem Kemmeriboden (2037 müM). Mit dem Hotel Marbachegg besteht eine Zusammenarbeit: geführte Wanderung, Besichtigung des Käsens und der Käsepflege, Znüni und Käseverkauf (Angebot «Erlebnis Emmental» unter www.emmental-tours.ch); Imbrig macht mit bei «Entlebucher Alpkäsereien–Innovation–Tradition» (Flugblatt); Übernachtungsmöglichkeiten.

Infrastruktur
Gross Imbrig bildet das einstaflige Senntum 8002. Es ist mit einer Güterstrasse bis zum Stafelgebäude ab Marbach gut erschlossen; auch innerhalb der Alp gibt es valable Wegverbindungen; Stromversorgung mit Dieselgenerator; umfassende Wasserversorgung aus guten eigenen Quellen.

Bestossung
56 Stösse in 110 Tagen (Anfang Juni bis Ende September): 62 Normalstösse

Weideflächen
Total 102 ha: 100 ha Weideland, 2 ha Waldweide

Die zerschratteten Zähne (eben!) bedrohen verstärkt durch Wolken das Häufchen Schafe (der helle Fleck unten rechts im Bild).

Ein schön lesbares Graffito und einige Kritzeleien.

Gross Imbrig
SENNTUM 8002

Die Hütte überecks, etwas mehr von SW, dahinter der Schweinestall.

Fritz und Marianne Oberli pflegen gemeinsam die frischen Käse im Keller.

Die Kochecke in der Küche.

Besatz
80 Schafe, 28 Kühe, 30 Rinder, 10 Kälber, 12 Ziegen

Personen

Funktion	Person	Telefon
Bewirtschafter	Beat und Esther Fankhauser, 3538 Röthenbach	034 491 16 21
Bewirtschafter	Rudolf Fankhauser, 3538 Röthenbach	034 491 21 37
Käser + Hirten	Fritz und Marianne Oberli, im Egli, 6197 Schangnau	034 493 42 86

Telefon auf der Alp   034 493 33 70

Gebäude
Sennhütte: Holzmischbau unter Vollwalmdach, über hinterem Türsturz «A 1805 B»; einfache Wohn- und Wirtschaftsverhältnisse; grosser Schattstall, Fleckenblock, Satteldach mit Gerschilden, zwei Doppelquerställe, Kälberstall und Schopf, darüber die Schlafräume; Zugänge über Steinblockstufen; Schweinestall und Holzschopf; auf Grossboden ein einfacher Schattstall für Jungvieh.

Käserei
In offener Küche offene Feuergrube mit 500 l Kessi an Holzturner, elektrischem Rührwerk, Presslad mit Schwarstein und Ladstecken, Boden aus handgeschlagenen Granitplatten, Wänden aus Holz.

Käselager
Keller auf der W-Seite unter der Hütte mit gutem Klima und Platz für 120 junge Käse; Speicher daneben als Rundholzblock von 1984 unter lägem Satteldach, etwas trocken, Platz für 200 ältere Käse; Abtransport im Herbst.

Produkte und Vermarktung
2500 kg Berner Alpkäse & Hobelkäse in 320 Laiben à 6–12 kg; 200 kg Ziegenkäse aus reiner Ziegenmilch, 100 kg Alpmutschli, Alpbutter, Ziger
Ein grosser Teil der Produkte geht an Passanten und Besucher, der Rest im Talbetrieb an Privatkundschaft.

Auszeichnungen
1. Berner Alpkäsemeisterschaft 1999: der 1998er Schnittkäse im 2. Rang und der 1997er Hobelkäse im 3. Rang.

Besonderes zur Verarbeitung
Die Abendmilch wird im Kessi mit Kühlschlange gelagert und nur wenig abgerahmt. Oberlis sind Milchkäufer.

Besonderes zum Senntum
Alpschweine unter «Berner Oberland – Originalprodukt».

Warten in der Abendsonne – das tut wohl!

Der Käsespeicher von 1984 ist bestens als Demonstrations- und Verkaufslokal eingerichtet.

Der Käseprozess ist abgeschlossen – die Küche wartet sauber geputzt auf den nächsten Morgen

TANNIGSBODEN

«Hält Gott nicht Wacht über Stall und Vieh,
so hilft oft grosse Vorsicht nie»

Die Sennhütte im Morgenlicht von S; die Gadenfenster auf der Rückseite liegen sonnig…

Ein Nest von Tagpfauenaugenraupen ist ins Gras gehängt.

Gemeinde/Amtsbezirk
Flühli/Entlebuch LU

Rechtsform/Eigentümer
Privatalp von Ueli Gfeller-Kupferschmied und Niklaus Gfeller-Reber, beide in Wald, 6197 Schangnau.

Landeskarten
1209 Brienz 1:25 000
244 Escholzmatt 1:50 000

Koordinaten Referenzpunkt
Tannigsboden, 641000/181450, 1487 müM

Lage der Alp
Tannigsboden liegt am N-Hang des Tannhorns (2221 müM) auf 1420–1700 müM, im oberen Teil ziemlich steil und etwas steinschlaggefährdet, aber durchweg gutgräsig mit nährstoffreichem Futter; der Vergandung durch Geröll wird mit ständigen Räumungsanstrengungen entgegen gewirkt.

Wege zur Alp
Mit dem PW von Kemmeriboden auf einer bewilligungspflichtigen Güterstrasse über Mirrenegg bis zur Alp. Von

Kemmeriboden (976 müM) über Mirrenegg ist Tannigsboden auf einem Wanderweg (ca. 5 km; Wanderbuch 3065, streckenweise Route 46); von Sörenberg (1110 müM) – Salwideli (1316 müM) führt eine anderthalbstündige Wanderung über Arniberg zur Alp.

Touristisches
Familie Gfeller betreibt neuerdings erfolgreich eine kleine aber feine Bergwirtschaft mit eigenen Produkten und Besichtigungen Alpkäserei, Älplerzmorge und Übernachten in der Lische (Anmeldung erwünscht!). Tannigsboden macht mit bei den «Entlebucher Alpkäsereien–Innovation–Tradition.» Vom Kemmeriboden schöne Rundwanderung von etwa 3 Stunden über Mirrenegg–Tannigsboden–Spycherweid–Schönisey; von Tannigsboden aus erreicht man den Brienzergrat mit seiner atemberaubenden Aussicht nach NE über das Lättgässli den Wannenpass (2071 müM) und das Tannhorn (2221 müM, Panorama!); oder nach SW die Allgäu Lücke mit Allgäuhorn, Schnierenhörnli und Gummhorn (Wanderbuch 3065, Routen 45 und 46).

Infrastruktur
Einstafliges Senntum 8001 mit Galtvieh-Parallelstafel. Seit 2001 ist die ganze Alp durch eine Güterstrasse voll erschlossen; sie ist der öffentlichen Stromversorgung seit 1986 angeschlossen; das Telefon wurde bereits 1940 (mit der militärischen Seilbahn) eingerichtet; einwandfreie Wasserversorgung aus eigenen Quellen.

Bestossung
40 Stösse in 120 Tagen (Anfang Juni bis Ende September): 48 Normalstösse

Weideflächen
Total 54 ha: 50 ha Weideland, 2 ha Streueland, 2 ha Heueinschlag

Besonderes zur Alp
Diese Alp wurde durch den (damals 19jährigen!) Grossvater Gfeller im Jahre 1911 Herrn Zielmann in Schüpfheim abgekauft. Die Stafel Vorder Schönisei und Chüblisbühlboden gehören nicht mehr zur Alp Tannigsboden.

Blick von der seitlichen Laube nach NW auf den Schybegütsch; wie das Stockhorn ändert er ständig sein Gesicht.

Gluschtigi Geisschäsli auf dem Salzertisch im Käsekeller.

Tannisboden
SENNTUM 8001

Grosseltern Bethli und Alfred Gfeller.

Rationell und kunstvoll liegen die drei gestrigen Alpkäse unter der Presse.

Esther Gfeller knetet eifrig die frische Butter – das Wasser muss raus!

Besatz
27 Kühe, 25 Rinder, 20 Kälber, 1 Stier, 1 Pferd
Es wird nur eigenes Vieh gesömmert.

Personen

Funktion	Person	Telefon
Bewirtschafter	Betriebsgem. Niklaus und Ueli Gfeller, Wald, 6197 Schangnau	034 493 35 14
Käser	Ueli und Esther Gfeller	

Käthi und Niklaus Gfeller sind je nach Bedarf ebenfalls auf der Alp tätig;

Telefon auf der Alp 034 493 32 16
esther.gfeller@bluewin.ch

Gebäude
Sennhütte: Holzbau von ca. 1925, nur Wohnräume und Sennereieinrichtung; oberhalb grosser, gut erhaltener Schattstall in Bruchsteinmörtelmauerwerk von ca. 1924; 1945 (nach Lawinenschaden 1944) ausgebaut.

Käserei
In geschlossener Küche ummantelte Feuergrube mit 500 l Kessi, elektrischem Rührwerk, Presslad mit Schwarstein und Ladstecken, Plättliboden und Wänden aus Holz.

Käselager
Die Käselaibe werden im Milchgaden «zwischengelagert» und alle paar Tage in die geplättelten, gewölbten Keller im Talbetrieb Marchhuus, mit gutem Klima und Platz für 300 Laibe, abgeführt und dort von Niklaus Gfeller gepflegt.

Produkte und Vermarktung
2500 kg Berner Alpkäse & Hobelkäse in 280 Laiben à 8–12 kg; 200 kg Alpraclette, 200 kg Älplermutsch, 200 kg Alpbutter, 100 kg Ziegenkäse ($1/2$ Kuh-, $1/2$ Ziegenmilch), frischer Ziger nach Bedarf. Verkauf an Passanten und im Restaurationsbetrieb auf der Alp, im Talbetrieb an Privatkundschaft; die Tannigsboden Alpprodukte werden auch angeboten von: Christian Jaun, Käserei Wald, 6197 Schangnau; Familie Wüthrich, Käserei, Bäraustr. 35, 3552 Bärau; Scheidegger, Chäs-Egge, Schwäbisstr. 18, 3613 Steffisburg; H.U. Kupferschmied, Dörfli 157, 3625 Heiligenschwendi; Chäsi, Richigenstrasse, 3076 Worb.

Besonderes zur Verarbeitung
Die Milch wird vom Stall durch eine Pipeline direkt ins Kessi abgelassen, wo die Abendmilch in Gebsen gelagert und morgens abgerahmt wird.

Besonderes zum Senntum
Nach einer Fabrikationseinstellung während 20 Jahren wird seit den 1960er Jahren wieder Alpkäse hergestellt.

…indes Ueli Gfeller im Kessi sorgfältig den Käsebruch herstellt, vorkäsen sagt man dem.

Für hungrige Mäuler und durstige Kehlen ist gut gesorgt.

Thomas Gfeller hat eben die Hühner heraus gelassen und widmet ihnen die nötige Aufmerksamkeit.

BAUMGARTEN

Ein erste Verschnaufpause beim Anstieg zum Hohgant

Blick nach SE über Sennhütte und Ahorne hinweg auf die Chemmeribodeflue, den Einschnitt Kemmeriboden und das Brienzerrothorn; die Sonne erscheint im Emmental nicht auf Befehl.

Ziegen in der Gegend von Jurten mit Blick nach N gegen die Marbachegg.

Gemeinde/Amtsbezirk
Schangnau/Signau

Rechtsform/Eigentümer
Privatalp von Fritz Gerber, Schwand Bumbach, Schangnau

Landeskarten
1188 Eggiwil 1:25 000
244 Escholzmatt 1:50 000

Koordinaten Referenzpunkt
Baumgarten, 636750/183400, 1226 müM

Lage der Alp
Die Baumgartenalp liegt N exponiert am E Ausläufer des Hohgantes (Baumgartenfluh) auf 1120–1660 müM. Der wellige, muldige Unterstafel (Untere Mastweide) ist mässig geneigt und weidgängig, wird aber gegen die Fluh immer steiler und strenger (Galtviehstafel Baumgärtli); der Boden ist meist tiefgründig und sie ist die bestgräsige Alp der Gemeinde, wo nicht Felsen, Lawinen und Steinschlag der Alp abträglich sind.

Wege zur Alp
Die Alp ist für PW nicht erschlossen. Man gelangt mit dem Auto oder Postauto von Schangnau (930 müM) ins Kemmeribodenbad (976 müM); von dort oder irgendeiner Haltestelle unterwegs kann man die Alp zu Fuss auf einem Bergwanderweg erreichen; auch das steile, auf der Schattseite des Hohgants liegende Gelände ist heute mit einem Bergwanderweg gut erschlossen.

Touristisches
Die Alp liegt am Bergwanderweg vom Landgasthof Kemmeribodenbad auf den Hohgant (2196 müM, Aussichtsberg nach allen Seiten); oder auf der N-Seite dem Hohgant entlang vom Eriz ins Kemmeribodenbad, das einen Besuch aus verschiedensten Gründen lohnt! (Wanderbuch 3065 Emmental, Route 49).

Infrastruktur
Dreistafliges Senntum 5201, wovon Baumgärtli und Untere Mastweid als Parallelstafel für Galtvieh genutzt werden. Ein mit Allradfahrzeugen befahrbarer Zügelweg, auf dem die notwendigsten Sachen transportiert werden können, führt zur Alp; die Alp in sich ist schlecht erschlossen; Stromversorgung durch Dieselaggregat; die Wasserversorgung ist sehr reichlich.

Bestossung
56 Stösse in 100 Tagen (Ende Mai bis Mitte September): 56 Normalstösse

Weideflächen
Total 52 ha: 44 ha Weideland, 3 ha Waldweide, 5 ha Wildheu

Besonderes zur Alp
Die Alp Baumgarten bildete früher eine Einheit zusammen mit der Alp Jurten. Die untenliegende Nachbaralp Gepsli war früher Unterstafel zu Baumgarten; seit 1966 wird die Untere Mastweid als Unterstafel benutzt (in den Zahlen nicht eingeschlossen).

Die alten Käsekessi sind wunderschön angeschrieben: Hersteller und Datum, Inhalt in Mäss oder Pfund und Gewicht (hier: Pfund 171).

Blaues Toilettenpapier, einfach so? Nein doch: Mineralsalz für das Vieh in Form eines Lecksteins.

Baumgarten
SENNTUM 5201

Besatz

30 Kühe, 17 Rinder, 15 Kälber, 1 Stier, 12 Ziegen, 14 Schweine

Personen

Funktion	Person	Telefon
Bewirtschafter	Fritz und Annamarie Gerber Schwand Bumbach, 6197 Schangnau	034 493 32 22
Käser	Fritz und Annamarie Gerber	

Ist sie nicht grossartig? Die Sennhütte von NE: die mächtige und doch gedrungene Laube, die helle Kellermauer und Holz vor dem Haus.

Wiederum gwunderige Tiere: will der nur etwas oder hat der etwa etwas?

Geputzt, aufgereiht, datiert und markiert, auf sauberen Bankungen, junge Alpkäse im Keller.

Gebäude

Das Hauptgebäude ist ein schöner, eindrücklicher Holzmischbau auf hohem Fundament mit zweiseitiger Laube unter tief herabgezogenem Vollwalmdach, umgeben von riesigen Ahornen; offene Küche mit seitlichem Eingang durch einen schmalen Korridor, 2 Alpstuben, Angestelltenraum, Milchgaden; ein Doppel- und ein einfacher Querstall; daneben ein Schweine- und Ziegenstall in der früheren Zuckerhütte; Teilstall an der unteren Alpgrenze und kleinerer Schattstall auf Baumgärtli mit Doppellängsstall; Datierung: Stubenofen von 1831; ältestes Graffito 1844

Käserei

In der offenen Küche offene Feuergrube mit wahlweise 800 l, 500 l, 350 l oder 220 l Kessi (das älteste datiert von 1807) am hölzernen Turner, mit elektrischem Rührwerk, Schwarstein-Spindelpresse; Boden mit Steinplatten belegt, Wände aus Holz.

Käselager

Kurzzeitkeller im gemauerten Fundament der Hütte mit Steinboden, gutem Klima und Bankung für 60 Laibe; Abtransport nach Bedarf in den Langzeitkeller für 250 Laibe im Talbetrieb Schwand, wo ebenfalls ein gutes Klima herrscht.

Produkte und Vermarktung

2000 kg Berner Alpkäse & Hobelkäse in 240 Laiben à 6–10 kg. Alpmutschli, 200 kg Butter, Ziger
Direktverkauf ganzjährig auf dem Talbetrieb Schwand, direkt unterhalb der Alp gelegen, an der Strasse von Schangnau ins Kemmeribodenbad; der Baumgarten Alpkäse wird auch angeboten bei:
Paul Fankhauser, Käserei, Murtenstr. 75, 3202 Frauenkappelen, Telefon 031 926 10 53.

Besonderes zur Verarbeitung

Die Abendmilch wird in Gebsen gelagert und abgerahmt. Gebsenrahm und Molkenzentrifugenrahm werden zusammen verbuttert.

Hans Gerber führt den Talbetrieb und schaut mit seiner Frau Erika für den Passantenverkauf an der Talstrasse.

Brennholz in der offenen Küche über der Decke des Milchgadens.

Die frühere Zuckerhütte ist heute Kleinviehstall; die Ziegen haben sich verzogen – es war nichts zu holen.

MASTWEID

Geheimtipp für Lehrerkollegien und «Chäsbrätel»-Fans

Die Sennhütte, ein Ständerbau auf dem hohen Bruchsteinmauersockel von NE, vorne Viehhüter und Hütehund, hinten einer der berühmten dunklen Emmentaler Tannenwälder vor dem Hohgant.

Die rote Waldnelke, Silene dioica.

Gemeinde/Amtsbezirk
Schangnau/Signau

Rechtsform/Eigentümer
Privatalp von: Fritz und Theres Stettler, Pfaffenmoos, 3537 Eggiwil.

Landeskarten
1188 Eggiwil 1:25 000
244 Escholzmatt 1:50 000

Koordinaten Referenzpunkt
Obere Mastweide, 635200/183450, 1229 müM

Lage der Alp
Mastweide (1150–1240 müM) ist ein welliges, muldiges Areal, weidgängig, weichgräsig und ertragreich, bei nassem Wetter aber trittempfindlich; einige Sumpfstellen erfordern einen Pflegeschnitt (mit Beiträgen).

Wege zur Alp
Die Alp ist für PW nicht erschlossen. Man gelangt mit dem Auto oder Postauto von Schangnau (930 müM) durch das Bumbachtal Richtung Kemmeribodenbad bis

Bumbach Roseggli (Skilift, 940 müM); von dort oder irgendeiner Haltestelle unterwegs kann man die Alp zu Fuss auf einem Bergwanderweg über weitere Alpen, die aber meist keinen Alpkäse herstellen, erreichen.

Touristisches
Die Älplerfamilie empfängt gastfreundlich Schulklassenbesuche, gewährt gerne Einblick in die Alpkäseherstellung und lässt Interessierte auch unter Anleitung selbst Käse herstellen!
Über Farnerli führt einer der Bergwanderwege auf den Hohgant; ein schattiger, steiler Aufstieg, weiter auf der Luterschwändiegg auf die Furgge und erreicht den Furggegütsch, mit 2196 müM der höchste Punkt des Hohgants mit prachtvollem Panoramablick; oder auf der N-Seite dem Hohgant entlang vom Eriz ins Kemmeribodenbad, das einen Besuch aus verschiedensten Gründen lohnt! Oder das Ganze umgekehrt (Wanderbuch 3065 Emmental, Route 49).

Infrastruktur
Einstafliges Senntum 5202. Die Alp ist nur mit Allradfahrzeugen erreichbar; Stromversorgung durch Benzinmotor nur fürs Melken; ab einer eigenen Quelle wird das Wasser bis in die Hütte geführt.

Bestossung
21 Stösse in 125 Tagen (Ende Mai bis Anfang Oktober): 26 Normalstösse

Weideflächen
Total 32 ha: 20 ha Weideland, 10 ha Streueland, 2 ha Heueinschlag

Besonderes zur Alp
Der Alpaufzug Ende Mai vom Pfaffenmoos her ist ein aufsehenerregendes Unternehmen von jeweils über 3 Stunden Weg.
Der Mist auf Mastweide wird nach wie vor gepfählt, es wird keine Jauche ausgebracht; dadurch hat sich eine sehr reiche Vegetation erhalten, eine richtige Kräuterweide, was auf dieser Höhe nicht alltäglich ist!

Schlüssel, Schloss und Schild – offenbar nicht nur für Kinder faszinierend.

Der Schattstall nach E, einer der vier Schilde genau! Hinten rechts das Brienzerrothorn, auch pyramidal.

Obere Mastweid
SENNTUM 5202

Der Schattstall vor Schybegütsch und Schratte, an ihr liegt die Alp Imbrig; Blick nach NE.

Die Stettlersche Jungmannschaft mit unterschiedlicher Reaktion auf Sonnenlicht: Isabelle, Christian, Julia.

Theres Stettler legt den frischen Käse auf dem Presstisch trocken.

Besatz
12 Kühe, 16 Rinder, 7 Kälber, 2 Ziegen

Personen

Funktion	Person	Telefon
Bewirtschafter	Fritz Stettler, Pfaffenmoos, 3537 Eggiwil	034 491 14 83
Käserin	Theres Stettler	

Es werden nach Bedarf weitere Personen auf der Alp beschäftigt.

Telefon auf der Alp 034 493 40 27

Gebäude
Ältere gute Sennhütte, Holzbau in Mischbauweise unter Halbwalmdach; älterer Schattstall: ebenfalls Holzbau in Mischbauweise unter Vollwalmdach mit zwei Doppelquerställen; Schattstall im E-Teil der Alp für Galtvieh: guter Holzbau auf gutem Fundament, Doppellängsstall; das alte Käsespeicherlein in Fleckenblock unter Vollwalmdach mit Eingangsläubli ist heute Ausweichschlafstelle.

Käserei
In der offenen Küche offene Feuergrube mit einem 250 l Kessi an Holzturner; auf der andern Seite der Grube zweiter Turner für das grosse Kessi (eine seltene Anordnung); improvisiertes elektrisches Rührwerk, Presslad mit Schwarstein und Ladstecken; der Boden besteht aus verfugten Platten, die Wände sind aus Holz.

Käselager
Keller unter der Hütte in der NE-Ecke mit idealem Klima und Bankung für 180 Laibe, Steinplattenboden und verputztem Mauerwerk; aller Käse wird im Herbst abtransportiert.

Produkte und Vermarktung
1000 kg Berner Alpkäse & Hobelkäse & Raclette in 140 Laiben à 5–8 kg
Verkauf an Besuchergruppen, wenig an zufällige Passanten; der «Hohgant Alpkäse» der Familie Stettler wird auf ihrem Talbetrieb Ober Pfaffenmoos an Privatkundschaft verkauft und auch angeboten
– auf dem Rüeblimärit in Aarau;
– an der Rübenchilbi in Madiswil;
– am Bazar der Rudolf-Steiner-Schule in Pratteln.

Besonderes zur Verarbeitung
Die Abendmilch wird in Kannen gelagert und im Brunnen gekühlt, kaum abgerahmt.

Die jungen Alpkäse in der Bankung, sauber markiert und datiert: Qualitätssicherung, Handwerk.

Das alte Chässpycherli, heute zweckentfremdet, Liegeplatz nur noch für Gäste.

Fritz und Theres Stettler, arbeitendes Volk.

51

OBER BREITWANG

«Siehst du dort oben die Wegspuren? Dort geht's zum Widderfeld»

Ober Breitwang im Fadenkreuz oder Spinnennetz der Berner Wanderwege; sicher finden auch Sie etwas Anregendes.

Es ist noch früh im Sommer: eben wird das Zügelgeläute unter Dach aufgehängt – Älplerstolz und Aushängeschild.

Gemeinde/Amtsbezirk
Eriz/Thun

Rechtsform/Eigentümer
Privatalp von Bernhard und Susann Reusser-Siegenthaler, Beiel, 3619 Eriz

Landeskarten
1208 Beatenberg 1:25 000
254 Interlaken 1:50 000

Koordinaten Referenzpunkt
Ober Breitwang, 631400/181650, 1368 müM

Lage der Alp
Am N-Hang des Trogenhorns gelegene, sehr schöne Alp. Nach N abfallende Krete mit NW- und NE-Lage. Im unteren Areal ausgesprochen weidgängig und nur mässig geneigt mit etwas härterer Grasnarbe. Hangwärts steiler, aber sehr weidzügig mit sehr guter Flora. W der Krete stark wetteranfällig, aber rechtzeitiger Vegetationsbeginn auf der ganzen Alp. Im E Komplex windgeschützter. In den oberen Gebieten ziemlich den Lawinen unterworfen, jedoch nicht sehr stark der Vergandung ausgesetzt.

Wege zur Alp
Mit dem PW von Thun bis Schwarzenegg, dann bis Innereriz-Säge (1040 müM, Parkplatz, nur Zubringerdienst). Zu Fuss: Mit dem Postauto ab Thun bis Innereriz-Säge; von dort auf dem Wanderweg 3 km zur Alp; oder von Schangnau (ab Käserei Thal, 889 müM, nur Zubringerdienst) auf verschiedenen Wanderwegen zur Alp, ca. 6 km, vorbei an Bauern- und Alpbetrieben mit prächtigen Bauten (Wanderbuch 3065, Routen 42 und 49).

Touristisches
Höhenwanderungen am Hohgant, jede Alp eine Persönlichkeit; für Wandervorschläge vgl. oben. Über die Alp führen die Bergwanderwege auf den Hohgant mit den Abstiegen auf den Grünenbergpass, ins Habkerntal oder zurück ins Eriz. Eine bezaubernde Landschaft vom kahlsten und exponiertesten Geröllfeld bis in Urwald und Feuchtgebiete in allen Expositionen.

Infrastruktur
Die Alp bildet das einstaflige Senntum 1302; sie ist durch eine Güterstrasse gut erschlossen, innerhalb der Alp recht gut fahrbar. Stromversorgung durch Dieselgenerator fürs Melken; Petrollicht! Gute Wasserversorgung. 2002 Anschluss an die Wasserversorgung Eriz und ans Stromnetz der BKW.

Bestossung
50 Stösse in 120 Tagen (Ende Mai bis Ende September): 60 Normalstösse

Weideflächen
Total 47 ha: 42 ha Weideland, 2 ha Wildheu, 2 ha Streueland, 1 ha Heueinschlag

Besonderes zur Alp
Familie Reusser ist sehr initiativ und bewahrt trotzdem das gute Althergebrachte. Sie ist auch alljährlich mit eigenem Stand an der Ausstellung «Neuland–Berner Oberland» in Thun präsent. Sie geniesst den Sommer über das einfache Leben ohne Luxus. Susann Reusser gestaltet seit 2000 das Alptagebuch in der Bauernzeitung. Am OGG-Wettbewerb 1997 «Wie erleben Sie ländliche Kultur» erreichte S. Reusser den 4. Rang.

Die Hühner geniessen das Alpleben und der farbenprächtige Hahn stellt den Kamm.

Hornklee, Lotus corniculatus, Zeichen für eine ergiebige Alpweide.

Ober Breitwang
SENNTUM 1302

Die Hütte mit der Stubenseite von S gesehen, rechts hinten der Stall.

Der Stall mit den holzgefassten Blumenbeetli von W.

Frühlings Enzian, Himeli, Gentiana verna.

Besatz
23 Kühe, 32 Rinder, 9 Kälber, 2 Pferde, 1 Esel, 18 Ziegen, 70 Schafe, 27 Schweine

Personen

Funktion	Person	Telefon
Bewirtschafter	Bernhard Reusser, Beiel, 3619 Eriz	033 453 25 61
Käserin	Susann Reusser	
Personal	1–3 Personen, nach Bedarf	

Telefon auf der Alp   033 453 25 37

Gebäude
Sennhütte: älterer, guter Holzbau (das älteste Graffito heisst «AFS 1886» [Alfred Siegenthaler]) unter imposantem Walmdach, geräumige Küche, Wohnräume im Erdgeschoss und Schlafräume im ausgebauten Gadengeschoss; der Stall steht separat (ältestes Graffito 1876), renovierter Holz- und Mauerwerkbau unter Krüppelwalmdach mit zwei Doppellängsställen und Kälberstall als Anbau mit Schleppdach; Schweinestall unter der Hütte.

Käserei
In der offenen Küche eine offene Feuergrube ohne Kamin mit 380 l Kessi an Holzturner, elektrischem Rührwerk und Spindelpresse; der Boden besteht aus schönen Steinplatten, die Wände sind aus gutem Holz.

Käselager
Keller in der SW-Ecke unter der Hütte; zusätzlich kann derjenige im Unter Breitwang benutzt werden. Das Klima kann gut eingestellt werden, und es hat Platz für 260 Laibe und 520 Laibe, so dass er reicht bis zum Chästeilet am dritten Samstag im September.

Produktion und Vermarktung
2000 kg Berner Alpkäse & Hobelkäse & Raclette in 350 Laiben à 3–10 kg; Ziegenkäse; Alpschweine
Die Vermarktung geschieht vor allem an Passanten und andere Privatkundschaft (auch durch die Kühe alpenden Bauern); zudem wird der Breitwang Käse angeboten in der Landi, Oberdorfstr. 31A, 3612 Steffisburg; Chäs-Egge, Erika Scheidegger, Schwäbisstr. 18, 3613 Steffisburg; Jumbo Markt, Blümlisalpstr. 61, 3627 Heimberg.

Besonderes zur Verarbeitung
Die Abendmilch wird in Gebsen gelagert und abgerahmt.

Wer weiss, wie dieses Schloss funktioniert? Aufgabe: zeichne den Schlüssel…

Das Chüngeli fühlt sich wohl und stellt die Löffel gegen den Fotografen, flieht aber nicht.

Das aktuelle Familienbild (vgl. Bund vom 15.08.1994): Susann und Bernhard Reusser mit ihren Kindern: Kathrin, Ueli und Renate (von links).

DRÜSCHHUBEL

Eine letzte Labung vor dem Aufstieg zum Grünenbergpass gefällig?

Ansicht von NW: so kennt man die Alp, so hat sie z.B. Emil Zbinden gezeichnet, weil sie so imponiert; über dem neuen Schweinestall blinkt der Stafel Fall zwischen den Tannen hervor.

Kunstvolles Schwellenschloss; die verbundenen Balken heissen ein Bund.

Gemeinde/Amtsbezirk
Eriz/Thun

Rechtsform/Eigentümer
Privatalp der Stiftung Schwestern Schwarz, welche die Alp auch bewirtschaftet; Stiftungsrat aus 5 Mitgliedern; Präsident: Ueli Aeschlimann, Bödeli, 3619 Eriz

Landeskarten
1208 Beatenberg 1:25 000
254 Interlaken 1:50 000

Koordinaten Referenzpunkt
Trüschhübel, 630800/180900, 1150 müM

Lage der Alp
Die Alp liegt am SW-Hang und zu Füssen des Trogenhorns (Hohgant), eingebettet in die Schiltwaldungen auf 1090 bis 1800 müM, und stösst unten an den Fallbach. Sie ist eine der besten und schönsten Alpen des Eriz, weidgängig, gutgräsig und hilb. In Teilen etwas lawinengefährdet. Sie liegt verkehrstechnisch günstig und wird sehr gut bewirtschaftet.

Wege zur Alp
Mit dem PW von Thun nach Schwarzenegg und rechts bis Innereriz-Säge (1040 müM, Parkplatz, nur noch Zubringerdienst gestattet). Zu Fuss: mit dem Postauto von Thun bis Innereriz-Säge oder eine Zwischenstation und dann auf Wanderwegen zur Alp; oder von Schangnau (ab Käserei Thal, 889 müM, nur noch Zubringerdienst gestattet) auf Wanderwegen zur Alp, ca. 7 km, vorbei an Betrieben mit prächtigen Bauten (Wanderbuch 3065, Route 42).

Touristisches
Drüschhubel und Fall sind die letzte Versorgungsmöglichkeit vor dem Grünenbergpass, der ins Habkerntal oder auf die Höhen und ins Kemmeribodenbad führt – anspruchsvolle Tagestouren (Wanderbuch 3065, Routen 42 und 49, Wanderführer 3095, Routen 3 und 7). Die Alp eignet sich sehr gut für Schulexkursionen, weil Stefan und Renate Lüthi ihre Arbeit gerne und gut erklären und zeigen! Am 2. Samstag im September findet der Kästeilet statt – ein Volksfest mit vielen eigenen Produkten!

Infrastruktur
Dreistafliges Senntum 1301, wobei alle Stafel (Drüschhubel, Fall, Fallweidli) heute parallel geführt werden und alle Milch im Hauptstafel verkäst wird. Mit allen Fahrzeugen inkl. Lastwagen ist die Alp auf der Güterstrasse ab Innereriz erreichbar; sie ist heute an die Stromversorgung angeschlossen; die Wasserversorgung ist ab eigenen guten Quellen gesichert und für die Käserei der Gemeindewasserversorgung angeschlossen.

Bestossung
87 Stösse in 115 Tagen (Ende Mai bis Ende September): 100 Normalstösse

Weideflächen
Total 93 ha: 80 ha Weideland, 11 ha Wildheu, 2 ha Streueland

Besonderes zur Alp
Durch die Stiftung vorbildlich geführte Alp, zusammen mit Fallalp bewirtschaftet. Die angeführten Zahlen gelten für beide Alpen zusammen. Die Geschichte des Drüschhubels hat Fritz Aeschlimann geschrieben. Renate und Stefan Lüthi wurden in der BZ vom 01.09.01 porträtiert.

Der Stafel Fall am Weg zum Grünenbergpass.

Hier hängt das Zügelgeläute als gewichtige, wertvolle und gesicherte Visitenkarte unter dem Vordach.

Drüschhubel
SENNTUM 1301

Der Käsespeicher, ein von allen Seiten beeindruckender Fleckenblock unter tief herabgezogenem Schindelwalmdach. Tür und Wände voller Käsebrände und Graffiti.

Rindvieh in der Abendsonne vor Schiltwang und Trogenhorn (Hohgant), Blick nach E.

So viele Alpkäse im Salzbad, da liegt auch für Sie etwas Hochpunktiertes bereit!

Besatz
53 Kühe, 45 Rinder, 65 Schweine

Personen

Funktion	Person	Telefon
Präsident der Stiftung	Ulrich Aeschlimann, Bödeli, 3619 Eriz	033 453 22 18
Käser	Stefan u. Renate Lüthi, Möschberg, 3506 Grosshöchstetten	031 711 17 64

Telefon auf der Alp   033 453 14 15

Gebäude
Eindrückliches Ensemble aus Sennhütte: sehr guter Holzbau, auf hoher, weisser Kellermauer, eternitgedecktes Vollwalmdach, Wohnräume und auf der N-Seite angebaute Eigentümerwohnung! (Graffito «A. Morlot 1836»: Besitzer bis 1855); Sommerstall: grosser Ständerbau (mit Doppelbund und Vollwalmdach) mit 2 Doppelställen; Schweinestall: Offenstall von 1996, Rundholzblock mit Satteldach und grossem Auslauf; Zuckerhütte als Remise, neu schindelgedeckt; alter Käsespeicher: gut erhaltener Bau mit Schindeldach und Kamin; etwas oberhalb weiterer Sommerstall mit Doppelstall (älteste Graffiti: «CA 1876» und «KF 1877»)

Käserei
In der geräumigen offenen Küche ummantelte Feuergrube mit 1100 l und 750 l Kessi an Holzturner, elektrischem Rührwerk und drei Spindelpressen, Betonboden und Wänden aus Holz und Mauerwerk.

Käselager
Käsekeller unter der Hütte mit gutem Klima für 800 Laibe jungen Käse; Käsespeicher etwas unterhalb der Hütte: hohes Bruchsteinmauerfundament, Fleckenblock, schindelgedecktes Dreiviertel-Walmdach, Laube; das Klima ist zweckmässig für die bis zu 400 Laibe älterer Käse; Abtransport nach dem Käseteilet im Herbst.

Produktion und Vermarktung
5200 kg Berner Alpkäse & Hobelkäse in 450 Laiben à 7–13 kg; 250 kg Ziegen, 350 kg Butter.
800 kg Alpraclette in 200 Laiben à 3–5 kg
1800 kg Mutschli in 400 Laiben à 3–5 kg
Der Verkauf an Passanten ist umfangreich. Die Vermarktung geschieht durch die Stiftung. Die Produkte werden auch angeboten von Jakob Siegenthaler, Kreuzweg, 3616 Schwarzenegg; Alfred Bieri, Käserei, Dorf, 3638 Blumenstein; Die Schweine gemäss M-Vertrag für Alpschweine.

Auszeichnungen
Goldmedaille an der 3. Berner Alpkäse-Meisterschaft 2001 für Berner Alpkäse

Holz und Beil sind bereit; es braucht viel Heizmaterial bei diesen Milchmengen; alte Dachschipfen eignen sich gut zum Anfeuern.

Käse und Messer im Gebrauch: Renate Lüthi misst ein rechtes Stück vorjährigen Alpkäse aus.

Zufrieden präsentieren sich Stefan und Renate Lüthi über das Käsekessi hinweg; im Kessideckel ist die zugedeckte Öffnung für die Volle zu sehen (vgl. Glossar).

HONEGG

Trotz Sonnseite braucht das Vieh hier oben nicht zu dürsten!

Blick von der Grossen Honegg nach N; in Bildmitte links Honeggli, rechts Alte Honegg; dahinter Bürkelihubel mit lothargelichteter Honeggkrete, ganz rechts Ober Scheidzun.

Alpenrosen, Rhododendron hirsutum, fast noch im Emmental, auf nicht einmal 1400 müM.

Gemeinde/Amtsbezirk
Eriz/Thun

Rechtsform/Eigentümer
Privatalp von Andreas Aeschlimann, Chrummacher 35, 3202 Frauenkappelen, und Ulrich Aeschlimann, Bödeli, 3619 Eriz

Landeskarten
1188 Eggiwil 1:25 000
244 Escholzmatt 1:50 000

Koordinaten Referenzpunkt
Honeggli, 629600/183600, 1400 müM

Lage der Alp
Die Alp liegt an der S-Flanke der Honegg auf 1270–1510 müM, im obersten Teil etwas flachgründig, durch Bäche und Krete zerteilt, im allgemeinen naturtrocken, gutgräsig und weidgängig.

Wege zur Alp
Mit dem PW von Thun Richtung Schallenberg, in Schwarzenegg rechts bis Innereriz-Beiel (1012 müM, Parkplatz,

ab hier nur Zubringerdienst gestattet). Zu Fuss: mit dem Postauto von Thun bis Beiel oder eine andere Haltestelle, dann auf Wanderwegen zur Alp; oder von Schangnau (ab Käserei Thal, 889 müM, nur noch Zubringer gestattet) auf verschiedenen Wanderwegen zur Alp, ca. 4–5 km durchs Schwarzbachtal über Scheidzun oder über die Krete der Honegg (Bürkelihubel, 1424 müM) vorbei an verschiedenen Bauern- und Alpbetrieben mit prächtigen Bauten in oft nicht alltäglicher Lage; oder von Schallenberg Passhöhe (989 müM) über Sattelhonegg und die Krete der Honegg, 1500 müM, ca. 5–6 km durch gross angelegte, lothargeschädigte Wälder. (Wanderbuch 3065 Emmental, Routen 42 und 43).

Touristisches
Zum Beispiel kann man von hier die aufgeforstete Honegg erwandern, wo im dichten Wald noch Spuren der überwachsenen Alpen zu entdecken sind (auf der Karte 1:25 000 weisen uns einzelne Flurnamen darauf hin).

Infrastruktur
Einstafliges Senntum 1304. Mit Güterstrasse von W ab Beiel und von E ab Scheidzun erschlossen; Stromversorgung durch Dieselgenerator und Solarzellen; gut ausgebaute Wasserversorgung.

Bestossung
35 Stösse in 115 Tagen (Ende Mai bis Mitte September): 40 Normalstösse

Weideflächen
22 ha Weideland

Besonderes zur Alp
Alle Angaben betreffen nur die Alp Honeggli, da die früher dazu gehörige Grosse Honegg heute abgetrennt und in anderem Besitz ist. Die Alp Honeggli gehörte bis 31.12.2000 Fritz Aeschlimann, Innereriz.
Vorsicht beim Hinweis «Scheidzun»: der Flurname kommt auf der 3 km langen Strecke durchs Schwarzbachtal sieben Mal vor!

Trophäen im Pied-à-terre des früheren Eigentümers Fritz Aeschlimann

Wasser: das engmaschige Netz von Weidbrunnen lässt das Schwergewicht erkennen, das Fritz Aeschlimann im Meliorationsamt vertrat.

Honeggli
SENNTUM 1304

Honegglihütte, der neuzeitliche Wohnteil von SE.

Inschrift und Treichelgeläute am renovierten alten Teil.

Der alte Stallteil mit dem sanierten Vorplatz und einer gedeckten Grillstelle.

Besatz
18 Kühe, 30 Rinder, 3 Kälber, 1 Stier; ausser den Rindern eigenes Vieh von Familie U. Aeschlimann

Personen

Funktion	Person	Telefon
Bewirtschafter	Ulrich und Ruth Aeschlimann und Sohn Michael Bödeli, 3619 Eriz	033 453 22 18
Käser	Ulrich und Ruth Aeschlimann	

Telefon auf der Alp   033 453 24 75

Gebäude
Alpgebäude von 1987, Wohnteil mit Zentralheizung als Querfirst angebaut, eternitgedecktes Krüppelwalmdach und Doppellängsstall; alter Stallteil von 1833 in Fleckenblock und Ständer mit Vollwalmdach (ältestes Graffito von 1852) umgebaut mit zweitem Wohnteil unter dem Dach.

Käserei
In grosser geschlossener Wohnküche mit offener Gasfeuerung, 320 l Kessi an Deckenschiene, elektrischem Rührwerk, Presslad mit Schwarstein und Ladstecken, Boden und Wände geplättelt.

Käselager
Keller unter der Hütte, allseits betoniert, mit gutem Klima und Bankung für 300 Laibe; Abtransport im Herbst.

Produktion und Vermarktung
1500 kg Berner Alpkäse & Hobelkäse in 200 Laiben à 6–12 kg; 150 kg Alpmutschli
Vermarktung kaum an Passanten; aber im Herbst und Winter ab dem Talbetrieb an Privatkundschaft. Ein Teil geht auch an die Molkerei Amstutz AG, Dorfstrasse, 3655 Sigriswil.

Hier im Käsekeller unter der Hütte reifen die Käse – einer neben dem andern.

Eine Ecke des Stallteils, Sitzplatz, Kannentröckne und oben der Eingang in Fritz Aeschlimanns Reich.

Ruth und Ulrich Aeschlimann beim Ausziehen des Käses.

BABSCHWAND

Früher Alp Ziegelspeicherweid und ganzjährig bewirtschaftet

Blick vom Schattstall nach SW über die Babschwand bis an die Grenzen des behandelten Gebietes über Horrenbach-Buchen und Sigriswil zu Gantrisch und Gurnigel.

Über Brunnen und Gartenzaun hinweg nach S sieht man zwischen Burst und Siebenhengsten Sulzigraben und Sichel.

Gemeinde/Amtsbezirk
Eriz/Thun

Rechtsform/Eigentümer
Privatalp von Paul Aeschlimann-Jost, Hänni, 3614 Unterlangenegg

Landeskarten
1188 Eggiwil 1:25 000
244 Escholzmatt 1:50 000

Koordinaten Referenzpunkt
Babschwand, 628950/182500, 1188 müM

Lage der Alp
Die Alp liegt an einer muldigen SW-Flanke der grossen Honegg auf 1130–1300 müM, mit teilweise harter Grasnarbe, teilweise aber durch angepasste Düngung futterwüchsig und gutgräsig; durch die sonnseitige Lage trockenes und gutes Gras, früher Vegetationsbeginn.

Wege zur Alp
Mit dem PW von Thun über Steffisburg Richtung Schallenberg, in Schwarzenegg rechts Richtung Eriz bis Beiel

oder Bödeli (1012 müM, Parkplatz, ab hier für Motorfahrzeuge nur noch Zubringerdienst gestattet); oder ab Thun oder Steffisburg oder jeder Postautohaltestelle dazwischen (die nächste ist wiederum Bödeli, wo auch ein wunderschöner alter Käsespeicher unweit der Strasse steht); von hier zu Fuss auf markierten Wanderwegen durch abwechslungsreiches Gelände in einer halben Stunde zur Alp; oder aber von Schangnau (ab Käserei Thal, 889 müM, für Motorfahrzeuge nur Zubringerdienst gestattet) auf Wanderwegen zur Alp, ca. 6 km durchs Schwarzbachtal bei Scheidzun oder Rotmoos (1190 müM) nach rechts gegen die Honegg, vorbei an verschiedenen Bauern- und Alpbetrieben mit prächtigen Bauten in oft nicht alltäglicher Lage.

Touristisches
Zum Beispiel kann man von hier aus die aufgeforstete Honegg erwandern, wo im dichten Wald noch Spuren der überwachsenen Alpen zu entdecken sind (auf der Karte 1:25 000 weisen uns einzelne Flurnamen darauf hin); die Alphütte Babschwand ist zu einer Bergwirtschaft ausgebaut, deren Betrieb aber im Zusammenhang mit Wegausbauprojekten aufgegeben wurde. Für Wandervorschläge schaue man im Wanderbuch 3065 Emmental, Routen 42 und 43.

Infrastruktur
Einstafliges Senntum 1303. Heute erschlossen durch die Forststrasse Farneggli und eine Stichstrasse zur Alp; die Alp ist an der Stromversorgung angeschlossen; heute eigene, gute Wasserversorgung.

Bestossung
30 Stösse in 140 Tagen (Mitte Mai bis Anfang Oktober): 42 Normalstösse

Weideflächen
Total 26 ha: 25 ha Weideland, 1 ha Heueinschlag

Besonderes zur Alp
Die Alp heisst erst seit 1900 Babschwand, vorher hiess sie Ziegelspeicherweid und war ein Ganzjahresbetrieb, was heute wieder zur Diskussion steht. Die Alp umfasste früher auch Bödeli als Unterstafel und Honegg als Oberstafel, deshalb auch etwa «Untere Honegg».

Schön beschriftet geben die Windladen Auskunft über den Bau des Käsespeichers (vgl. Gebäude)

Ziegen am Schwarzdorn – wohl nicht das Ideal, aber das stört sie nicht, im Gegenteil.

Babschwand

SENNTUM 1303

Der Käsespeicher; ein Gartenzaun bedeutet, dass das Gebäude heute bewohnt wird.

Rosa und Paul Aeschlimann am Zmorgetisch.

Paul Aeschlimann prüft ein Alpmutschli im engen Käsekeller, Sparen im Raumprogramm.

Besatz
15 Kühe, 30 Rinder, 4 Kälber, 3 Ziegen

Personen

Funktion	Person	Telefon
Bewirtschafter	Paul Aeschlimann-Jost, Hänni, 3614 Unterlangenegg	033 453 12 47
Käserin	Rosa Aeschlimann-Jost	
Käser	Ruedi Zürcher	
Zusennen	Markus Brunner und Trudi Wüthrich	

Telefon auf der Alp   033 453 15 70

Gebäude
Die Sennhütte ist ein geräumiger, guter Fleckenblockbau von 1728, mit gut eingerichtetem Wohnteil und im Dachstock ausgebauter geräumiger Bergwirtschaft mit mehreren Räumen; ein Doppelstall; das Zuckerhüttli wird, wie vielerorts, als Holzschopf benutzt; der etwas höher gelegene Schattstall (für das Galtvieh) ist ein sehr guter und schöner Holzbau von 1840 mit 2 Doppelställen und enorm grosser Heubühne unter dem Vollwalm (ursprünglich als Mittelstafel gebaut); der ehemalige Käsespeicher von

1783 (errichtet «für Gottlieb Wagner Kühyer Christian Roht ZM Samuel Gerber») in Fleckenblock mit Walmdach dient heute als Angestelltenwohnung.

Käserei
Die Käserei ist unter der Hütte in einem separaten, nach aussen offenen Raum untergebracht mit betoniertem Boden und Wänden aus Holz und Mauerwerk; das 200 l Kessi hängt an einem Turner über offener Gasflamme mit elektrischem Rührwerk; Spindelpresse.

Käselager
Der Käsekeller befindet sich unter dem Käsespeicher in SE-Lage unter riesigen alten Ahornbäumen, mit gut einstellbarem Klima und Platz für 200 Laibe, fast genügend für die Sommerproduktion; Abtransport nach Bedarf, der Grossteil im Herbst.

Produkte und Vermarktung
1500 kg Berner Alpkäse in 200 Laiben à 6–8 kg
250 kg Alpmutschli
Der Alpkäse wird auf der Alp und im Talbetrieb an der Schallenbergstrasse direkt an Passanten und angestammte Privatkundschaft verkauft.

Besonderes zur Verarbeitung
Die Abendmilch wird in Gebsen gelagert und nur teilweise abgerahmt.

Ruedi Zürcher beim Vorkäsen: die Labgallerte wird regelmässig und fein zerschnitten, auf dass der Käse etwas werde.

Die schöne Beschriftung des Getreidesackes von 1888 sagt etwas über die Hofgeschichte (vgl. Text).

Die angeheuerte Mannschaft des Sommers 2001: Markus Brunner, Ruedi Zürcher, Trudi Wüthrich.

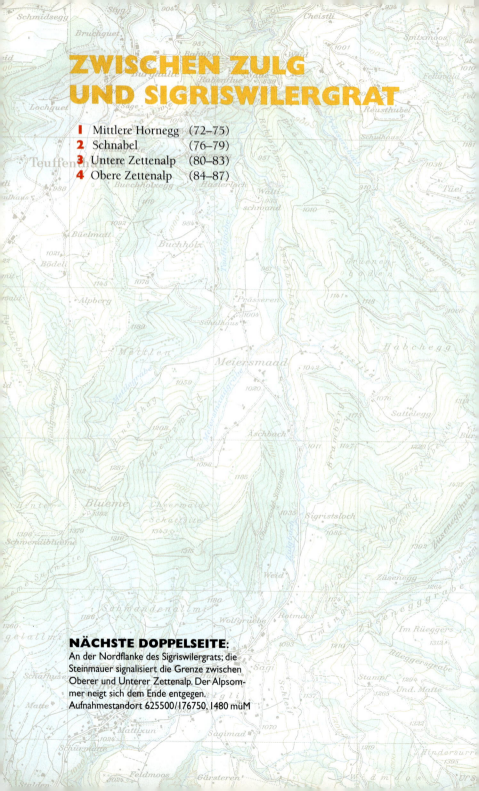

ZWISCHEN ZULG UND SIGRISWILERGRAT

1 Mittlere Hornegg (72–75)
2 Schnabel (76–79)
3 Untere Zettenalp (80–83)
4 Obere Zettenalp (84–87)

NÄCHSTE DOPPELSEITE:
An der Nordflanke des Sigriswilergrats; die Steinmauer signalisiert die Grenze zwischen Oberer und Unterer Zettenalp. Der Alpsommer neigt sich dem Ende entgegen. Aufnahmestandort 625500/176750, 1480 müM

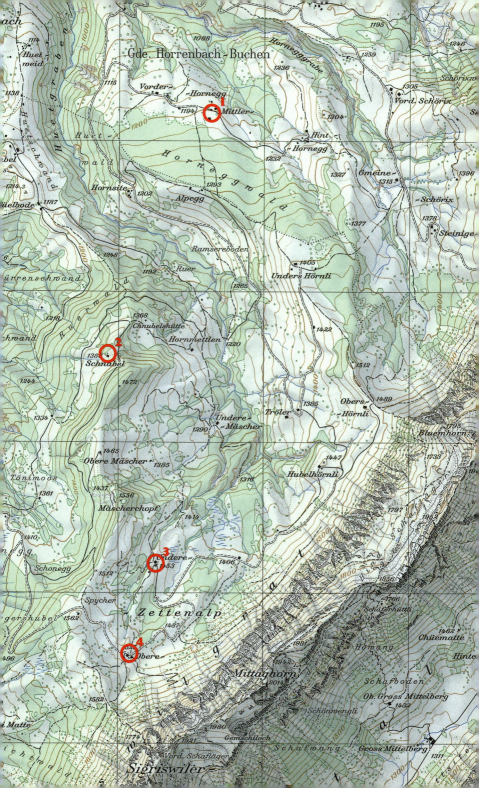

MITTLERE HORNEGG

Einsam, verborgen, aber auch geborgen – und mit einem fröhlichen Chästeilet

Blick von NW: der ehemalige Käsespeicher mit dem Treppenstock, die Sennhütte, der Schweinestall, der grosse Schattstall – und Bäume, die im Sommer Schatten geben.

Neues Leben wächst aus den Ruinen! Bäume anders.

Gemeinde/Amtsbezirk
Horrenbach-Buchen/Thun

Rechtsform/Eigentümer
Privatalp; Eigentümer Mittlere Hornegg: Ernst Schwarz, Schwalbenweg 3, 3613 Steffisburg; Eigentümer Hintere Hornegg: Daniel Schwarz jun., Entenried 288, 3661 Uetendorf

Landeskarten
1208 Beatenberg 1:25 000
254 Interlaken 1:50 000

Koordinaten Referenzpunkt
Mittler Hornegg, 625700/180200, 1200 müM

Lage der Alp
Nach NW offene Mulde auf 1110–1360 müM; Mittler Hornegg als Unterstafel eher N-, Hinter Hornegg als Oberstafel eher W-exponiert; dies die frühere Aufteilung; heute sind Mittler und Hinter Hornegg geteilt, aber nur mündlich; beide Betriebe sind von Fläche und Besatz her ungefähr gleich gross. Die Alp ist kräuterreich, windgeschützt und sehr weidgängig.

Wege zur Alp
Mit dem PW von Thun/Steffisburg über Buchen–Horrenbach oder aus dem Eriz bei Linden über die Brücke und Rütegg auf der Güterstrasse bis zur Alp. Zu Fuss: von den Postautohaltestellen (beide ca. 1000 müM) Aussereriz (über Koppisbrugg–Horrenbachmühle) oder Linden (über Rütegg) auf den Wanderwegen zur Alp (Wanderführer 3095, Routen 8 und 9).

Touristisches
Über die Alp führen Wander- und Bergwanderwege N an und auf den Sigriswilergrat, mit abwechslungsreichen Höhenwanderungen vom Burst, 1969 müM, auf das markante Sigriswiler Rothorn, 2034 müM, als Tagestour und auf die N vorgelagerte breite, schöne Schörizalp, 1500 müM (Wanderführer 3095, Routen 7, 8 und 9).
Mitte September findet ein Chästeilet auf der Alp statt, das als grosses Volksfest angelegt ist, mit Käseverkauf, Festwirtschaft, Musik und Gesang.

Infrastruktur
Zwei einstaflige Sennten mit einer Nummer (1305); die Milch aus beiden Betrieben wird in der Mittleren Hornegg verkäst. Durch Güterstrasse seit 1928 gut erschlossen, auch innerhalb der Alp seit 1932; Stromversorgung durch Dieselaggregat; seit 1912 gemeinsame Wasserversorgung mit Vorder Hornegg; heute kann sich die Alp – als Gegenleistung für Durchleitungsrechte der Gemeinde – vor der Filteranlage mit dem benötigten Wasser versorgen.

Bestossung
60 Stösse in 110 Tagen (Ende Mai bis Mitte September): 66 Normalstösse

Weideflächen
Total 77 ha: 74 ha Weideland, 3 ha Streueland

Besonderes zur Alp
Dank den guten Strassenverbindungen kann der Talbetrieb der Bewirtschafter nebenher bewirtschaftet werden. Alle Zahlen beziehen sich auf Mittlere und Hintere Hornegg zusammen.

Nägel (und nicht Stifte) mit Köpfen, Käsebrände mit Initialen.

Eine Maimorchel leuchtet im saftigen Gras.

Mittlere Hornegg
SENNTUM 1305

Die Sennhütte von SE mit Blick an der Honegg vorbei ins Mittelland.

Tief muss man sich im Herbst ins Kessi bücken: Rosmarie Dummermuth prüft die Dickete durch Umlegen der obersten Schicht;

…und Hans Dummermuth rührt dann den Bruch im halbleeren Kessi.

Besatz
15 Kühe, 25 Rinder, 12 Kälber, 6 Schweine

Personen

Funktion	Person	Telefon
Bewirtschafter	Hans Dummermuth, Rachholtern, 3617 Fahrni	033 437 45 80
Käser	Hans und Rosmarie Dummermuth	

Als Zusennen werden zeitweise Landdienstler beschäftigt.

Telefon auf der Alp   033 453 18 59

Gebäude
Mittler Hornegg: geräumige, gute Sennhütte, gedrungener Holzmischbau mit ¾-Walmdach mit mehreren Räumen, ohne Stall; unter grossen Bäumen; daneben schmuckes Schweineställchen in Fleckenblock; oberhalb grosser, guter Schattstall, Holzmischbau, datiert 1637, aber umgebaut, mit zwei Doppelställen und einem Anhängerstall. Ein alter Käsespeicher steht etwas unterhalb der Hütte: Fleckenblock auf hohem Bruchsteinmauersockel, mit seitlichem Steintreppenzugang auf das Läubli, gemalter, völlig verblasster Spruch, genagelte Tür mit vielen Käsebränden; hinten in Ständer angebauter Rinderstall.

Käserei
In riesiger geschlossener Küche, die quer durch die ganze Hütte geht, offene Feuergrube mit 480 l Kessi an Holzturner; das elektrische Rührwerk läuft seit 2001 mit Solarstrom; Spindelpresse; Betonboden und Holzwände. Früher schöner Steinplattenboden, vgl. ein Video von Gusset Uetendorf.

Käselager
Keller unter der Hütte für 400 Laibe, vernünftiges Klima, Betonboden.

Produkte und Vermarktung
2000 kg Berner Alpkäse & Hobelkäse in 300 Laiben à 5–7 kg; 1000 kg Alpmutschli
Ein ansehnlicher Teil der Sommerproduktion wird anlässlich des Chästeilets auf der Alp verkauft; wenig Passanten auf der Alp; viel an private Stammkunden; der Käse wird angeboten bei: Landi, Oberdorfstr. 31A, 3612 Steffisburg; Thomas Wäfler und Daniela Haldimann, Käserei, Dorfpl. 7, 3673 Linden; Priska und Marc Küffer, Käserei Rachholtern, 3617 Fahrni b. Thun.

Besonderes zur Verarbeitung
Abendmilch: Kessilagerung und Kühlschlange.
Die Milch des ehemaligen Oberstafels Hinter Hornegg und der Nachbaralp Hörnli wird gekauft und mit verkäst.

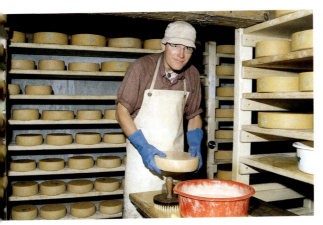

Rosmarie Dummermuth bereitet sorgfältig die Bakterienkultur für morgen zu.

Die Auswahl auf dem Zmorgetisch – aus eigener Produktion Alpkäse und Mutschli.

Jan bei der Käsepflege; Käse und Utensilien wohlgeordnet.

SCHNABEL

Eine Alphütte mit Ründi – traumhaft abgeschieden

Die Schnabelhütte von NE im Morgenlicht; darüber der Niesen und rechts der Züsenegghubel, davor Löchli und Dünzenegg.

Chatzestili (Equisetum palustre) und Waldzwenke (im Lischenmoos) Feuchtezeiger.

Gemeinde/Amtsbezirk
Sigriswil/Thun

Rechtsform/Eigentümer
Privatalp von Hans Kämpf, Obere Haltenstr. 9, 3625 Heiligenschwendi, und Gerhard Kämpf, Obers Aebnit, 3625 Heiligenschwendi

Landeskarten
1208 Beatenberg 1:25 000
254 Interlaken 1:50 000

Koordinaten Referenzpunkt
Schnabel, 624950/178600, 1388 müM

Lage der Alp
Die Alp liegt am NW-Hang eines Bergrückens inmitten ausgedehnter Waldungen auf 1320 bis 1420 müM; der Weidegang ist durch Waldzungen aufgelockert, was den Wind abschirmt und das Klima mildert. Die Grasnarbe wird dadurch ungünstig beeinflusst und ist auf einzelnen Teilen durch Grundwasser und Bergdruck qualitativ herabgesetzt. In trockenen Partien sind kleereiche Grasbestände anzutreffen.

Wege zur Alp

Mit dem PW von Sigriswil–Schwanden/Sagi her bis Dünzenegg (1400 müM) auf bewilligungspflichtiger Güterstrasse erfahrbar; von da geschotterter Güterweg, ca. 2 km zur Alp. Zu Fuss: bis Schwanden/Sagi mit dem Postauto (1080 müM); von da auf dem Wanderweg, der der Güterstrasse und dem Güterweg folgt, ca. 5 km ohne grosse Steigungen ab Dünzenegg. Ebenso kann die Alp Schnabel auf schönen, sehr abwechslungsreichen, eher schattigen Wanderwegen aus dem Eriz (Postautolinie, ca. 1000 müM) oder von Homberg–Buchen–Horrenbach–Reust her (Postauto bis Teuffenthal, 900–1000 müM) erwandert werden (Wanderführer 3095, Routen 8 und 9).

Touristisches

Die Alp liegt, ruhig und etwas für sich, an einer der Wanderrouten, die den Thunersee resp. die darüber liegenden Dörfer mit dem Eriz verbinden; ein eher schattiges, coupiertes Gelände mit stark wechselnder Vegetation, interessanten Einblicken in Geologie und Topografie dieses Hinterlandes (Wanderführer 3095, Routen 8 und 9). Der Pächter ist gerne bereit, Einblick in seine Alpkäseherstellung zu gewähren, auch für Schulklassen oder andere Gesellschaften.

Infrastruktur

Einstafliges Senntum 5509. Die Alp ist seit 1993 mit einer Güterstrasse bis zur Hütte erschlossen; Stromversorgung mit Dieselgenerator; zuverlässige Quellwasserversorgung.

Bestossung

16 Stösse in 85 Tagen (Anfang Juni bis Anfang September): 13 Normalstösse

Weideflächen

Total 13 ha: 11 ha Weideland, 1 ha Waldweide, 1 ha Streueland

Das älteste Graffito in der Stubenwand kombiniert mit Käsebrand: «Christian Amstutz 1899»

Enzian
(Gentiana asclepiadea)

Schnabel
SENNTUM 5509

So kommt man zur Schnabelhütte, gerahmt von zwei prächtigen Ahornen; Blick fast von E; hinten links das Stockhorn, dazwischen die flache Waldpyramide der Blueme.

Käsereiutensilien können so am besten trocknen und sind bereit.

Hugo Kämpf rührt im Kessi; die Käserei befindet sich im Kellergeschoss.

Besatz
13 Kühe, 2 Kälber, 2 Ziegen
Es wird nur eigenes Vieh des Pächters gesömmert.

Personen

Funktion	Person	Telefon
Pächter	Hugo Kämpf, Wiler 18, 3624 Goldiwil	033 442 14 38
Käser	Hugo Kämpf	

Gebäude
Die Alphütte ist ein guter, gefälliger Holzbau, Ständerkonstruktion, teilweise vertäfert, mit Ründe unter Gerschild, auf hohem Bruchsteinmauersockel; Wohnteil nach W mit Küche und Stube; mit einem Doppelquerstall und dahinter Kleinviehstall.

Käserei
Die Käserei ist im Sockel unter der Küche eingerichtet; der Boden ist geplättelt, die Wände sauber verputzt; über offener Feuergrube hängen wahlweise ein 270 l oder ein 200 l Kessi an einem Holzturner, mit elektrischem Rührwerk und Presslad mit Schwarstein und Ladstecken.

Käselager
Der kleine, saubere und schmucke Käsekeller liegt im Untergeschoss neben der Käserei, hat ein gutes Klima und Platz für 140 Laibe, so dass der Abtransport gesamthaft im Herbst erfolgt.

Produkte und Vermarktung
1000 kg Berner Alpkäse in 140 Laiben à 6–10 kg
100 kg Alpmutschli
Der Grossteil der Alpprodukte wird durch den Pächter und Viehbesitzer an Privatkunden vermarktet; zudem wird der Käse angeboten bei: Landi, Güterstr. 5, 3150 Schwarzenburg; Cartier, Primo Lebensmittel, Pestalozzistr. 95, 3600 Thun.

Besonderes zur Verarbeitung
Die Abendmilch wird in Gebsen und Kannen gelagert und am Morgen abgerahmt.

Besonderes zum Senntum
Durch ihre Lage im Gebäude wäre die Käserei als Schaukäserei geeignet!

Das Käsekessi gehört dem Pächter; es fasst 200 Liter und ist von 1925.

Bandbereiftes Salzkübeli, weidenbereifter Schmierewasserkübel, Pflegebürste und ein feines Geissschäsli auf dem Salztisch.

Hugo Kämpf pflegt im sauber geordneten Keller seine Alpkäse.

UNTERE ZETTENALP

Wohltuende Stille, nur das Schnaufen eines Bikers ist zu hören!

Nicht immer zeigt sich die Zettenalp so sonnig; der Blick geht vom Sigriswilergrat auf die Hörnlialpen und links vom Ahorn auf die Honegg, durch das Weitwinkelobjektiv in weite Ferne gerückt.

Ein «Waldklammerhaufen»: die tatkräftigen Waldameisen als Vorbilder der Älpler?

Gemeinde/Amtsbezirk
Sigriswil/Thun

Rechtsform/Eigentümer
Genossenschaftsalp der Privatgenossenschaft mit 7 Alpansprechern, welche die Alp auch bewirtschaftet; Präsident: Werner Neuhaus, Dreili, 3622 Homberg.

Landeskarten
1208 Beatenberg 1:25 000
254 Interlaken 1:50 000

Koordinaten Referenzpunkt
Untere Zettenalp (Oberstafel), 625250/177200, 1453 müM

Lage der Alp
An einem NW-Ausläufer des Sigriswilergrates bildet die Alp eine nach NE orientierte Mulde auf 1360–1580 müM, ist wellig und muldig, im oberen Teil durch Geröll und Lawinen stark vergandet, dort kaum mehr beweidet; im unteren Teil ausgezäunte Torfmoorteile, weil diese sehr trittempfindlich sind; auf SE- und NE-Flanke sowie auf fetten Teilen sehr futterwüchsig und gutgräsig; durch zwei Stafel ringgängig.

Wege zur Alp
Auf der Strasse Sigriswil–Schwanden bis Sagi (1077 müM). Ab hier Güterstrasse mit allg. Fahrverbot. Zu Fuss von der Postautohaltestelle Schwanden/Sagi Wander- und Bergwanderweg 4 1/2 km zur Alp.

Touristisches
Von der Alp gelangt man auf verschiedenen Routen auf Sigriswilergrat und -rothorn (2034 müM) mit Rückwanderung nach Sigriswil, ins Justistal oder ins Eriz, über interessante Alpgebiete. Über die Alp führt der Weg von Sigriswil her ins Innereriz (Wanderführer 3095, Routen 8 und 9 mit Varianten).
Gross angelegter Chasteilet im Herbst meist zusammen mit der Oberen Zettenalp nach dem Bettag.

Infrastruktur
Die Untere Zettenalp bildet das zweistaflige Senntum 5514. Sie ist mit einer Güterstrasse bis zu den beiden Stafeln gut erschlossen; innerhalb der Alp ist die Erschliessung wegen der Vernässung recht schwierig. Stromversorgung durch eine Solaranlage und einen Dieselgenerator; gute eigene Quellwasserversorgung mit einer Widderanlage zusammen mit Oberer Zettenalp; beides wurde mit Unterstützung der SAB und der Berghilfe 1996 durch Lehrlinge aus dem Aargau mit gebaut (Bericht in der Berghilfe-Ziitig Nr. 19 vom April 1998).

Bestossung
40 Stösse in 98 Tagen (Mitte Juni bis Ende September): 39 Normalstösse
Mit mehrmaligem Wechsel zwischen den beiden Stafeln.

Weideflächen
Total 76 ha: 59 ha Weideland, 5 ha Waldweide, 3 ha Wildheu, 9 ha Streueland

Besonderes zur Alp
Die Weidepflege ist ein Dauerproblem und wird durch die Alpansprecher nach Reglement (mit 5 Tagewerken pro Kuhrecht) intensiv wahrgenommen (Geröll und Lawinen). Für den Neubau der Hütte zusätzlich insgesamt 55 Tage Gemeinwerk.

Vogelbeeren: Sorbus aucuparia soll auch einen bekömmlichen Liqueur abgeben.

Wenn's kühl wird, muss der Käse unter der Presse eingepackt werden, sonst gibt es Teigfehler.

Unter-Zettenalp
SENNTUM 5514

Blauer Enzian vor Unter Zettenalp (von N) gegen das Rothorn.

Die siegreichen Drei: eben haben sie ein Problem gemeistert und laben sich nun in der Alphütte: Werner Neuhaus, Walter von Gunten und Ernst Kämpf führen die Genossenschaft zum Erfolg.

Ein schönes Kessi in einer sauberen Alpkäserei.

Besatz
38 Kühe, 1 Rind, 1 Stier, 23 Schweine

Personen

Funktion	Person	Telefon
Bergvogt	Ernst Kämpf, Bösenzelg, 3656 Tschingel	033 251 34 09
Käser	Hansueli Häberli, Hubel 48, 3038 Kirchlindach	031 822 05 50
Zusennerin	Cornelia Remund, 3038 Kirchlindach	

Gebäude
Oberstafel: der gute Holzaltbau, der früher auch die Ställe enthielt, umfasst heute nach Umbau und Umorientierung Käseküche, Milchgaden, Küche, Badezimmer(!) und Galtstall im EG, darüber Schlafkammern (früher «das ungeheizte Stubeli über dem Stall»); zwei Doppelquerställe sind hinter einer Brandmauer neu angebaut, alles unter einem reinen Satteldach; Schweinestall und Auslauf unter der Hütte; alles überragt von wunderbaren alten Ahornen! Unterstafel: in ähnlicher Ausführung.

Käserei

Mitten in der geräumigen Käserei, die mitten in der grossen Anlage liegt, hängt über offener Feuergrube wahlweise ein 800 l oder ein 550 l Kessi an einem Holzturner; elektrisches Rührwerk, drei Spindelpressen, der Boden geplättelt, die Wände verputztes Mauerwerk.

Käselager

Der Speicher im Oberstafel ist ein Fleckenblock, teilweise verrandet, mit Eternitschieferdach; im hohen Bruchsteinmauersockel Keller mit Platz für 150 junge Alpkäse; im Speicher mit Zugang von oben ist für 200 ältere Käselaibe Platz; das Klima ist gut; Transporte nach dem Doppelspeicher der Obern Zettenalp erfolgen nach Bedarf. Abtransport im Herbst nach dem Chästeilet beim oberen Speicher.

Produkte und Vermarktung

5000 kg Berner Alpkäse in 350 Laiben à 8–20 kg
400 kg Alpmutschli, Ziger
Hauptabnehmer: Molkerei Amstutz AG, Dorf, 3655 Sigriswil; Angebot und Verkauf an Passanten; der Grossteil geht an die Alpansprecher und von diesen an Privatkunden; die Alpprodukte werden auch angeboten durch das Restaurant Schwandenbad, Hombergstr. 64, 3612 Steffisburg.

Besonderes zur Verarbeitung

Abendmilch: Kessilagerung mit Kühlschlange und nur für Eigenbedarf abgerahmt.

Fasziniert und faszinierend: Cornelia Remund schmiert im Käsekeller elegant balancierend ein Mutschli.

Der stolze, zweckmässige Käsespeicher, wie beschrieben.

Hansueli Häberli mit einem seiner schönen Alpkäse.

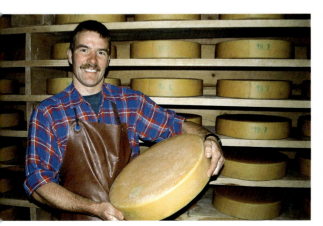

OBERE ZETTENALP

Das Bad in der Molke und die Massage des Käsers

Majestätisch thront der Käsespeicher auf der windumspielten Egg; Blick von der Hütte nach NW.

Blick vom Käsespeicher nach NE an die Hörnli-Alpen; der Schattenbrocken rechts ist der Burst; links die Schörizegg (Stouffe); ganz hinten Marbachegg und Entlebuch.

Gemeinde/Amtsbezirk
Sigriswil/Thun

Rechtsform/Eigentümer
Genossenschaftsalp der Privatgenossenschaft mit 26 Alpansprechern, die sie auch selbst bewirtschaftet; Präsident: Andreas von Gunten, Mösern, 3657 Schwanden/Sigriswil.

Landeskarten
1208 Beatenberg 1: 25 000
254 Interlaken 1: 50 000

Koordinaten Referenzpunkt
Obere Zettenalp, 625100/176600, 1525 müM

Lage der Alp
Die Alp liegt im oberen Teil einer nach NE orientierten Alpmulde auf 1450 bis 1780 müM. Der oberste Alpteil dehnt sich sogar über den N verlaufenden Bergrücken aus und fällt nach SW ab. Besonders auf dem Kamm ist das Klima um einige Grade kühler; Sommerschnee bleibt oft tagelang liegen. Trotz Lage in der Flyschzone ist die Alp weniger vernässt als die Untere Zettenalp, aber auf meh-

rere Moorzüge verteilt; soweit der naturtrockene Weideboden vorherrscht, ist die Grasnarbe gut, es hat aber auch geringere Gräser und Pflanzen. Als Ganzes ist die Alp zwar gross, aber steinig und nass und daher wenig melkig.

Wege zur Alp
Mit dem PW kommt man bis Sigriswil/Schwanden-Sagi (1077 müM); ab hier Güterstrasse mit allgemeinem Fahrverbot. Zu Fuss: mit dem Postauto bis Schwanden-Sagi und dann auf Wander- und Bergwanderwegen vorbei am markant auf einer Egg gelegenen Käsespeicher auf die Alp.

Touristisches
Die Zettenalp liegt auf einer der Anmarschrouten zu Sigriswiler Grat und Rothorn (2033 müM) sowie den weiteren Kreten und Gipfeln mit schöner Aussicht bis zum Burst (1969 müM), aber nicht ganz einfach zu erreichen! Flankenwanderungen und Abstiege auf andern Routen (z.B. ins Justistal mit seinen reichhaltigen Alpen) machen Exkursionen in dieses Gebiet abwechslungsreich und anspruchsvoll (Wanderführer 3095, Route 8b).
Ein stets frisches Molkenbad aus der täglichen Alpkäseherstellung wird angeboten, das bei schönem Wetter gut gefragt ist. Ein gross aufgemachter Chästeilet findet nach Bettag meist zusammen mit der Unteren Zettenalp statt.

Infrastruktur
Einstafliges Senntum 5513. Die Alp ist mit einer Güterstrasse voll erschlossen; interne Güterwege erlauben eine gute Bewirtschaftung. Der elektrische Strom wird seit 1992 mit einer 40 m^2-Solaranlage auf dem Hüttendach (85% des Bedarfs inkl. Melken!) erzeugt, ergänzt durch ein Dieselaggregat (15% und Notfälle). Wasserversorgung aus guten eigenen Quellen neu gefasst mit einer Widderanlage, zusammen mit der Untern Zettenalp (Reportagen z.B. im «Bund» 1992, 1993, 1996).

Bestossung
33 Stösse in 100 Tagen (Anfang Juni bis Mitte September): 33 Normalstösse

Weideflächen
Total 77 ha: 66 ha Weideland, 6 ha Waldweide, 3 ha Wildheu, 2 ha Streueland

Silberdistel, Carlina acaulis.

Der Käsespeicher mit einem zauberhaften Rastplatz – bitte sauber halten!

Obere Zettenalp

SENNTUM 5513

Altes und Neues: Schattställe und Schopf neben der modernen grossen Hütte.

Die Jahrzahl am Käsespeicher.

Intensivpflegestation: die jungen Käse erfordern viel Aufmerksamkeit, aber Simon von Gunten schaffts und darf stolz sein!

Besatz

37 Kühe, 1 Stier, 10 Ziegen, 27 Schweine

Personen

Funktion	Person	Telefon
Kassier der Alpgenossenschaft	Rudolf Santschi, Stegacker, 3656 Tschingel	033 251 20 72
Käser	Simon von Gunten, Mösern, 3657 Schwanden	
Hirt	Tobias Saurer, Schmiede, 3623 Horrenbach	

Gebäude

Grosszügige Sennhütte von 1991 in Fleckenblock, eternitgedecktes Satteldach mit Gerschild; vor dem nach NW gerichteten Wohnteil eine Laube; mit Quergang und dahinter zwei Doppelquerställen.

Käserei

In der geschlossenen Küche eingemauertes Kessi von 1000 l, holzbeheizter Niederdruckdampfkessel, Butterkübel und Rührwerk solarstrombetrieben, zwei Spindelpressen, Boden und Wände geplättelt resp. teilweise Holz.

Käselager
Keller im betonierten Fundament in der N-Ecke der Hütte mit sehr gutem Klima und Bankung für 300 Laibe Alpkäse; dazu auf der Egg die Hälfte des Käsespeichers von 1736 (die andere nutzt die Untere Zettenalp), eines Fleckenblocks mit schön genagelter Tür, gemaltem Spruch und informativen Käsebränden; das Klima ist für die älteren Käse gut, und Platz ist für 200 Alpkäse; der Abtransport erfolgt nach dem Chästeilet im Herbst.

Produkte und Vermarktung
5500 kg Berner Alpkäse & Hobelkäse in 450 Laiben à 10–13 kg; 100 kg Ziegenkäse; Alpbutter
Alle Alpprodukte werden in rechtem Ausmass an Passanten verkauft; der Grossteil geht an die Kühe alpenden Bauern, die den Alpkäse ab ihren Talbetrieben an Privatkunden verkaufen; ein kleiner Teil geht an die Firma Molkerei Amstutz AG, Alpkäsehandel und Hobelkäselager, 3655 Sigriswil.

Besonderes zur Verarbeitung
Die Abendmilch wird im Kessi gekühlt gelagert und morgens abgerahmt; die vier bis sechs Käse pro Tag werden einzeln mit dem Tuch ausgezogen!

Besonderes zum Senntum
Die modern und komfortabel eingerichtete und solarstrombetriebene Sennhütte (die BKW trägt wesentlich dazu bei) ist ein Hauptmerkmal der Alp.

Tobias Saurer beim Kessiputzen; auch dies ist Intensivpflege, und mit Schwung ausgeführt geht alles leichter.

Milchgeschirr, sauber gewaschen und im Milchgaden zum Trocknen aufgestellt.

In der blitzblanken Alpkäserei: Simon richtet die frischen Käse auf dem Presstisch, während Tobias mit einem Schruef das Kessi leer schöpft.

DAS JUSTISTAL

- **A** Spycher und Chästeilet (92–95)
- **1** Unteres Bergli (96–99)
- **2** Grön (100–103)
- **3** Speicherberg (104–107)
- **4** Büffel (108–111)
- **5** Flühlauenen (112–115)
- **6** Klein Mittelberg (116–119)
- **7** Rossschatten (120–123)
- **8** Gross Mittelberg (124–127)
- **9** Sigriswilerbergli (128–131)
- **10** Oberhofner Berg (132–135)

NÄCHSTE DOPPELSEITE:
Blick von der Hütte Klein Mittelberg talauswärts, links die steil abfallende Flanke zum Niederhorn. Über der Hütte Flühlaui die Pyramide des Niesens.
Aufnahmestandort 626360/175120, 1280 müM

JUSTISTAL

«Im Justistal dert zwüschte Flüehne, dert möcht i si, der möcht i gah...» Adolf Stähli

Lage
Das Justistal ist eine grossartige Alplandschaft, die Bewirtschaftung althergebracht. Die Alpen des Justistales gelten als gutgräsig. Grössere Höhendifferenzen auf der SE-Flanke führten bei einigen Alpen zur Bildung eines zweistafligen Betriebes. Detailbeschreibung unter den einzelnen Alpen. Im Justistal mussten immer wieder Tiere zufolge Steinschlag oder als Opfer felsiger Partien abgetan werden. Wildheu und Streueland werden nicht mehr durchwegs genutzt.

Wege ins Justistal
Mit dem PW von Gunten über Sigriswil – oder von Interlaken über Beatenberg – auf der Güterstrasse bis Grön (Parkplatz auf 1124 müM, ab hier allgemeines Fahrverbot!); von dort zu Fuss in knapp 30 Minuten dem Bergwanderweg folgend taleinwärts zu den Käsespeichern auf Speicherberg. Der Anmarsch von Merligen (568 müM, bis dort per Schiff oder Bus) führt sehr steil durch Obstgärten, Wald und Schlucht, dem Grönbach folgend oder auf Nebenrouten in knapp 3 Stunden zur Grönhütte (Wanderführer 3095, Route 7); von der Postautohaltestelle Sigriswil (810 müM) in 2 Stunden auf dem Fahrsträsschen oder Bergwanderwegen, oder aber von Beaten-

Die vier Käsespeicher für (von links): Büffel und Flühlaui, Oberhofner und Sigriswiler Berg, Grosser Mittelberg, Klein Mittelberg und Rossschatten; vor Lothar hätte vor der Kamera eine Tanne gestanden.

Das traditionsträchtige Spycherdörfli von der Alphütte Speicherberg aus.

berg (1120 müM, Standseilbahn ab Beatenbucht oder Postauto ab Interlaken) in 1½ Stunden auf dem Fahrsträsschen (Achtung: unbeleuchteter Strassentunnel von 350 m Länge). Der Weg ab Grön oder andere Zugänge sind unter den einzelnen Alpen beschrieben.

Touristisches

Anspruchsvolle Bergwanderungen führen auf den Sigriswilergrat mit seinen Gipfeln, auf das Niederhorn, die Sieben Hengste und die eindrücklichen Karrenfelder des Naturschutzgebietes Seefeld, gegen den Traubach und Habkern (Wanderführer 3095, Routen 4, 5, 7 und 8 mit Varianten). Der Chästeilet auf dem Spycherberg – durch mannigfaltige Werbemassnahmen heute weltberühmt – findet seit über 250 Jahren am Freitag nach dem Eidgenössischen Bettag (Ende September) bei den Käsespeichern statt. Ein Schwing- und Älplerfest wird durch die Bergjodler Sigriswil jährlich am ersten Sonntag im Juli auf dem Chilbiplatz im Grön durchgeführt. Eine Bergpredigt mit Taufe findet anfangs August auf dem Büffelboden statt; und jeden Dienstag während der Sommersaison gibt es eine durch den Kurverein Beatenberg geführte Wanderung dahin mit Käsereibesichtigung und Frühstück mit Alpprodukten.

Infrastruktur

Das ganze Justistal ist seit 1975 bis zu hinterst mit asphaltierten Güterstrassen und auch seitlich auf die Oberstafel mit Schotterwegen gut erschlossen. Stromversorgung individuell je Senntum. Eine zentrale Wasserversorgung mit grosser Widderanlage wurde in jahrelanger Planungs-, Beschluss- und Ausführungsarbeit für acht Sennten gemeinsam erstellt, so dass jedes nun über einwandfreies Trinkwasser für Küche und Käserei verfügt. Die laufenden Brunnen müssen aus eigenen Quellen gespeist werden.

Besonderes zur Alp

Der Alpkäse aus dem Justistal ist seit Jahrzehnten sehr gefragt. Nach einem Beschluss sollten alle Justistaler Alpkäse im Järb den Alpnamen tragen. Manchetten wurden hergestellt, aber die Prägung war zu tief und hat bei der Käsepflege Probleme verursacht. Aus diesem Grund wird die Prägung nur noch von zwei Alpen durchgeführt: Der Alpkäse vom Oberhofner Berg trägt auf der Järbseite die Prägung «OB. JUSTISTAL», der vom Speicherberg «SP. JUSTISTAL»

Adolf Stähli (1925) hat nicht nur auf dem Unterbergli, sondern auch, und vor allem im Winter im stillen Justistal ein Refugium gefunden.

Jahrhunderte lang hat die Sonne dieses Gwätt mit seinem schönen Eierfas verbrannt.

Das Spycherdörfli auf Spycherberg

Die Speicher vom Grossen Mittelberg und von Oberhofner und Sigriswiler Berg etwas näher betrachtet…

…und von der andern Seite.

Der vom Grossen Mittelberg von der Rückseite im Detail, und trotzdem kann man den Spruch nur erahnen.

Die Ansammlungen von Käsespeichern an einer gut zugänglichen Stelle von grösseren Alpen finden wir in verschiedenen Gegenden. Häufig sind sie am Übergang vom früher unwegsamen Alpgelände zum besser erschlossenen Gebiet in der Nähe einer befahrbaren Strasse an gut durchlüfteter aber eher schattiger Stelle angeordnet. Eines dieser Spycherdörfli finden wir unten im Justistal. Bis zum Lothar-Sturm war es durch grosse Wettertannen wohl beschattet (vgl. dazu alte Fotos). Die einzelnen Speicher sind:

Büffel und Flühlauenen: Büffel (350 Plätze, hat in der Hütte selbst keinen Keller) und Flühlauenen (350 Plätze, braucht sie erst zum Chästeilet) teilen sich den untersten Doppelspeicher, einen Fleckenblock (die Gwätte mit langgezogenem Eierfas verziert) unter fast vollständigem Walmdach; geschnitzter Spruch, datiert «1836»; das Klima ist gut.

Klein Mittelberg und Rossschatten: Klein Mittelberg (400 Plätze) und Rossschatten (300 Plätze) – früher eine einzige Alp – teilen sich den zweituntersten Doppelspeicher, einen Fleckenblock (mit feinem Eierfas), 3/4-Walmdach, signiert «H A S T Z M 1868» (nach Auskunft: Hans Amstutz).

Gross Mittelberg: der Langzeitspeicher von Gross Mittelberg, der zweitoberste auf dem Spycherberg, ist ein Fleckenblock (mit langgezogenem Eierfas) auf hohen Holzfüssen, mit Satteldach; dreimal ist die Jahrzahl 1739 aufgemalt und geschnitzt, dazu auf Front- und Rückseite(!) Sprüche. Sein Klima ist eher etwas warm und trocken, etwa 450 Plätze. Leider wurde er von einer Lothartanne an einer Ecke beschädigt. Die wegen des defekten Daches dringende Reparatur verzögert sich, weil man eigentlich einen Neubau anstrebt.

Der oberste Doppelspeicher auf Spycherberg gehört zu **Oberhofner und Sigriswiler Berg**; er ist ein Fleckenblock mit langgezogenem Eierfas an allen vier Gwättecken; über der linken Tür geschnitzt «1788», über der rechten Farbreste. Von beiden Bergen, die bei den Hütten geräumige Speicher haben, wird er nur für den Chästeilet benützt. Adolf Stähli hat hier im Horner 1948 und 1950 mit Bleistift seine Präsenz markiert.

Speicherberg und Grön: Für diese beiden Alpen gibt es im «Dörfli» keine Speicher. Sie benutzen ihre eigenen bei den Hütten.

Der Speicher von Klein Mittelberg und Rossschatten von W.

Beim Chästeilet wird keine Rechenmaschine benötigt!

Der vom Grossen Mittelberg ist der älteste; zur Sicherheit ist die Jahrzahl 1739 gleich dreimal angebracht (einmal im rückseitigen Spruch).

UNTERES BERGLI

«... es Plätzli so richtig zum Tröime» –
Adolf Stählis berühmte Traumstätte

Am 13. September 2001 hat es herunter geschneit: Ausblick vom Unteren Bergli auf die leicht verhangenen Hochalpen: links noch die Flanke der Jungfrau, rechts Balmhorn und Altels, die Blüemlisalp hinter der Tanne.

Blick nach NW auf die bisengeschützte Hütte.

Gemeinde/Amtsbezirk
Sigriswil/Thun

Rechtsform/Eigentümer
Privatalp von Niklaus Waber, Hargarten, 3655 Sigriswil.

Landeskarten
1208 Beatenberg 1:25 000
254 Interlaken 1:50 000

Koordinaten Referenzpunkt
Unterbergli, 624150/174300, 1676 müM

Lage der Alp
Diese Alp, auf dem Bergrücken des S-Ausläufers des Sigriswilergrats, zählt zu den schönstgelegenen Alpen der Gemeinde Sigriswil. Der fast ebene bis mässig geneigte Weideboden ist naturtrocken und wird ringsum durch einen schmalen Waldgürtel und schroffe Felswände natürlich begrenzt. Die Ausweide weist eine ziemlich harte Grasnarbe auf, während die gedüngte Fettweide auf grösseren Flächen kleereich und gutgrasig ist. Während der Bestossung kann Schneebedeckung erfolgen, was sich positiv auf die sparsame Wasserversorgung auswirkt!

Wege zur Alp
Mit dem PW bis Sigriswil/Schwanden-Sagi (1077 müM); von dort auf Bodmi (1422 müM) führt eine mit allgemeinem Fahrverbot belegte Güterstrasse, bis etwa 2 km an die Alp. Oder auf der Güterstrasse, die von der Justistalstrasse abzweigt und bis zur Skilifttalstation Wilerallmend auf 1205 müM führt. Zu Fuss ab Postautohaltestelle Schwanden-Sagi oder Sigriswil Dorf (807 müM) auf Bergwanderwegen in steiler werdendem Aufstieg zur Alp.

Touristisches
Von der zauberhaft gelegenen Alp mit überwältigender Aussicht und romantischem Weiher, Tannengruppen in sanfter Mulde und einem Heueinschlag mit Heutriste führt der Höhenweg, ein nicht einfacher Bergwanderweg, über die Krete des Sigriswilergrates bis aufs Rothorn (2034 müM) und weiter auf den Burst (1969 müM). Ins Justistal hinunter führen atembeklemmende Wege!

Infrastruktur
Die Alp bildet das einstaflige Senntum 5512. Sie ist nur mit einer Transportseilbahn ab Wilerallmend erschlossen (Güterstrasse bis dorthin zur Skilifttalstation auf 1205 müM), aber weder mit Strasse, noch mit Strom, noch mit genügend einwandfreiem Wasser versehen.

Bestossung
20 Stösse in 120 Tagen (Anfang Juni bis Anfang Oktober): 24 Normalstösse

Weideflächen
Total 19 ha: 17 ha Weideland, 1 ha Waldweide, 1 ha Heueinschlag

Besonderes zur Alp
Die lange Alpzeit erklärt sich damit, dass das reichliche Alpheu grösstenteils noch im Herbst ans gealpte eigene Vieh verfüttert wird.
Auf dem Unterbergli hatte der Volksliederdichter und -komponist Adolf Stähli (1925–1999) «Mys Plätzli» (vgl. das Lied am Anfang des Buches).

Kurz danach ist schon totale Abendstimmung, vorne leuchtet noch das Weiherlein, hinten die Silhouette des Niesen.

1750 ist die Hütte datiert, auf 1676 müM steht sie – gut geschütztes Holz ist sehr beständig.

Unterbergli

SENNTUM 5512

In der Chäle, einem abgeschiedenen Tälchen stösst man auf dem Weg zur Alp auf diese ausrangierte Alphütte auf Krücken.

Lisebeth Waber pflegt liebevoll die Alpkäse im Gaden.

Wie meinte doch jüngst die Patenschaft Berggemeinden: «Wir Bergler sind gastlich»; unter der Petrollampe.

Besatz
21 Kühe, 2 Rinder, 2 Kälber, 1 Stier

Personen

Funktion	Person	Telefon
Bewirtschafter	Niklaus und Lisebeth Waber, Hargarten, 3655 Sigriswil	033 251 18 42
Käser	Niklaus Waber	

Das Ehepaar Waber betreut gemeinsam die ganze Alp.

Gebäude
Die Sennhütte ist ursprünglich ein Fleckenblock von 1750 mit Satteldach; Küche/Käseküche, Milchgaden und Käsegaden bergseits, Stuben über dem tiefer gelegenen Doppelquerstall, davor südseits als Pultdachanbau Kälberstall und Heuschopf; Schweinestall und verschiedene Vorplätze unter angebauten Dächern.

Käserei
In halboffener Küche mit 400 l Kessi über offener Feuergrube an einem Holzturner, elektrischem Rührwerk, Presslad mit Schwarstein und Ladstecken, Boden und Wänden aus Holz.

Käselager
Käsegaden hinter der Hütte mit gutem, eher trockenem Klima und Platz für 190 Alpkäse; der Abtransport geschieht im Herbst mit der Seilbahn.

Produkte und Vermarktung
2500 kg Berner Alpkäse & Hobelkäse in 250 Laiben à 8–12 kg
Der Alpkäse wird an Passanten verkauft; die Hauptsache geht an die Alpansprecher, die ihn ab ihren Talbetrieben an Privatkundschaft verkaufen; der Alpkäse wird auch angeboten bei: von Allmen, Chäs-Gruebi Molkerei, 3823 Wengen.

Besonderes zur Verarbeitung
Der Alpkäse wird glattfeiss hergestellt, d. h. die Milch wird überhaupt nicht abgerahmt.

Niklaus Waber beim Spanen der frischen Alpkäse.

Petrol gibt auch im Stall das Licht, wenn die Sonne nicht mehr will.

Durch eine Mauer sind Koch- und Käsebereich getrennt; hinten die Sauerstande.

GRÖN

Nur einstaflig – zu nahe sind die drohenden Flühe

Die Grönhütte von W; so fährt der Besucher des Justistals an das «Objekt» heran; Holz vor dem Haus, damit es schön trocknet.

Farne, Pilze, Heidelbeeren; feucht, warm, sauer – so ist es im Grön.

Gemeinde/Amtsbezirk
Sigriswil/Thun

Rechtsform/Eigentümer
Genossenschaftsalp der Alpgenossenschaft mit 24 Alpansprechern, welche die Alp auch bewirtschaftet;
Präsident + Bergvogt: Ernst Amstutz, Bösenzelg, 3656 Tschingel

Landeskarten
1208 Beatenberg 1:25 000
254 Interlaken 1:50 000

Koordinaten Referenzpunkt
Grönhütte, 624800/173700, 1124 müM

Lage der Alp
Grön ist nach Gesamtfläche die weitaus grösste der neuen Justistaler Alpen, hat aber einen sehr grossen Waldanteil; sie liegt direkt an der Güterstrasse, die Sigriswil mit Beatenberg verbindet. Beidseits des Grönbaches wird das mässig bis steile Weideareal durch Wälder aufgelockert und die Alp wird durch diese von den übrigen Betrieben im Tal natürlich abgeschnitten. Grön ist allgemein weder

ring- noch weidgängig, aber gutgräsig, melkig sowie windgeschützt und erlaubt deshalb auch die erste Bergfahrt im Frühjahr. Einzelne Flanken sind mit Tanngrotzen befallen und andere mit Steinen durchsetzt. Im Vergleich mit den höher gelegenen Talalpen ist Grön weniger den Lawinen ausgesetzt; sie ist als unterste Alp des Justistales aber etwas schattig und sauergräsig; sie war deshalb früher nur Jungviehweide.

Wege zur Alp
Anmarsch und Anfahrt sind im vorgängigen Kapitel übers Justistal als Ganzes beschrieben.

Touristisches
Die Bergjodler Sigriswil führen jährlich am ersten Sonntag im Juli auf dem Chilbiplatz im Grön ein Schwing- und Älperfest durch.
Wandervorschläge finden sich im Wanderführer 3095, Routen 4, 7 und 8.

Infrastruktur
Einstafliges Senntum 5504. Erschliessung und weiteres unter Justistal allgemein.
Grön hat eine eigene Wasserturbine, die Strom für alles liefert; nur für Holzspaltmaschine und Notfälle gibt es einen Dieselgenerator. Grön ist der zentralen Wasserversorgung der andern acht Sennten nicht angeschlossen. Es hat als tiefstgelegene Alp eine Wasserversorgung aus eigenen guten Quellen.

Bestossung
29 Stösse in 115 Tagen (Ende Mai bis Ende September): 33 Normalstösse

Weideflächen
Total 35 ha: 30 ha Weideland, 3 ha Waldweide, 2 ha Heueinschlag

Der Wurmfarn entrollt sich, das ist Frühling und niedlich (Dryopteris sp.)

Diese Möglichkeiten finden vor «die wo zFuss und zSattel fahre».

Grön
SENNTUM 5504

Von ennet dem Grönbach, von SE, Vegetation üppig und vielfältig, aber auch steinreich.

Es ist Herbst, bald ist Chästeilet im Justistal; Karl Bühler im gefüllten Käsekeller; Pracht und Reichtum.

Auf der E-Seite der Hütte sind die Betriebseinrichtungen angebracht; nur sieht man die Turbine hier nicht…

Besatz
28 Kühe, 1 Stier, 18 Schweine

Personen

Funktion	Person	Telefon
Sekretär der Alpgenossenschaft	Walter von Gunten, Breiten 3656 Aeschlen	033 251 24 04
Käser	Karl und Erika Bühler, Bühl 3657 Schwanden	033 251 27 49
Hirt	Bruno Frei, 3656 Tschingel	

Gebäude
Breiter, im Erdgeschoss massiver Bau mit einem ausladenden, recht steilen ziegelgedeckten Satteldach von Juni 1958 (vorher zweimal abgebrannt: 1944 und April 1958!); der Wohnteil ist traufseitig auf der Morgenseite, gegen die Flühe zu, untergebracht; ein Doppel- und ein einfacher Querstall; daneben ein Schweinestall.

Käserei
In der geschlossenen Küche ummantelte Feuergrube mit Kamin, einem 650 l und einem 450 l Kessi, elektrischem

Rührwerk, 2 Pressen mit Schwarsteinen und Ladstecken, Betonboden und verputzten Wänden.

Käselager
Der Käsekeller als separates Gebäude oberhalb der Hütte ist halb in den Boden versenkt und bietet Platz für 400 Laibe; das Klima ist gut, eher etwas warm und trocken; der Abtransport geschieht erst beim Chästeilet im Herbst.

Produkte und Vermarktung
3500 kg Berner Alpkäse & Hobelkäse in 380 Laiben à 8–11 kg
Beim Chästeilet wird der Käse auf die Alpansprecher aufgeteilt und von diesen dann ab Hof direkt an Privatkundschaft vermarktet. Er wird auch in verschiedenen Geschäften angeboten. Abnehmer für einen grossen Teil der Käse ist die Molkerei Amstutz AG, Dorfstrasse, 3655 Sigriswil.

Besonderes zur Verarbeitung
Die Abendmilch wird in Gebsen im Milchgaden gelagert und am Morgen traditionell abgerahmt. Das Salzbad dauert 48 Stunden.

Vielfältige Käsereieinrichtung mit blankgeputztem Kessi.

Erika Bühler am Feuermantel, nachmittags ist er ausgekühlt.

Auch das Milchgeschirr hängt zum Trocknen an den adäquaten Gestellen.

SPEICHERBERG

Der Blick geht hinüber zu den abweisenden Wänden des Niederhorns

Die Alp Spycherberg hat ein eigenes Käsespycherli und eine im Baumschatten liegende Hütte; Blick von SW gegen das Gemmenalphorn.

Blick nach S auf das schöne Halbwalmdach des Oberstafels, vom Ahorn gerahmt.

Gremeinde/Amtsbezirk
Sigriswil/Thun

Rechtsform/Eigentümer
Alpgenossenschaft mit etwa 20 Alpansprechern, welche die Alp auch bewirtschaftet; Präsident: Samuel Graber, Horrenbach, 3623 Horrenbach-Buchen.

Landeskarten
1208 Beatenberg 1:25 000
254 Interlaken 1:50 000

Koordinaten Referenzpunkt
Spicherberg, 625700/174500, 1235 müM

Lage der Alp
Die Weidefläche der zweituntersten Justistaler Alp konzentriert sich auf einer Höhe von 1180–1460 müM auf die gleichmässig steile SE-Flanke, die mit ihren obersten Teilen bis zu den Felswänden des Oberbergli reicht. Der Unterstafel ist ringgängig; der Oberstafel mit einer Hütte auf 1408 müM steiler und wird in drei Zügen, oft nicht ganz genügend, genutzt. Der Boden ist meist tiefgründig, fruchtbar und wirft gutes Futter ab.

Wege zur Alp
Anfahrt und Anmarsch bis Grön unter Justistal allgemein. Vom Parkplatz Grön zu Fuss in knapp 30 Minuten dem Bergwanderwegweiser folgend taleinwärts zu den Käsespeichern und der darüberliegenden Alphütte.

Touristisches
Seit über 250 Jahren findet am Freitag nach dem Eidgenössischen Bettag (Ende September) auf Spycherberg der heute weltberühmte Chästeilet statt.

Infrastruktur
Zweistafliges Senntum 5511. Die Stromversorgung erfolgt auf Speicherberg durch Solarzellen und fürs Melken durch Dieselaggregat.

Bestossung
24 Stösse in 108 Tagen (Ende Mai bis Anfang September):
25 Normalstösse
Mit mehrmaligem Wechsel zwischen den Stafeln.

Weideflächen
Total 28 ha: 23 ha Weideland, 4 ha Waldweide, 1 ha Wildheu

Besonderes zur Alp
Der Speicherberg ist für 22 Kuhrechte geseyt. Er heisst so, weil dort an der Strasse die vier behäbigen Käsespeicher der höher gelegenen Alpen stehen; sie bieten, drei davon sind Doppelspeicher, ein eindrückliches Bild. Wildheu wird nicht mehr alle Jahre gemacht.

Fein säuberlich wird über die Milchleistung Buch geführt.

Der neuere Kleinviehstall beim Oberstafel.

Speicherberg
SENNTUM 5511

Der Oberstafel von S, der Blick geht am Rothorn vorbei.

Die neuen Käse unter der Doppelstockpresse – und das Geisskäsli braucht nur ein Gewichtlein.

Susanne Fink glüüsslet aus der Küchentür, was der Fotograf denn im Sinn habe.

Besatz
25 Kühe, 1 Stier, 6 Ziegen, 14 Schweine

Personen

Funktion	Person	Telefon
Kassier der Alpgenossenschaft	Hans Bühler-Zeller, Dorfstrasse, 3657 Schwanden	033 251 20 74
Käserin	Susanne Fink	
Hirtin	Madlen Bögli	

Susanne Fink hat im 2001 ihren 13. und letzten Sommer auf dieser Alp gekäst; sie bedauert es sehr, aus gesundheitlichen Gründen diese schöne und erfolgreiche Tätigkeit aufgeben zu müssen.

Gebäude
Der Unterstafel, ein Fleckenblock mit Krüppelwalm, erneuert mit Terrassenvorbau und Laube, liegt im unteren Teil der Alp. Die Hütten beider Stafel haben das gleiche Schema: vorne der dreiteilige Wohnbau (Unterstafel giebelseitig, Oberstafel traufseitig), darüber ein Gaden, dahinter ein Doppelstall (Unterstafel quer, Oberstafel längs); beide sind betrieblich saniert und in gutem Zustand.

Käserei
In beiden Hütten in der halboffenen Küche, mit offener Feuerstelle und doch modern eingerichtet; die beiden Kessi von 680 l und 450 l werden in beiden Hütten gebraucht, an Holzturner; elektrisches Rührwerk. Im Unterstafel besteht ein Betonboden, die Wände sind geplättelt und dort steht eine Hebel-Spindel-Presse; im Oberstafel bestehen der Boden aus Beton, die Wände aus Holz, und dient ein Presslad mit Schwarstein und Ladstecken.

Käselager
Speicher unweit der unteren Hütte; geräumig und zweckmässig, im UG ein Keller, etwas feucht, das EG ein Fleckenblock, datiert «MR 1862»; das Dach ist neu erstellt; Platz für 160 Käselaibe im Keller und 190 im Speicher.

Produkte und Vermarktung
3000 kg Berner Alpkäse & Hobelkäse in 300 Laiben zu 7–14 kg; 100 kg Ziegenkäse aus reiner Ziegenmilch; 150 kg Alpbutter. Ein Teil der Alpkäse geht an die Molkerei Amstutz AG, Dorfstrasse, 3655 Sigriswil; zur Hauptsache sind sie aber Eigenbedarf der Alpansprecher, werden von diesen auch an Privatkundschaft verkauft und angeboten durch die Landi, Oberdorfstr. 31A, 3612 Steffisburg.

Besonderes zur Verarbeitung
Die Abendmilch wird in Gebsen im Milchgaden gelagert und morgens traditionell abgerahmt. Die Alpkäse tragen auf der Järbseite die Prägung «SP. JUSTISTAL».

Beinschutz vor der Feuergrube; denn es kann heiss werden.

Susanne Fink bei der sorgfältigen Käsepflege, Ehrensache für jede Käserin und jeden Käser.

In der Ruhephase ist das Käsekessi gut zugedeckt; alles steht und hängt bereit. Gekocht wird hier mit Gas, das geht rassiger…

BÜFFEL

Der Name hat nichts mit Büffeln zu tun, sonder eher mit einem Baumfall/Bufall

Die Sennhütte von W: Holz hinter dem Haus und Rauch im Kamin

«Wädi» geniesst die Vormittagssonne beim warmen Stein

Gemeinde/Amtsbezirk
Sigriswil/Thun

Rechtsform/Eigentümer
Alpgenossenschaft mit 18 Alpansprechern, welche die Alp auch bewirtschaftet; Alpvogt: Christian Sauser, Windigen, 3655 Sigriswil.

Landeskarten
1208 Beatenberg 1:25 000
254 Interlaken 1:50 000

Koordinaten Referenzpunkt
Büffel, 625850/1746501260 müM

Lage der Alp
Die zwischen Speicherberg und Flühlauenen gelegene Alp reicht am SW-Hang mit ihrer Weidefläche weniger hangwärts als die beiden Nachbaralpen. Sie wird mehr durch den darüberliegenden Schutzwald begrenzt. Dagegen hat sie einige strenge, versteinte Tagweidegebiete auf der NW-Flanke, die gleich dem übrigen Areal auch gut-

gräsig sind. Dies sind die Gründe, warum Büffel nur als einstafliger Betrieb bewirtschaftet wird. Aber die Nachteile bleiben nicht aus: wenn man kurz vor der Alpabfahrt die obersten Flanken durchgeht, ist der alte, ungeatzte Grasbestand auffallend, während die stafelnahen Lägerböden nicht selten überatzt werden. Dieser mühsame Weidegang ist nicht zuletzt darauf zurückzuführen, dass die Alp einen schmalen Gürtel quer durch das Tal bildet.

Wege zur Alp
Von der Grönhütte (Parkplatz auf 1124 müM), dem Ausgangspunkt der meisten Justistaler Wanderungen, auf markiertem Wanderweg über Flüelaui ca. 2,5 km.

Touristisches
Jeden Dienstag in der Sommersaison veranstaltet der Kurverein Beatenberg eine geführte Wanderung nach dem Büffelberg mit Besichtigung des Käsens, Erläuterungen durch den Alpkäser und anschliessendem Frühstück daselbst mit alpeigenen Produkten. Anfang August findet auf dem Büffelboden eine Bergpredigt mit Taufe statt.

Infrastruktur
Büffel bildet das einstaflige Senntum 5502. Stromversorgung durch Dieselaggregat; alle andern Angaben unter Justistal.

Bestossung
22 Stösse in 105 Tagen (Anfang Juni bis Mitte September): 23 Normalstösse

Weideflächen
Total 20 ha: 18 ha Weideland, 1 ha Waldweide, 1 ha Wildheu

Ausblick nach E über den Brunnen hinweg auf Gemmenalphorn und Burgfeldstand.

Milchtank, Melkzeug, Milchbuchhaltung (für den Chästeilet im Herbst).

Büffel

SENNTUM 5502

Der gastliche Unterstand dekoriert mit dem Zügelgeläut.

Ruedi Fuchser bei der Käsepflege im schön gefüllten Speicher – es ist spät im Jahr.

Christian Sauser, der Alpvogt, hat uns begleitet.

Besatz
21 Kühe, 1 Stier, 14 Schweine

Personen

Funktion	Person	Telefon
Sekretär der Alpgenossenschaft	Ernst Jaun, 3802 Beatenberg	033 841 15 79
Käser + Hirten	Ruedi und Renate Fuchser, Schlatthoger 671, 3673 Linden	031 771 10 55

Fuchsers sind 2001 im ersten Jahr Käser auf Büffel.

Gebäude
Die Sennhütte ist ein Blockbau, der Stallteil aus Rundholz, gemischt mit Ständerbau, der Wohnteil nach NW, ohne Gadengeschoss, aus Flecken, mit einem grossen Satteldach; der Stall wurde 1968 rangiert, und für das Ganze bestehen wieder Umbaupläne.

Käserei
In einer offenen Küche mit Plättliboden und hölzernen Wänden eine offene Feuergrube mit 500 l oder 300 l Kessi an einem Holzturner, elektrischem Rührwerk und Presslad mit Schwarstein und Ladstecken.

Käselager
Der Käsespeicher befindet sich auf dem Spycherberg (ein gemeinsamer mit Flühlauenen); das Klima ist gut, Platz ist da für 350 Käselaibe, genügend für den ganzen Sommer, so dass der Abtransport erst mit dem Chästeilet Ende September erfolgt.

Produkte und Vermarktung
2500 kg Berner Alpkäse & Hobelkäse in 250 Laiben à 7–14 kg
Verkauf von Käse und anderen Milchprodukten an Passanten während der Saison. Die Alpansprecher verkaufen den Alpkäse ab ihrem Heimbetrieb an Privatkundschaft.

Besonderes zur Verarbeitung
Die Abendmilch wird in Gebsen gelagert und am Morgen teilweise abgerahmt.

Besonderes zum Senntum
Die Alpschweine werden nach einem Vertrag mit der Migros nach M7 gehalten. Büffel ist die einzige Alp, die bei der Hütte keine Käselagermöglichkeit hat.

Ruedi Fuchser stellt sorgfältig die Presse ein.

Ruedi Fuchser junior übt sich in Melioration und Erdbewegung (Tradition im Justistal).

Es geht gegen Mittag: das Käsekessi blank geputzt, der Wasserkessel in der Feuergrube und die Pfannen auf dem Herd.

FLÜHLAUENEN

«Flüelaui liegt ausschliesslich auf der sehr melkigen Sonnseite des Justistales»

Frisch verschneit steht der Niesen wie ein Wächter vor dem Justistal; Blick über Flüelaui und Büfel hinweg nach SW.

Die gestrigen Alpkäse sind ausgebladet und warten auf den Transport ins Salzbad; ein Geisschäsli liegt noch unter dem Pressstein.

Gemeinde/Amtsbezirk
Sigriswil/Thun

Rechtsform/Eigentümer
Alpgenossenschaft mit 19 Alpansprechern, welche die Alp auch bewirtschaftet; Bergvogt: Christian Boss, Wiler, 3655 Sigriswil

Landeskarten
1208 Beatenberg 1:25 000
254 Interlaken 1:50 000

Koordinaten Referenzpunkt
Flüelaui, 626050/174900, 1262 müM

Lage der Alp
Die Alpweiden von Flühlauenen, fallen auf den Talboden und den lawinengefährdeten SE-Hang des Tales auf 1250 bis 1520 müM. Der Auftriebsstafel oberhalb des Grönbaches ist mit Ausnahme der oberen Randgebiete ringgängig und gegenüber dem Oberstafel weniger vergandet und mit aufgelockerten Tanngruppen durchsetzt. Der steinige Schuttkegelboden wirft ein melkiges Futter ab.

Wege zur Alp
Anfahrt und Anmarsch unter Justistal allgemein; von dort zu Fuss in einer knappen Stunde dem Bergwanderwegweiser folgend taleinwärts zur Alphütte.

Touristisches
Die Angaben finden Sie unter Justistal allgemein.

Infrastruktur
Zweistafliges Senntum 5503. Die Stromversorgung erfolgt auf Flühlauenen durch Solarzellen und Dieselaggregat fürs Melken.

Bestossung
26 Stösse in 105 Tagen (Anfang Juni bis Mitte September): 27 Normalstösse
Mit mehrmaligem Wechsel zwischen den Stafeln.

Weideflächen
Total 26 ha: 21 ha Weideland, 1 ha Waldweide, 2 ha Wildheu, 2 ha Streueland

Auch neuere und neuste Hütten werden datiert; man ist stolz, etwas Gutes erstellt zu haben.

Der Oberstafel trägt ein reines Satteldach; Blick nach S in die Flühe am Niederhorn.

Flühlauenen

SENNTUM 5503

Vormittag, die Hütte von S, das Vieh ist gemolken und geht zur Weide, beobachtet vom Käser Markus Frei; oder schaut er nach dem Holz für nächstes Jahr?

Stolz bringt Markus Frei die gestrigen Käse in den angefüllten Keller; es ist Herbst.

Stolz sind auch Bergvogt Christian Boss und Kassier Andreas Kämpf auf ihre gut eingerichtete Käseküche im neuen Oberstafel.

Besatz
24 Kühe, 1 Stier, 6 Ziegen, 12 Schweine

Personen

Funktion	Person	Telefon
Kassier der Alpgenossenschaft	Andreas Kämpf, Beiweg, 3657 Schwanden	033 251 38 81
Käser	Markus Frei, 3656 Tschingel	033 251 27 79
Hirt	Willi Reusser, 4852 Rothrist	

Markus Frei ist 2001 im dritten Jahr Käser auf Flüelaui.

Gebäude
Sennhütte Hauptstafel neu gebaut 1982 nach einem Brand; grosszügiger Wohnteil nach SE; ein Doppelquerstall und dahinter ein Kleintierstall; Satteldach mit Gerschild (einer der bekannten Oberländer Typen); Oberstafel nach Brand neu gebaut, mit Baubeginn noch 1999, gleiches Schema, aber ohne Kleintierstall.

Käserei
In beiden Stafeln in geschlossener Küche mit ummantelter Feuergrube mit Kamin; 640 l und 460 l Kessi an Decken-

schiene, Rührwerk solarbetrieben, Presslad mit Schwarstein und Ladstecken; Boden und Wände geplättelt.

Käselager
Keller unter dem Wohnteil mit Betonboden, Platz für 400 Käselaibe, gutes Klima; Speicher im Spycherberg zusammen mit Büffel, Platz für 350 Laibe, der aber erst für das Chästeilet benutzt wird.

Produkte und Vermarktung
3200 kg Berner Alpkäse & Hobelkäse in 360 Laiben à 7–14 kg; 80 kg Ziegenkäse aus reiner Ziegenmilch
Verkauf der Produkte an Passanten; der Alpkäse geht am Chästeilet an die Alpansprecher, welche ihn ab Hof an Privatkundschaft und den Einzelhandel verkaufen; der Flüelaui-Käse ist erhältlich beim Jumbo Markt, Blümlisalpstr. 61, 3627 Heimberg und bei Jürg Wagner, Käsespezialitäten, Staatsstr. 148, 3626 Hünibach.

Besonderes zur Verarbeitung
Die Abendmilch wird in Gebsen gelagert, aber kaum abgerahmt.

Besonderes zum Senntum
Flüelaui hat keine Weiden auf der Schattseite, was bei der sehr melkigen Sonnseite ein klarer Vorteil ist. Neben den beiden neuen, gut eingerichteten Hütten stehen uralte, geschützte Ahornbäume.

Und schon wird die Dickete der neuen Käse fein zerschnitten.

Willi Reusser, der Hirt, schaut skeptisch in die Welt…

…und hilft bei der regelgerechten Herstellung des Käsebruchs.

KLEIN-MITTELBERG

Der Talboden ist trocken, unkrautfrei und gutgräsig!

Die massive Hütte von 1945 getüncht und eternitverrandet; darüber das Rothorn.

Brotbackofen, Eigenfabrikat fürs Eigenfabrikat.

Gemeinde/Amtsbezirk
Sigriswil/Thun

Rechtsform/Eigentümer
Alpgenossenschaft mit 19 Alpansprechern, welche die Alp auch bewirtschaftet; Bergvogt: Christian Kämpf, Endorf, 3655 Sigriswil.

Landeskarten
1208 Beatenberg 1:25 000
254 Interlaken 1:50 000

Koordinaten Referenzpunkt
Chlin Mittelbergli, 626400/175150, 1280 müM

Lage der Alp
Zwischen Flühlauenen und Rossschatten dehnt sich die Weidefläche über beide Talhänge des Justistals auf 1260 bis 1600 müM aus. Der ringstgängige Weideteil sind die Talböden. Der steinige, ungängige und vergandete NW-Hang wird grösstenteils als Tagweide genutzt, aber auch die obersten Alpteile in Neuenwang sind für Milchvieh streng. Insofern in diesen Regionen das Gras rechtzeitig genutzt wird, ist es gut und vor allem melkig. Die frühere

Verunkrautung wurde durch intensive Bekämpfung und die vernässten Geröllhalden den Bächen entlang durch Drainage und Sanierung in den 80er Jahren eliminiert. Klein Mittelberg hat heute im Talboden gutgräsige, trockene und unkrautfreie Weideflächen.

Wege zur Alp
Von der Grönhütte (Parkplatz auf 1124 müM), dem Ausgangspunkt der meisten Justistaler Wanderungen, auf markiertem Wanderweg immer im Talboden ca. 3 km.

Touristisches
Auf dem Gelände des Oberstafels dieser Alp liegt der Eingang zur Schaflochhöhle, die, früher militärisch genutzt, quer durch den Sigriswilergrat auf das Gelände der Zettenalp führt (Vorsicht: Bewilligung und Ausrüstung!).

Infrastruktur
Klein Mittelberg bildet das zweistaflige Senntum 5506. Dazu wurde 1993 der Güterweg in den Oberstafel Neuwang durch WK-Truppen angelegt; zudem gibt es seit 1981 eine Transportseilbahn zum Oberstafel. Stromversorgung durch Solarzellen und fürs Melken Dieselaggregat.

Bestossung
25 Stösse in 110 Tagen (Anfang Juni bis Mitte September): 27 Normalstösse
Mit mehrmaligem Wechsel zum Oberstafel Neuenwang.

Weideflächen
Total 36 ha: 32 ha Weideland, 4 ha Waldweide

Besonderes zur Alp
Klein-Mittelberg wurde bis 1944 im Hauptstafel zusammen mit Rossschatten bewirtschaftet. Nach einem Lawinentotalschaden wurden getrennte Hütten erbaut.

Das Rothorn näher ins Auge gefasst, 2049.8 müM.

Wandpfosten als Aufbewahrungsort: so braucht das Messer keinen Platz, ist immer zur Hand und die Spitze gefährdet niemanden.

Klein-Mittelberg
SENNTUM 5506

Neuwang, der Oberstafel auf der Sonnseite, wie alle im Justistal; versuchen Sie's mal auf der Schattseite!

Hans Balmer präsentiert stolz einen seiner 350 Alpkäse im wohl gefüllten Keller.

Und hier wickelt er die eben neu geborenen aus den Windeln.

Besatz
24 Kühe, 1 Stier, 16 Schweine

Personen

Funktion	Person	Telefon
Bergvogt	Christian Kämpf, Endorf, 3655 Sigriswil	033 251 21 35
Käser	Hans und Greti Balmer, Postgässli, 3661 Uetendorf	033 345 21 54

Balmers käsen den 3. Sommer auf Klein Mittelberg.

Gebäude
Der Hauptstafel von 1945 ist im EG ein Massivbau, nach dem gleichen Schema wie Flühlauenen: steiles Satteldach, Wohnteil nach SE, mit Boiler und Dusche und Schlafgaden im OG; 1976 renoviert und das hölzerne OG verrandet; ein Doppelquerstall. Neuwang ist die höchstgelegene Hütte im Tal, Holzmischbauweise, von 1869 unter ¾ Walmdach, sowohl Wohnküche W seits wie Stubeli über dem Stall unbenutzt, also nur noch Melkhaus; die Milch geht mit der Seilbahn in den Hauptstafel und wird verkäst.

Käserei
In halboffener Küche offene Feuergrube mit 650 l und 500 l Kessi an Deckenschiene, elektrischem Rührwerk,

Presslad mit Schwarstein und Ladstecken; zweite Presse mit Hängegewicht; Betonboden und die Wände teils Holz, teils gemauert, teils geplättelt.

Käselager
Keller unter der Stube in der S-Ecke mit gutem Klima und Platz für 180 Laibe. Auf Spycherberg ein halber Doppelspeicher, mit Platz für 400 Käselaibe, ausreichend bis zum Chästeilet (aus früheren Zeiten mit Rossschatten zu teilen, siehe Justistal allgemein).

Produkte und Vermarktung
3000 kg Berner Alpkäse & Hobelkäse in 370 Laiben à 7–15 kg; Pasteurisierte Alpbutter, Ziger
Die pasteurisierte Alpbutter, der Ziger und auch Alpkäse werden an Passanten verkauft. Die Alpansprecher verkaufen ihren Alpkäse ab Hof grösstenteils an Privatkundschaft. Zudem wird er angeboten: im Jumbo Markt AG, Blümlisalpstr. 61, 3627 Heimberg und bei Res Hügli, Käserei Guetisberg, 3413 Kaltacker/Heimiswil.

Besonderes zur Verarbeitung
Die Abendmilch wird in Gebsen im Milchgaden gelagert und abgerahmt. Der Käser verwendet Flüssiglab.

Besonderes zum Senntum
Die Schweinehaltung erfolgt gemäss Alpschweinevertrag mit der Migros nach M7.

Greti und Hans Balmer schauen zurück auf einen arbeitsreichen Sommer.

Unterdessen wartet das Käsekessi geputzt und geschützt der Dinge, die da morgen wieder kommen sollen.

Christian Kämpf, der Bergvogt, und Christian Kropf, der alte Kämpfer für die erfolgreiche, kooperative Melioration des gesamten Justistales.

ROSSSCHATTEN

Unheimlich schöne, lebendige Landschaft mit einer bestockten Weide

Die Hütte des Unterstafels nach W; die gleiche Hand wie Klein Mittelberg, hingegen sind Material und Outfit variiert; das Rothorn schwebt im Himmel.

Gegen den Strom fotografiert, das liebliche Bächlein; hinten Sichle und Solflue.

Gemeinde/Amtsbezirk
Sigriswil/Thun

Rechtsform/Eigentümer
Alpgenossenschaft mit 20 Alpansprechern, welche die Alp auch bewirtschaftet;
Präsident und Bergvogt: Walter von Gunten, Schlieregg, 3655 Sigriswil.

Landeskarten
1208 Beatenberg 1:25 000
254 Interlaken 1:50 000

Koordinaten Referenzpunkt
Rossschatte, 626700/175400, 1288 müM

Lage der Alp
Die zwischen Klein- und Gross-Mittelberg auf 1270–1560 müM gelegene Alp weist ringgängige Weiden auf, wie sie im Tal üblich sind. Trotz geringer Höhendifferenz mussten zwei Stafel gebaut werden, um die obersten Regionen einigermassen atzen zu können. Die SE-Flanke ist etwas weniger steil. Der Unterstafel weist viele ringgängige Partien auf. Grössere Teile sind tritt-

empfindlich, und wasserzügige Stellen weisen Riedgräser und Moorpflanzen auf. Grösstenteils ist die Alp gutgräsig und wenig dem Lawinengang unterworfen.

Wege zur Alp
Von der Grönhütte (Parkplatz auf 1124 müM), dem Ausgangspunkt der meisten Justistaler Wanderungen, auf dem Wanderweg immer im Talboden ca. 3 km.

Touristisches
Vgl. unter Justistal allgemein.

Infrastruktur
Rossschatten bildet das zweistafliges Senntum 5508. Stromversorgung durch Dieselaggregat; weitere Angaben ebenfalls unter Justistal allgemein.

Bestossung
25 Stösse in 104 Tagen (Anfang Juni bis Mitte September): 26 Normalstösse
Mit dreimaligem Wechsel auf den Oberstafel.

Weideflächen
Total 31 ha: 24 ha Weideland, 3 ha Waldweide, 3 ha Wildheu, 1 ha Streueland

Neugierde steht am Beginn jeder Leistung, das gilt auch für Jungvieh.

Die Hüttendächer in der Gegenrichtung, zum Gemmenalphorn gesehen.

Rossschatten

SENNTUM 5508

Besatz
25 Kühe, 1 Stier, 14 Schweine

Personen

Funktion	Person	Telefon
Sekretär der Alpgenossenschaft	Jakob Kämpf, Lehmatten, 3655 Sigriswil	033 251 03 23
Käser	Toni Marending, Säge, 3657 Schwanden	033 251 22 17
Hirt	Jakob Bühler, Hubelweid, 3657 Schwanden	

Bild 1 nochmals in anderem Licht: unter den Fürschermen zu fotografieren ist nicht immer einfach, aber Wolken können helfen.

Oberer Rossschatten in einer unheimlich schönen, lebendigen Landschaft; bestockte Weide, Waldweide.

Jakob Kämpf, Sekretär der Alpgenossenschaft; auch er hat uns netterweise begleitet.

Toni Marending käst den zweiten Sommer auf Rossschatten.

Gebäude

Die Hütte im Hauptstafel stammt aus dem Jahr 1945 und ist vom gleichen Zimmermeister wie Klein Mittelberg. Sie ist ein Ständerbau mit recht steilem Satteldach. Der Wohnteil nach SE enthält links Stube, in der Mitte Küche und rechts Milchgaden (Normanordnung); weiter eine Dusche und im OG Gaden; dahinter einen Doppelquerstall. Der Oberstafel von 1890 mit Walmdach ist einfach eingerichtet.

Käserei

In beiden Stafeln in der halboffenen Küche mit Betonboden und Holzwänden ummantelte Feuergrube und zwei Kessi von 650 l und 450 l an Deckenschiene, mit elektrischem Rührwerk, Presslad mit Schwarstein und Ladstecken.

Käselager

Der Käsekeller liegt unter der Stube in der S-Ecke des Unterstafels mit gutem Klima und Platz für 180 Käselaibe. Der Doppelspeicher im Spycherberg wird (von der früheren Zusammengehörigkeit her) mit Klein Mittelberg geteilt und enthält Platz für 300 Laibe, auch er mit gutem Klima (siehe auch Justistal allgemein).

Produkte und Vermarktung

3200 kg Berner Alpkäse & Hobelkäse in 320 Laiben à 7–14 kg
Die Alpansprecher verkaufen ihre Alpkäse ab Hof an Privatkundschaft; der Rossschatten-Käse ist auch erhältlich beim Jumbo Markt AG, Blümlisalpstr. 61, 3627 Heimberg.

Besonderes zur Verarbeitung

Die Abendmilch wird im Kessi mit einer Kühlschlange gelagert und nicht abgerahmt. Das «glattfeisse» Käsen (aus überhaupt nicht abgerahmter Vollmilch) wird als etwas Besonderes angesehen.

Toni Marending bestreut die jungen Käse im Salzbad im Keller mit Salz.

Detail am Zaun; irgendwo müssen ja die, welche dürfen, durch, um arbeiten zu können.

Kunstvolle Presselandschaft: schön und beruhigend.

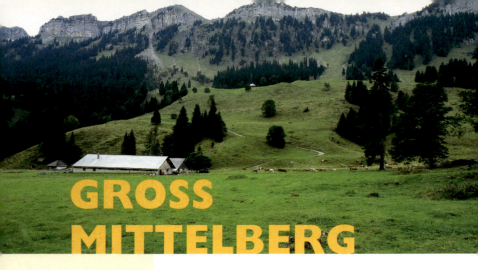

GROSS MITTELBERG

In dieser rationellen Einrichtung und auf partnerschaftlicher Basis ist gut arbeiten

So gross ist Gross Mittelberg (von E): zwei lange Hütten in der Ebene, darüber das Mittaghorn, links über dem Käsespeicher der Anstieg zum Rothorn und rechts über dem Oberen Berg geht es zum Burst.

Ziegen, soweit das Auge reicht: wo bleibt der Käse?

Gemeinde/Amtsbezirk
Sigriswil/Thun

Rechtsform/Eigentümer
Alpgenossenschaft mit 40 Alpansprechern, welche die Alp auch bewirtschaftet; Bergvogt: Karl Santschi, Appentelli, 3656 Tschingel.

Landeskarten
1208 Beatenberg 1:25 000
254 Interlaken 1:50 000

Koordinaten Referenzpunkt
Gross Mittelberg, 627200/176000, 1309 müM

Lage der Alp
Die Alp ist nach Weidefläche die grösste des Justistals. Sie nimmt 18 Kuhschweren mehr auf als das Oberhofnerbergli mit 36 Kühen. Talauswärts grenzen Rossschatten und taleinwärts Sigriswiler- und Hinterstberg an. Ein kleiner Teil der zumeist trockenen, gutgräsigen Alpweide auf 1280–1560 müM liegt direkt am 2060 m hohen Gemmenalphorn und zählt zu den steilsten und strengsten der Alp. Ein Teil des Talbodens neigt zu Vernässung und ist

im Frühjahr mit weissem Hahnenfuss (Fidertsche) befallen. Mit Ausnahme der obersten Regionen im Oberstafel ist die Alp weidgängig, bei anhaltenden Niederschlägen aber trittempfindlich. Glücklicherweise bewirkt die terrassenförmige Absackung im Oberberg, dass die verheerenden Lawinenniedergänge die Alp nicht bis auf den Talboden in Mitleidenschaft ziehen. Disteln, Hundsprägel und Germer sowie die unerwünschten Steingaden hindern im letztgenannten Gebiet den Weidegang.

Wege zur Alp
Von der Grönhütte (Parkplatz auf 1124 müM), dem Ausgangspunkt der meisten Justistaler Wanderungen, auf markiertem Wanderweg immer im Talboden ca. 4 km.

Touristisches
Der Grosse Mittelberg führt übers Wochenende, und in den Sommerferien auch während der Woche, eine Bergwirtschaft in und vor der alten Sennhütte. Die grosse, moderne Käserei eignet sich als Schaukäserei, die einen modernen und doch bodenständigen Betrieb zeigt.

Infrastruktur
Der Grosse Mittelberg bildet das zweistaflige Senntum 5505. Stromversorgung aus eigenem Wasserkraftwerk, das im Zusammenhang mit der Wasserversorgung eingerichtet wurde; die andern Angaben siehe unter Justistal.

Bestossung
55 Stösse in 105 Tagen (Anfang Juni bis Mitte September): 57 Normalstösse
Mit mehrmaligem Wechsel auf den Oberstafel.

Weideflächen
Total 78 ha: 60 ha Weideland, 8 ha Waldweide, 7 ha Wildheu, 2 ha Streueland, 1 ha Heueinschlag

Besonderes zur Alp
Die Käserei wurde nach neuesten Richtlinien ausgebaut und könnte zusätzliche Milch verkäsen, sobald Zusammenlegungen zur Diskussion stehen. Die Widderanlage, die das ganze Tal mit Trinkwasser versorgt, steht auf dieser Alp. Sie ist in dieser Beziehung der Kernpunkt der vielseitigen Melioration des Justistales.

Der steinerne Käsespeicher ennet dem Bach: klassischer geht's nimmer, vornehm, im Jahre 1860 erstellt.

Blick nach NW auf den Oberen Berg, unten links der Einstieg in die Widderanlage.

Gross Mittelberg

SENNTUM 5505

Besatz
55 Kühe, 1 Stier, 14 Ziegen, 38 Schweine

Personen

Funktion	Person	Telefon
Bergvogt	Karl Santschi Appentelli, 3656 Tschingel	033 841 14 26
Käser	Robert Bärfuss, Neuilly-en-Sancerre (Frankreich)	
Käsesalzer	Ernst Kämpf	
Zusenn	Andrej aus Polen	

Käser Bärfuss ist seit Jahren erfolgreich hier tätig.

Gebäude
Im Hauptstafel steht eine grosszügig dimensionierte, sehr breite neue Hütte von 1995, teils massiv, teils Holz (Mischbauweise); der Wohnteil nach SW ist auch im OG mit den Gaden gross angelegt. Die beiden grossen Doppellängsställe sind durch einen Zwischengang davon getrennt. Die breite alte Hütte, teils massiv, teils Holzbau, mit sonderbarer Raumanordnung, dient nur noch als Ferienhaus und Bergwirtschaft. Der obere Stafel ist eine ein-

Die alte Hütte mit ihrem Raumprogramm von S: schmuck und breit.

Der Blick talauswärts nach SW mit dem Niesen am Horizont; die Kühe geniessen die fette Tagweide.

Traditionelle Pressen in der modernen Käserei.

fache Holzhütte mit schönem Vollwalm, aber nur einem einzigen Wohn- und Schlafraum.

Käserei
Die Käserei in separatem Raum; Boden und Wände geplättelt; zwei eingemauerte Kessi von 1100 l und 1200 l; Beheizung durch holzbefeuerten Dampfkessel; Heisswasserboiler. Fixes Rührwerk elektrisch. Drei Presslade mit Schwarstenen und Ladstecken! Gekäst wird nur im Hauptstafel.

Käselager
Der Tagesspeicher, jenseits des Baches gelegen, datiert 1860, ist ein geräumiger Kubus mit gutem, eher kühlem Klima und Platz für 350 Käselaibe. Der Langzeitspeicher auf dem Spycherberg ist etwas warm (vgl. Justistal allgemein).

Produkte und Vermarktung
7500 kg Berner Alpkäse in 650 Laiben à 7–16 kg; 350 kg halbharter Ziegenkäse
Der Verkauf an Passanten und am Chästeilet ist für alle Produkte sehr rege. Die Alpansprecher verkaufen hauptsächlich an Privatkundschaft. Ein Teil der Alpkäse geht an Ernst Amstutz, Alpkäsehandel, Dorf, 3655 Sigriswil. Er wird auch in Geschäften der Region angeboten.

Besonderes zur Verarbeitung
Die Abendmilch wird in einer Kühlwanne gelagert und am Morgen abgerahmt. Die bis zu acht Käse pro Tag werden aus dem Kessi einzeln ausgezogen!

Kühlwanne, Pasteur und holzbeheizter Dampfkessel, alles blitzblank.

Ernst Kämpf, ein alter Kämpe, bei der Käsepflege im unteren Speicher auf dem Speicherberg.

Und hier liegt er nun in den Formen, der leckere Ziegenkäse; darum herum allerlei trocknendes Gerät, älterer und neuerer Währung.

SIGRISWILER-BERGLI

Letzte «Tankstelle» beim Anmarsch zur Sichel

Hinten im Justistal ist man schon im Talboden recht hoch: Blick nach SW am Niederhorn vorbei ins Frutigland, rechts begrenzt vom Niesen.

Über die Hütte weg schaut man nach N in die Sichle, rechts begrenzt von der Solflue, links der Anstieg zum Burst.

Gemeinde/Amtsbezirk
Sigriswil/Thun

Rechtsform/Eigentümer
Alpgenossenschaft mit 15 Alpansprechern, welche die Alp auch bewirtschaftet; Präsident: Hans von Allmen, Holenweg, 3802 Waldegg/Beatenberg.

Landeskarten
1208 Beatenberg 1:25 000
254 Interlaken 1:50 000

Koordinaten Referenzpunkt
Hinterstberg, 627600/176650, 1370 müM

Lage der Alp
Zuhinterst im Justistalkessel gelegen, konzentriert sich die Weidefläche auf den NW-Hang und den Talboden. Dies ist auch der ringstgängige und fruchtbarste Teil, obschon an der Grenze nach Gross-Mittelberg trittempfindlich. Im Gegensatz dazu sind die Flankenpartien stark Lawinen unterworfen, so dass alljährlich grosse Arbeitspflichten erfüllt werden müssen, um den Betrieb zu erhalten. Nebst den Blacken wird die gute Grasnarbe

vor allem durch den Hundsprägel ungünstig beeinflusst.

Wege zur Alp
Von der Grönhütte (Parkplatz auf 1124 müM), dem Ausgangspunkt der meisten Justistaler Wanderungen, auf markiertem Wanderweg immer auf dem Talboden ca. 5 km, also 2 Stunden aufwärts. Auch diese Alp kann von der Postautohaltestelle Innereriz/Säge (1045 müM) über die Schörizalpen und die Sichel (1679 müM), in ca. 3 $^{1}/_{2}$ Stunden erreicht werden.

Touristisches
Das Sigriswilerbergli führt im Hinterstberg, auf dem Anmarsch zum Übergang Sichel eine Bergwirtschaft mit Terrassen vor der Sennhütte. Im übrigen vgl. unter Justistal allgemein.

Infrastruktur
Das Sigriswilerbergli bildet das einstaflige Senntum 5510 (in einer Doppelhütte mit dem Unterstafel des Oberhofner Berges!). Es bezieht seit vielen Jahren den Strom aus einem eigenen Wasserkraftwerk und hat als Notreserve ein Benzinaggregat.

Bestossung
17 Stösse in 105 Tagen (Anfang Juni bis Mitte September): 18 Normalstösse

Weideflächen
Total 28 ha: 21 ha Weideland, 2 ha Waldweide, 3 ha Wildheu, 2 ha Streueland

Nicht die Objektwahl, sondern die Objektivwahl macht den Unterschied zu Bild 1.

Eine konstant gute Milchqualität ermöglicht eine konstante Fabrikation: Wer kann diese Fabrikationskontrolle lesen?

Sigriswilerbergli
SENNTUM 5510

Der zweiteilige Käsespeicher vor der Hütte; Blick nach NE gegen Solflue und Schibe.

Schon wieder Zaunstangenkonstruktionen; man spürt auch, dass der Boden im Herbst nicht mehr richtig abtrocknet.

Walter Burkhalter prüft die Brenntemperatur des Käsebruchs (zweitletzte Kolonne auf der Schiefertafel nach der Reaumur-Skala).

Besatz
20 Kühe, 1 Stier, 14 Schweine

Personen

Funktion	Person	Telefon
Kassier der Alpgenossenschaft	Ernst Amstutz, Endorf, 3655 Sigriswil	033 251 14 30
Käser	Walter Burkhalter, Jurastrasse 17, 3422 Alchenflüh	033 251 22 17

Walter Burkhalter käst 2001 im zweiten Sommer auf dieser Alp. Weiteres Personal zeitweise für die Bedienung in der Wirtschaft.

Gebäude
Breiter Massivbau mit steilem, ausladendem Satteldach; Doppelkäseküche in der Mitte, davor Terrasse, im OG mehrere Gaden, dahinter Zwischengang und Milchgaden, links und rechts je ein Doppellängsstall je mit Schleppanbauten.

Käserei
In geschlossener grosser Küche zwei offene Feuergruben, für Sigriswilerbergli ein 300 l Kessi, sowie ein 500 l Kessi, das beide Sennten brauchen, alles an Holzturner; elektri-

sche Rührwerke, Presslad mit Schwarstein und Ladstecken, Betonboden und geplättelte Wände.

Käselager
Unterhalb der Hütte ein zweiteiliger Speicher: der hintere, alte Teil in Bruchsteinmauerwerk mit Lüftungsschlitzen, recht feucht, geeignet für die jungen Käse; davor ein hölzerner Teil, eher trocken, für die abgestandenen älteren Käse; total Platz für 300 Käselaibe.

Produkte und Vermarktung
2500 kg Berner Alpkäse & Hobelkäse in 260 Laiben à 6–15 kg
Der Verkauf an Passanten und Gäste ist rege. Die Alpansprecher verkaufen ihren Käse ab dem Heimbetrieb hauptsächlich an die Privatkundschaft.

Besonderes zur Verarbeitung
Die Abendmilch wird in Gebsen im Milchgaden gelagert und nicht abgerahmt.

Besonderes zum Senntum
Die Hütte Hinterstberg wird von Oberhofnerberg und Sigriswilerbergli gemeinsam benutzt, wenn sich jenes im Unterstafel aufhält (vgl. dort). Dies und der stark vom Wetter abhängige Gang der Bergwirtschaft macht die Alp zwar interessant, aber nicht ganz einfach zu führen.

Die breite Front der grossen Doppelhütte schaut ins Tal hinaus.

Mit dem eigenen Wasserkraftwerk werden die Akkumulatoren aufgeladen; das feine Sirren der Turbine ist allgegenwärtig.

Walter Burkhalter hat berechtigten Stolz auf sein Sommermulchen.

OBERHOFNER-BERG

Die ideale Alp für unternehmende Pächter: für sich allein und doch eingebunden

Die Schatten werden länger: die Oberhofner Hütte in der Morgensonne vor den Flühen, die rechts zum Burst führen.

CK hat sich hier 1878 verewigt, war das schon ein Christian Kämpf?

Gemeinde/Amtsbezirk
Sigriswil/Thun

Rechtsform/Eigentümer
Die Alp gehört der Gemeinde Oberhofen; Ansprechperson: Marcel Hirt, Gemeinderat, Gemeindeverwaltung, 3653 Oberhofen.

Landeskarten
1208 Beatenberg 1:25 000
254 Interlaken 1:50 000

Koordinaten Referenzpunkt
Oberhofner, 627500/176900, 1450 müM

Lage der Alp
Diese Alp bildet den Abschluss des Justistals auf 1340–1620 müM; sie bedeckt mit ihren Flanken beide Talhänge unterhalb der Sichel, wo der Grönbach entspringt. Die Alp hat im Unterstafel mit dem Sigriswilerbergli eine gemeinsame Sennerei bzw. Alphütte, das Hinterstbergli. Auf dem SE-Hang befinden sich die ringstgängigen Weiden. Auch in Stafelnähe des oberen Alpteils ist der Weidegang gut, aber die obersten steilen

Partien in Richtung N erfordern viel Treibarbeit mit dem Vieh und sind versteint, vergandet und keineswegs weidgängig. Es herrscht eine gute und kräuterreiche Grasnarbe vor. Von der Sichel her macht sich die Bise bemerkbar, und dem Wetterluft sind die Pforten auch geöffnet. Einige Trockenstandorte sind beim Naturschutz angemeldet.

Wege zur Alp
Von der Grönhütte (Parkplatz auf 1124 müM), dem Ausgangspunkt der meisten Justistaler Wanderungen, auf markiertem Wanderweg immer auf dem Talboden ca. 5km, also 2 Stunden aufwärts. Der gebräuchlichste Anmarsch zur Alp ist aber der von der Postautohaltestelle Innereriz/Säge (1045 müM) über die Schörizalpen und die Sichel (1679müM), ca. 3–3,5 Stunden.

Touristisches
Die Oberhofnerhütte ist die nächste an der Sichel (die letzte im Anmarsch durchs Justistal, die erste aus dem Eriz); von ihr aus geht man ins gross angelegte Naturschutzgebiet Seefeld und Umgebung. Für Gruppen besteht auf Anmeldung die Möglichkeit einer Besichtigung der Alpkäserei und eines Znünis oder Aperos mit alpeigenen Produkten und natürlich Oberhofner Wein!

Infrastruktur
Der Oberhofner Berg ist das zweistaflige Senntum 5507. Stromversorgung durch Solarzellen und Dieselaggregat fürs Melken.

Bestossung
30 Stösse in 105 Tagen (Anfang Juni bis Mitte September): 31 Normalstösse
Mehrmaliger Wechsel zwischen Unter- und Oberstafel.

Weideflächen
Total 51 ha: 46 ha Weideland, 1 ha Wildheu, 4 ha Streueland

Besonderes zur Alp
Der Oberhofner Berg ist die einzige Privatalp im Tal. Der eindrückliche Übergang der Sichel liegt auf ihrem Areal. Für unternehmende Pächter ideal: für sich allein und doch ins Ganze eingebunden; man gehört zum Justistal.

Rugeli um Rugeli wird abgetrennt von dieser mächtigen Tanne, Schritt um Schritt geht es hier auf die Sichle zu (1679 müM), auch ein mächtiger Brocken.

Blitzsauberes Geschirr auf dem zugedeckten Käsekessi.

Oberhofnerberg

SENNTUM 5507

Helen Zumbach: kochend heiss auswaschen ist das A und O in der Käseküche.

Erwin Zumbach: Salz und «Nid nahlah» gilt im Käsekeller.

Heiss spülen zum zweiten.

Besatz
27 Kühe, 6 Rinder, 1 Stier, 16 Schweine

Personen

Funktion	Person	Telefon
Pächter	Erwin und Peter Zumbach, Rinderstall, 3653 Oberhofen	033 243 31 73
Käser + Hirten	Erwin und Helen Zumbach	

Gebäude
Unterstafel: vgl. Sigriswilerberg, mit dem die Hütte gemeinsam genutzt wird. Der Urbau auf Oberhofner Berg aus dem Anfang des 19. Jh. (ältestes Graffito von 1829), ist ein Fleckenblock mit einfacher Wohnküche und Milchgaden im NW-Teil, und einem Doppelquerstall; so auch der erste Anbau (Graffito von 1878) für einen tiefer gelegenen einfachen Querstall, mit Gaden; darüber ein verlängertes Satteldach; davor nochmals tiefer Kälberstall mit Pultdach; alles wurde immer wieder zurechtgemacht.

Käserei

In der halbgeschlossenen Küche offene Feuergrube mit 600 l Kessi an Deckenschiene, mit elektrischem Rührwerk; zwei Pressen: Presslad mit Schwarstein und Ladstecken und dazu eine Hebelpresse mit Spindel; Betonboden und Wände aus Backstein und Holz. Im Unterstafel Hinterstberg gemeinsame Küche mit zwei Käsereieinrichtungen (vgl. Sigriswilerberg).

Käselager

Käsespeicher oberhalb der Hinterstberghütte; Kalksandsteinbau mit Satteldach, unbeschattet; Klima stark schwankend; Platz für 300 Käselaibe, bis zum Chästeilet.

Produkte und Vermarktung

3000 kg Berner Alpkäse & Hobelkäse in 300 Laiben à 5–14 kg; 100 kg Alpmutschli. Der Käse geht zu etwa einem Drittel an die Alpansprecher, diese und Zumbachs verkaufen an Privatkundschaft und Zumbachs beliefern die Wochenmärkte in Oberhofen und Thun; der Käse wird auch angeboten bei Martin und Renate Haldemann, Milchhandlung, Kupfergasse 1, 3653 Oberhofen.

Besonderes zur Verarbeitung

Die Abendmilch wird in Gebsen gelagert und morgens abgerahmt. Den Alpansprechern, die nicht Käse wollen, wird die Milch abgekauft und durch Zumbachs auf eigene Rechnung verkäst. Der Alpkäse trägt auf der Järbseite als Markenzeichen die Prägung «OB. JUSTISTAL».

Abrahmen der Abendmilch in den Gebsen am Morgen.

Die vollen Gebsen zum Kessi tragen will gekonnt sein.

Die Gallerte wird übergelegt oder übergezogen, der Käse beginnt zu werden.

ZWISCHEN STOCKHORN UND SEE

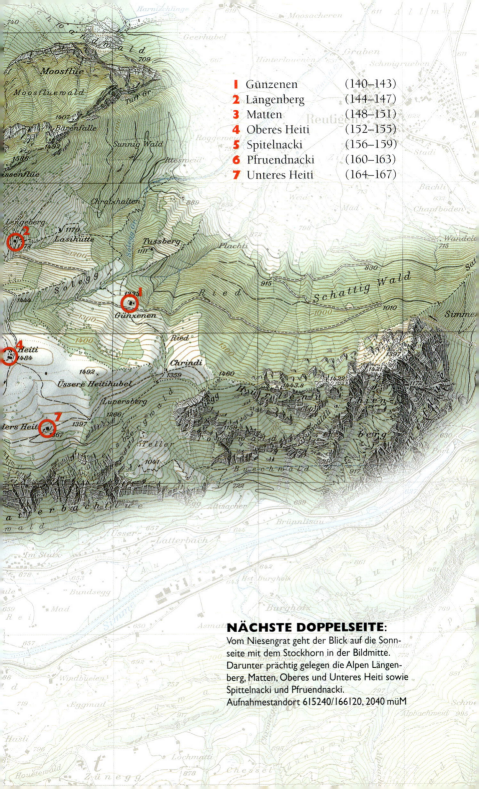

1 Günzenen (140–143)
2 Längenberg (144–147)
3 Matten (148–151)
4 Oberes Heiti (152–155)
5 Spitelnacki (156–159)
6 Pfruendnacki (160–163)
7 Unteres Heiti (164–167)

NÄCHSTE DOPPELSEITE:
Vom Niesengrat geht der Blick auf die Sonnseite mit dem Stockhorn in der Bildmitte. Darunter prächtig gelegen die Alpen Längenberg, Matten, Oberes und Unteres Heiti sowie Spittelnacki und Pfruendnacki.
Aufnahmestandort 615240/166120, 2040 müM

GÜNZENEN

Im Blickfeld der Städter, aber wohltuend abgeschieden

Blick von W auf Alp und Hütte, hinten die Kette zwischen Schwarzhorn und Schynige Platte, darüber rechts Wetterhorn.

Anhand von täglichen oder sporadischen Milchwägungen wird im Herbst abgerechnet und Käse verteilt.

Gemeinde/Amtsbezirk
Reutigen/Niedersimmental

Rechtsform/Eigentümer
Genossenschaftsalp von 9 gleichberechtigten Reutiger Bauern, welche die Alp auch gemeinsam bewirtschaften; Bergvogt: Rudolf Straubhaar, 3647 Reutigen.

Landeskarten
1207 Thun 1:25 000
253 Gantrisch 1:50 000

Koordinaten Referenzpunkt
Günzenen, 612100/170200, 1233 müM

Lage der Alp
Günzenen liegt am N-Hang des SE-Ausläufers der Stockhornkette. Die Weidefläche ist hauptsächlich nach NE geneigt und das ringgängige Läger oberhalb des Riedwaldes grenzt mit der steilen Ausweide an die Wasserscheide. Im W wird die Alp durch die Solegg vom Längenberg getrennt. Der sandige Lehmboden liefert, ausser einigen vernässten Stellen, ein kurzes, gutes Alpenfutter, welches noch verbessert wurde. In nassen Sommern ist

der Boden trittempfindlich, die Ausweide stellenweise borstig. Die Höhenlage zwischen 1200 und 1400 müM ist der Bise ausgesetzt, durch den Wald ringsum gemildert.

Wege zur Alp
Die Alp ist mit dem PW auf der Güterstrasse (Bewilligung am Automaten in Reutigen lösen!) bequem erreichbar. Zu Fuss ab Station Wimmis (629 müM) um die Simmenfluh herum und durch den Riedwald, etwa 4km; oder ab Postautohaltestelle Reutigen (622 müM) entweder gemächlich auf der nicht asphaltierten Güterstrasse etwa 4 km, oder steil durch ziemlich offenes Gelände in nur 2 km! Diese Wege sind alle recht schattig (Wanderführer 3094, Route 33, und 3095, Route 17).

Touristisches
Im Stafel Günzenen kreuzen sich die Wanderwege, die von Wimmis und von Reutigen über die Heiti- und die Nacki-Alpen aufs Stockhorn, zu den Stockenseen und -alpen führen, lohnende Tagesausflüge; Rückfahrt mit der Stockhornbahn nach Erlenbach (Wanderführer 3094, Route 33, und 3095, Route 17).

Infrastruktur
Zweistafliges Senntum 4501, wobei der Oberstafel Krindi als Parallelstafel während 85 Tagen mit Jungvieh bestossen wird. Die Alp ist mit einer Güterstrasse von Reutigen her voll erschlossen; Stromversorgung durch Solarzellen und Dieselgenerator; Quellwasserversorgung gut, ausser Krindi, das mit Zisternenwasser versorgt wird.

Bestossung
60 Stösse in 100 Tagen (Ende Mai bis Anfang September): 60 Normalstösse

Weideflächen
Total 46 ha: 45 ha Weideland, 1 ha Waldweide, 1 ha Heueinschlag

Besonderes zur Alp
Die Seyung beträgt 45 Kuhschweren, die heute noch durch sechs Bauern besetzt werden. Heute gehören als Unterstafel auch noch Dunsberg und Höhenweide dazu, die aber hier nicht eingerechnet werden.

Jüngeres und älteres Rindvieh wartet mahlend (wiederkäuend) vor dem Stall.

Koch-, Käserei- und Waschgerät wartet auf seine weitere Verwendung.

Günzenen

SENNTUM 4501

Das Nebengebäude mit Kleinviehstall und Holzschopf von SE.

Schwiegervater Hans Beer beim Abwaschen, wesentlicher und zeitraubender Bestandteil der Alpkäserei.

Erwin Abbühl prüfend über dem Käsekessi.

Besatz
13 Kühe, 59 Rinder, 24 Kälber, 6 Ziegen, 10 Schweine

Personen

Funktion	Person	Telefon
Bergvogt	Rudolf Straubhaar, Eggen, 3647 Reutigen	033 657 15 23
Käser	Erwin Abbühl, Zelgli, 3758 Latterbach	033 681 25 94

Käthi und Erwin Abbühl-Beer, sowie Martha und Hans Beer bearbeiten die Alp gemeinsam, wobei Käthi Abbühl zeitweise noch einem Nebenerwerb nachgeht.

Telefon auf der Alp   033 657 10 84

Gebäude
Die Sennhütte, erbaut 1948 nach einem Brand (im geschnitzten Spruch festgehalten), ist im Wohnteil nach NE mit halber Laube ein Fleckenblock, im dahinter liegenden Stallteil mit zwei Doppel- und einem einfachen Querstall ein Ständerbau, alles auf einem massiven Fundament und unter Satteldach mit Gerschilden; daneben Schweineställchen mit Holzschopf unter einem steilen Satteldach.

Käserei
In der geschlossenen Küche ummantelte Feuergrube mit 260 l Kessi an Deckenschiene, elektrischem Rührwerk und einer Hebel-Spindel-Presse; der Boden ist geplättet und die Wände sind verputzt oder mit Hartplatten abgedeckt.

Käselager
Keller unter der Hütte in der N-Ecke mit Backsteinboden, gutem Klima und Hängebankung in der Mitte des Raumes für 150 Laibe; anfangs August müssen erste Käse an die Alpansprecher verteilt werden.

Produkte und Vermarktung
1600 kg Berner Alpkäse in 190 Laiben à 6–13 kg
70 kg Ziegenkäse, Alpmutschli
Der Alpkäse wird teilweise an Passanten, aber zur Hauptsache durch die Alpansprecher auf ihren Talbetrieben an Privatkundschaft verkauft.

Besonderes zur Verarbeitung
Die Abendmilch wird in Gebsen gelagert und abgerahmt.

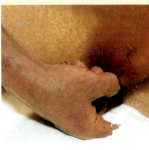

Schwiegermutter Martha Beer im Beerengarten, nur auf einer tief gelegenen Alp möglich.

Erwin Abbühls gefühlvolle Hand prüft die Festigkeit der Gallerte,…

…die sich nach der Zugabe von Lab und Bakterienkulturen gebildet hat.

LÄNGENBERG

Die Alp könnte auch «Seeblick» heissen

Blick von W auf die steile Flanke der Alp mit dem Hauptstafel, Reutigen und die Wälder entlang der Kander.

CASALP und Berner Oberland Originalprodukt stellen Angebotstafeln zur Verfügung, und die Älpler stellen sie in einen schönen Rahmen – gewusst wie!

Gemeinde/Amtsbezirk
Reutigen/Niedersimmental

Rechtsform/Eigentümer
Privatalp im Eigentum der Burgergemeinde Reutigen und an 5 Bauern der Gemeinde verpachtet; Bergvogt: Klaus Kernen, Moos, 3647 Reutigen.

Landeskarten
1207 Thun 1:25 000
253 Gantrisch 1:50 000

Koordinaten Referenzpunkt
Lengenberg, 611350/170600, 1272 müM

Lage der Alp
Die Alp liegt in einem Tälchen S des NE Ausläufers der Stockhornkette, wodurch sich eine SE- und eine NE-Flanke bilden. Der fruchtbare Boden ist in der Mulde mässig geneigt und gewinnt beidseits an Steilheit. Zwischen Steinen und Waldgruppen wächst kurzes aber kräftiges Alpenfutter. Längenberg wird als die melkigste Alp der Gegend bezeichnet. Die eher geringe Höhenlage von 1100 bis 1350 müM und der mildernde Einfluss angren-

zenden Waldes verleihen der Alp ein mildes Klima. Der NE-Hang ist steil, aber durch schmale Viehwege (Treyen) ringgängig. Der SE-Hang ist mit Steinen überdeckt und in den oberen Regionen steinschlaggefährdet und sturzgefährlich. Erlenstauden wurden erfolgreich gereutet.

Wege zur Alp
Die Alp ist mit PW auf der Güterstrasse (Bewilligung am Automaten in Reutigen lösen!) bequem erreichbar. Zu Fuss ab Station Wimmis (629 müM) um die Simmenfluh E herum, durch den Riedwald und über die Alp Günzenen, etwa 5,5 km; oder ab Postautohaltestelle Reutigen (622 müM) entweder gemächlich auf der nicht asphaltierten Güterstrasse etwa 5,5 km, oder auf einem steilen Bergwanderweg nur 3 km! Alles schön schattige Wege (Wanderführer 3094, Route 33 und 3095, Route 17).

Touristisches
Über Längenberg führt von Reutigen der kürzeste und steilste Weg ins Stockhornmassiv, mit dem Aussichtspunkt Stockhorn, den Stockenseen und den Stockenalpen. Eine Rückfahrt nach Erlenbach mit der Stockhornbahn ist möglich, oder man macht den ganzen Weg umgekehrt (Wanderführer 3094, Route 33 und 3095, Route 17).

Infrastruktur
Zweistafliges Senntum 4502, wovon der Unterstafel als Jungvieh-Parallelstafel genutzt wird. Die Alp ist mit einer Güterstrasse von Reutigen her voll erschlossen, welche die Alp in grossen Serpentinen durchmisst; Stromversorgung mit Solarzellen und Dieselgenerator; die Quellwasserversorgung ist gut und angemessen.

Bestossung
53 Stösse in 120 Tagen (Ende Mai bis Ende September): 63 Normalstösse

Weideflächen
Total 56 ha: 54 ha Weideland, 2 ha Waldweide

Besonderes zur Alp
Die Alp ist für 55 Kühe geseyt. Längenberg ist eine grossartige Residenz, eine gut eingerichtete Hütte, und geniesst durch Lage und Aussicht eine Art Seeklima!

Ein altes, würdiges Käsekessi, nicht ausgemustert, sondern attraktiv umgenutzt.

Moderne, funktionelle und geräumige Alpkäserei.

Längenberg
SENNTUM 4502

Die mächtige Alphütte von SE, daneben der Schattstall.

Arnold Wüthrich pflegt sorgfältig seine Alpkäse im angefüllten Keller.

Ein Stein zum Pressen der Mutschli.

Besatz
20 Kühe, 50 Rinder, 18 Kälber, 15 Ziegen, 14 Schweine

Personen

Funktion	Person	Telefon
Bergvogt	Klaus Kernen, Moos, 3647 Reutigen	033 657 13 14
Käser	Arnold Wüthrich, Käsental, 3508 Arni	031 701 22 71
Sennerin	Tanja Ellenberger, Käsental, 3508 Arni	

Telefon auf der Alp   079 725 80 29

Gebäude
Eine sehr breite, zweigeschossige Sennhütte von ZM Jakob Wyss 1970 (mit geschnitzten Sprüchen in Frakturschrift); Fleckenblock im grosszügigen Wohnteil mit grosser Laube; im Stallteil Ständerbau mit zwei Doppel- und einem einfachen Querstall; daneben ein neuer Schattstall für Kälber, Ziegen und Schweine (dieser Teil massiv).

Käserei
In geschlossener Küche ummantelte Feuergrube mit 300 l Kessi an Deckenschiene, elektrischem Rührwerk und einer Hebel-Spindelpresse; der Boden ist geplättet, die Wände sind aus Holz, teilweise verputzt, ebenso im Milchgaden.

Käselager
Keller unter dem Milchgaden in der NE-Ecke im massiven Fundament, mit Kiesboden, idealem Klima und Bankung für 250 Laibe; Abtransport im Herbst.

Produkte und Vermarktung
2000 kg Berner Alpkäse & Hobelkäse in 250 Laiben à 5–16 kg; 300 kg Ziegenkäse, Alpmutschli
Verkauf an Passanten (Wanderer und Biker) und durch die Alpansprecher ab ihren Talbetrieben an Privatkundschaft; die Produkte werden angeboten von Thomas Aeschlimann, Käserei, 3647 Reutigen.

Besonderes zur Verarbeitung
Die Abendmilch wird in Gebsen gelagert und abgerahmt.

Arnold Wüthrich zerschneidet mit der Harfe die Gallerte zum Bruch.

Ferienbub Severin Gubelmann versucht, es ihm im Geisskäsekessi nach zu tun.

Arnold Wüthrich und die Sennerin Tanja Ellenberger vor dem Käsekessi.

MATTEN

Hier herrschen gute Voraussetzungen für gute Produkte: schön, geräumig, praktisch

Wie eine trutzige Burg sieht die Alphütte vor dem Lasenberg von SE her aus.

Der Kessel des Steinig Nacki mit links Hürligrat und Walpersbergfluh, rechts Lasenberg und Nüschleten.

Gemeinde/Amtsbezirk
Reutigen/Niedersimmental

Rechtsform/Eigentümer
Diese Genossenschaftsalp ist seit 1920 Eigentum der Viehzuchtgenossenschaft Bolligen; Präsident: Eduard Muhr, Ausserhaus Gehristein, 3065 Bolligen.

Landeskarten
1207 Thun 1:25 000
253 Gantrisch 1:50 000

Koordinaten Referenzpunkt
Matten, 610450/170450, 1563 müM

Lage der Alp
Matten liegt auf der Wasserscheide (Grenze Reutigen–Erlenbach, 1400 bis 1700 müM) in einer E- und SW-Lage, etwa zu 2/3 auf Erlenbachboden. Die Gebäude stehen windexponiert auf Reutigenboden; in den obersten Weideteilen viele fällige Stellen. Die produktiven Flächen werden durch Verrieselung von der Nüschletenfluh verengt, sind steil, doch gutgräsig. Die Alp ist ringgängig. Der Unterstafel Nackiboden und Schwandiweid, vom Dicki-

wald bis an Matten, ist windgeschützt, grossteils gut zu beweiden. Diese beiden Teile mit gutem Futter auf dem tiefgründigen Boden. Der Oberstafel Steinig Nacki unter der Nüschletenfluh (Lawinen und Geröll), steil und streng; Hochalpencharakter mit Schnee auch im Sommer; das kurze, gutgräsige Alpenfutter ist dem Vieh bekömmlich.

Wege zur Alp
Die Alp kann mit dem PW auf der Güterstrasse (Bewilligung am Automaten in Reutigen lösen!) bequem erreicht werden. Zu Fuss ab Station Wimmis (629 müM) um die Simmenfluh E herum und durch den Riedwald, etwa 6,5 km; oder ab Postautohaltestelle Reutigen (622 müM) entweder gemächlich auf der nicht asphaltierten Güterstrasse 10 km, oder auf steilem Bergwanderweg in nur 4 km (Wanderführer 3094, Route 33 und 3095, Route 17).

Touristisches
Über Matten führt von Reutigen der kürzeste und ruppigste Weg ins Stockhornmassiv. Rückfahrt nach Erlenbach mit der Stockhornbahn – oder man macht den ganzen Weg umgekehrt (Wanderführer 3094, Route 33). Die Sennhütte bietet aussichtsreiche und gut eingerichtete Verpflegungs-, Labungs- und Übernachtungsmöglichkeiten.

Infrastruktur
Zusammen mit Steinig Nacki (26 ha, Gde. Erlenbach, gehört seit 1947 auch der VZG Bolligen) dreistafliges Senntum 4503; Steinig Nacki, Nackiboden, Schwandiweid und Läger mehrstaflig als Parallelstafel durch Jungvieh genutzt. Matten ist von Reutigen her mit einer bequemen Güterstrasse erschlossen; Stromversorgung durch Solarzellen und Dieselgenerator; die Wasserversorgung ist zusammen mit der Alp Oberes Heiti gut und sicher gelöst.

Bestossung
95 Stösse in 110 Tagen (Anfang Juni bis Ende September): 104 Normalstösse

Weideflächen
Total 100 ha: 93 ha Weideland, 2 ha Waldweide, 3 ha Wildheu, 2 ha Heueinschlag

Der Stallteil der Hütte ist ein wunderschöner Massivbau mit perfektem Walmdach.

Ein angeschriebenes Haus, die Alphütte und Bergwirtschaft Matten.

Mattenberg
SENNTUM 4503

Besatz
25 Kühe, 145 Rinder, 11 Kälber, 1 Stier, 12 Ziegen, 12 Schweine. Ausser den Rindern gehört der Grossteil des Viehs der Hirtenfamilie.

Personen

Funktion	Person	Telefon
Bewirtschafter	Familie Rudolf Matti-Salzmann, Wolfbuchen, 3632 Stocken	033 341 15 26
Käser	Rudolf und Veronika Matti	
Zusenn	Samuel Chervet, Hubel 1, 1595 Clavaleyres	

Telefon auf der Alp   033 681 13 70

Gebäude
Massives, gutes Gebäude in T-Form ursprünglich von 1839, mit langem Doppellängsstall und grosszügigem und geräumigem Hütteneinbau als Querfirst mit diversen Einzelräumen (renoviert 1972); z.B. grosse Wohnstube mit gutem Ofen und im Obergeschoss Gästezimmer; daneben Holzbau mit Doppellängsstall von 1967; drei weitere gute Schattställe in den Parallelstafeln: z.B. Schwandiweid 1947 oder Nackiboden 1960.

Von NE präsentiert sich der Stafel als imposanter Gebäudekomplex; der Wohnteil hat das Übergewicht erhalten.

Veronika Matti und Geisschäsli wohin das Auge reicht, naturgepresst.

Käsedeckel in sauberer Bereitstellung in einer Ecke der Käseküche.

Käserei
In geräumiger geschlossener Küche ummantelte Feuergrube mit 450 l Kessi an Deckenschiene, elektrischem Rührwerk und Presslad mit Schwarstein und Ladstecken; Boden geplättelt, Wände verputzt und geplättelt.

Käselager
Keller unter der N-Ecke mit Kiesboden, etwas wenig Luftumwälzung (wegen Vorbau) und Bankung für 250 Laibe, so dass anfangs August ein erster Abtransport gemacht wird.

Produkte und Vermarktung
2000 kg Berner Alpkäse & Hobelkäse in 300 Laiben à 6–9 kg; 700 kg Alpmutschli (Raclettetyp) teilweise mit grünem Pfeffer, 100 kg Ziegenkäse mit verschiedenen Gewürzaromen
Die Alpprodukte werden über die Bergwirtschaft, an Passanten und im Tal an Privatkundschaft vermarktet.

Besonderes zur Verarbeitung
Die Abendmilch wird in Gebsen im kühlen Milchgaden gelagert und abgerahmt.

Besonderes zum Senntum
Exquisite Lage und ideale Voraussetzungen für gute Alpprodukte, praktisch eingerichtete Hütte und in Reichweite der Schule! Vorzügliche Zusammenarbeit zwischen Bewirtschaftern und VZG Bolligen.

Blick durch die Laube auf Heitihubel und Niesen, les formes se répètent.

Les formes se répètent auch im Keller; Veronika Matti bei der liebevollen Käsepflege.

Die Käseküche im Überblick.

OBERES HEITI

Mit natürlicher Abdachung durch den pyramidenförmigen Heitihubel

Blick von NW über die Alpgebäude auf Niesen und Fromberghorn; links der Anstieg zum Üssere Heitihubel.

Die Walpersbergfluh schaut über den Heitihubel hervor; mit ausgebreiteten Armen beschützt sie das weidende Vieh.

Gemeinde/Amtsbezirk
Erlenbach/Niedersimmental

Rechtsform/Eigentümer
Die Alp gehört der Berggemeinschaft Oberes Heiti, welche die Alp auch bewirtschaftet; ursprünglich in zehn gleichen Teilen, heute 12 Alpansprecher. Bergvogt: Rudolf Krebs, Moos, 3647 Reutigen.

Landeskarten
1227 Niesen 1:25 000
253 Gantrisch 1:50 000

Koordinaten Referenzpunkt
Obers Heiti, 611300/169850, 1484 müM

Lage der Alp
Der Unterstafel Müllersboden liegt E der Egg, die vom Solhorn nach Tal und Allmenden abfällt. Die ziemlich steile Weide im unteren Stafelteil ist gut zu beweiden, während der obere W-Teil vom Stafel abgelegen ist und daher nur ungenügend beweidet wird. Der nach S orientierte Alpstafel ist naturtrocken und mit wenigen Ausnahmen gutgräsig. Die früh einsetzende Vegetation und das milde

Klima sprechen für einen Auftriebsstafel. Das Obere Heiti am E-Ausläufer der Stockhornkette bildet mit dem pyramidenförmigen Heitihubel eine ausgeprägte Sonnseite nach dem Unteren Heiti und eine Schattenlage nach dem Längenberg. Der Stafel ist ringgängig, die Hälfte der Weidefläche ist eben bis mässig geneigt. Einige allzu trockene Alpteile neigen zu Borstgraswuchs, was mit konsequenter Gülleverteilung im Griff behalten werden kann. Eine gute Grasnarbe ist vorwiegend. Über die Krete hin ist die Alp windexponiert aber sonnig und fruchtbar.

Wege zur Alp
Mit dem PW auf der Güterstrasse von Reutigen her (dort am Automaten Bewilligung lösen!) bis auf die Alp. Zu Fuss auf Wander- und Bergwanderwegen ab Erlenbach (707 müM) und Wimmis (629 müM) oder ab der Postautohaltestelle Reutigen (622 müM) durch abwechslungsreiches Gelände (Wanderführer 3094, Route 33)!

Touristisches
Über das Obere Heiti führen von Reutigen oder Wimmis her die Wanderwege ins Stockhornmassiv. Rückfahrt nach Erlenbach mit der Stockhornbahn – oder man macht den ganzen Weg umgekehrt. Direkter Abstieg nach Erlenbach oder Oey-Diemtigen, Flankenwanderung nach Därstetten und dichtes Netz der BWW (Wanderführer 3094, Route 33 und Wandführer 3095, Route 17). Die Sennhütte bietet einfache Labungsmöglichkeiten.

Infrastruktur
Zweistafliges Senntum 1402, davon Müllersboden als Parallelstafel für Jungvieh. Die Alp ist von Reutigen her mit einer Güterstrasse bis zum oberen Stafel gut erschlossen, innerhalb der Alp und auf Müllersboden Karrwege; Stromversorgung durch Dieselgeneratoren und Solarzellen; die Wasserversorgung ist etwas trockenempfindlich, an Verbesserungen mit Nachbaralpen wird gearbeitet.

Solarzellen müssen exponiert stehen!

Eigentumsprägung im Ohr des Käsekessis (die Tierverkehrsdatenbank TVD grüsst von Ferne).

Bestossung
87 Stösse in 120 Tagen (Anfang Juni bis Anfang Oktober): 104 Normalstösse

Weideflächen
Total 83 ha: 81 ha Weideland, 2 ha Waldweide

Ober-Heiti

SENNTUM 1402

Eine grossartige Alphütte, der Grösse und Bedeutung der Alp angemessen.

Werner Stucki bei der Käsepflege.

Modernes Butterfass; die Butterflocken werden gewaschen.

Besatz
28 Kühe, 100 Rinder, 22 Kälber, 1 Stier, 20 Schweine

Personen

Funktion	Person	Telefon
Bergvogt	Rudolf Krebs, Moos, 3647 Reutigen	033 657 12 26
Käser	Rosmarie und Werner Stucki, Entschwil, 3755 Horboden	033 684 14 45
Sennen	Erwin und Marlies Stucki, Entschwil, 3755 Horboden	033 684 18 71

Gebäude
Heiti: Grosse Sennhütte von 1955 mit geschnitzter Inschrift und Eternitschiefer-Satteldach mit Gerschilden; geräumiger, guteingerichteter Wohnteil nach SE und drei grosse Doppelquerställe; Müllersboden: die Sennhütte erhielt 1975 einen neuen Wohnteil.

Käserei
In der geschlossenen Küche ummantelte Feuergrube mit einem 400 l Kessi an Deckenschiene, einem Zusatzkessi

von 100 l, elektrischem Rührwerk, einer Hebel-Spindel-Presse, geplätteltem Boden und Wänden aus verputztem Mauerwerk und Holz.

Käselager
Keller unter der Hütte mit Naturboden, gutem Klima und Bankung für 200 Laibe; Verteilung an die Alpansprecher nach Platzbedarf.

Produkte und Vermarktung
2300 kg Berner Alpkäse in 270 Laiben à 7–12 kg
Verkauf an Passanten und durch die Alpansprecher an Privatkundschaft; der Alpkäse wird angeboten durch: Thomas und Daniela Aeschlimann, Käserei Hinterdorf, 3647 Reutigen; Aelpli Milchprodukte + Lebensmittel, Oberdorf, 3753 Oey.

Besonderes zur Verarbeitung
Die Abendmilch wird in Gebsen gelagert und abgerahmt.

Besonderes zur Alp
Die Berggemeinschaft hat 1891 das Oberes Heiti, von der Familie Knechtenhofer in Thun gekauft.

Rosmarie Stucki bei der Käsefabrikation am Kessi.

Marlies Stucki beim Waschen des Milchgeschirrs.

Nun ruhen die Butterballen wohlgeformt im kühlen Milchgaden.

SPITTELNACKI

«Ohne diesen Berg wäre ich gar nichts»

Blick über den Weiher auf Stall und Hütte von N, und hinten ins Diemtigtal: Niesenkette, Chirel, rechts Schwarzenberg und Wiriehorn.

Das Treichelgeläut mit Widmungen auf den Riemen.

Gemeinde/Amtsbezirk
Erlenbach/Niedersimmental

Rechtsform/Eigentümer
Privatalp von Walter Schütz, Kleindorf, 3762 Erlenbach.

Landeskarten
1227 Niesen 1:25 000
253 Gantrisch 1:50 000

Koordinaten Referenzpunkt
Spittelnacki, 609900/170000, 1431 müM

Lage der Alp
Nacki liegt im Einzugsgebiet des Latterbaches und überdeckt mit seiner Weidefläche den S-Hang der unteren «Nackimulde» auf 1220 bis 1560 müM. Die muldige, trockene S-Flanke reicht vom Stafel aus mit 230 m Höhendifferenz bis zum Bachwald hinunter und ist ziemlich steil. Die besten Flächen befinden sich in Stafelnähe und oberhalb, wo die topografischen Verhältnisse eine gute Düngerwirtschaft erlauben.

Wege zur Alp
Der Stafel ist mit dem PW auf der Güterstrasse von Reutigen her (Bewilligung dort am Automaten lösen!) direkt erreichbar. Zu Fuss ist der kürzeste, aber sehr steile und nicht durchweg markierte Weg von den Stationen Oey-Diemtigen (669 müM) oder nicht viel weiter Erlenbach (707 müM) ca. 3 Stunden; ab Postautohaltestelle Reutigen (622 müM) geht es etwas sanfter in 3–4 Stunden bergan.

Touristisches
Von der Alp gelangt man auf Bergwanderwegen über die Furgge am Lasenberg vorbei (Wintersportgebiet) aufs 2190 m hohe Stockhorn (Bergstation und Gipfelrestaurant mit rollstuhlgängigen Aussichtsfenstern) mit einem wunderbaren Rundblick ins Tiefland, auf die Seen, den Kranz der Alpengipfel und unmittelbar zu Füssen die tiefen Täler von Simme und Fildrich sowie Kander hinter dem Konkurrenzberg Niesen.

Infrastruktur
Einstafliges Senntum 1407; der Stafel ist mit einer komfortablen Güterstrasse erschlossen; innerhalb der Alp ist die Erschliessung schwieriger aber heute mit 700 m Alpweg zufriedenstellend. Stromversorgung durch Solarzellen und Dieselgenerator; die Wasserversorgung ist trotz schwieriger sonnseitiger Lage zufriedenstellend gelöst.

Bestossung
23 Stösse in 125 Tagen (Ende Mai bis Anfang Oktober): 28 Normalstösse

Weideflächen
Total 22 ha: 20 ha Weideland, 2 ha Waldweide

Besonderes zur Alp
Spittelnacki gehörte früher dem Burgerspital Bern, daher der Name. Mitte 19. Jh. kauften zwei Brüder Müller in Erlenbach die Alp. Bis 1916 gehörte die Alp Steinig Nacki dazu (vgl. Alp Mattenberg). Ernst Schütz, der Vater, konnte 1972 die eine Hälfte kaufen und erbte die zweite von Herrn Imobersteg. Ein halbnatürliches neckisches Seelein hinter Hütte und Strasse enthält viel Leben und gibt der Alp ein besonderes Caché.

Einsame, stolze Wettertanne im tiefblauen Sommerhimmel.

Das ehrwürdige Butterfass hat Elektroantrieb bekommen.

Nacki-Stockhorn

SENNTUM 1407 VON SPITELNACKI

Die Hütte von S mit dem Nüschletengrat.

Ernst Schütz beim Käseauszug, assistiert von seiner Enkelin Monika.

Ernst Schütz trägt den gestrigen Alpkäse in den Keller, wo schon die Geisschäsli liegen.

Besatz
14 Kühe, 14 Rinder, 7 Kälber, 5 Ziegen, 3 Schweine
Es handelt sich zur Hauptsache um eigenes Vieh.

Personen

Funktion	Person	Telefon
Bewirtschafter	Walter Schütz, Kleindorf, 3762 Erlenbach	033 681 29 37
Käser + Sennen	Ernst und Hanni Schütz, Kleindorf, 3762 Erlenbach	033 681 12 46

Ernst Schütz ist den 66. Sommer auf dieser Alp, seit er 12jährig ist. Er meint, ohne den Berg wäre er gar nichts!

Telefon auf der Alp   033 681 14 56

Gebäude
Die Hütte ist ein Holzmischbau mit Satteldach, seit einem Hagelschlag 1978 mit Eternitschiefer gedeckt. Sehr schön sichtbare Baugeschichte: ursprünglich war es ein etwa quadratischer, kleiner Bau mit Küche, Milchgaden und kurzem Doppelquerstall sowie einfachen Schlafgelegenheiten im Obergeschoss. Bereits im 19. Jh. (Jahrzahl nicht genau lesbar) wurden im N eine Stube und ein Käsegaden angebaut; dazu kam im S ein Zusatzställi mit Anhängedach; 1990 wurde auf der E-Seite ein einfacher Längsstall

bezogen, dessen Fundamente mitten im Winter (ab 10. Januar 1990!) betoniert worden waren! Bis zu diesem Anbau wurden die Kühe im nahegelegenen Schattstall gehalten. Im Dürrliboden wurde ein neuer Schattstall für Jungvieh erbaut.

Käserei
In der geschlossenen Küche ummantelte Feuergrube mit einem 160 l Kessi an Deckenschiene, elektrischem Rührwerk, einer Presse mit Hebel und Spindel, Betonboden und Holzwänden.

Käselager
Käsegaden in der NE-Ecke der Hütte mit Holzboden, etwas kühlem aber sonst gutem Klima und Bankung für 70 Laibe; der Abtransport erfolgt im Herbst.

Produkte und Vermarktung
600 kg Berner Alpkäse in 50 Laiben à 12–13 kg
150 kg Ziegenkäse
Verkauf an Privatkundschaft auf der Alp und ab dem Talbetrieb.

Besonderes zur Verarbeitung
Die Abendmilch wird in Kannen im Brunnen und in Gebsen gelagert, die abgerahmt werden. Bis etwa Mitte Juli wird die Milch ins Tal geführt und abgegeben.

Das Melkzeug, sauber zum Trocknen aufgehängt.

Als letzter Fischzug wird dem Kessi der «Strebel» entnommen.

Hanni Schütz prüft die Temperatur des Käsebruches.

PFRUENDNACKI

Hier ist es steil, sonnig, ruhig, aussichtsreich – aber das Wetter schlägt an

Vom Aufstieg nach Vorderstocken sieht man hinüber auf Pfruendnacki, Spittelnacki und Heitihubel, links der Hürligrat.

Ungelenkes Graffito an einem Flecken.

Gemeinde/Amtsbezirk
Erlenbach/Niedersimmental

Rechtsform/Eigentümer
Die Alp gehört der Berggemeinschaft Ober Heiti (Alpansprecher aus der Gemeinde Reutigen); Bergvogt: Rudolf Krebs, Moos, 3647 Reutigen.

Landeskarten
1227 Niesen 1:25 000
253 Gantrisch 1:50 000

Koordinaten Referenzpunkt
Pfruendnacki, 609250/169700, 1543 müM

Lage der Alp
Pfruendnacki liegt unterhalb der Waldungen, die sich der Felswand des Walpersberglis entlang ziehen. Durch eine markant abfallende Krete wird die Alp in eine S- und eine SE-Lage geteilt. Die langgezogene, sonnige und mässig steile Alp ist ringgängig, aber flachgründig und trockenempfindlich. Vorherrschend ist eine gute Grasnarbe; einige Teile neigen zu Borstgras. Durch die Wälder wenig dem Wind ausgesetzt, mitunter steinschlaggefährdet.

Wege zur Alp
Mit dem PW auf der Güterstrasse von Reutigen her (dort am Automaten Bewilligung lösen!) bis Spittelnacki (1431 müM) und von da ein Karrweg zum Stafel. Zu Fuss ist der kürzeste, aber sehr steile und nicht durchweg markierte Weg von den Stationen Oey-Diemtigen (669 müM) oder nicht viel weiter Erlenbach (707 müM) über Spittelnacki in ca. 3^1/$_2$–4 Stunden machbar; ab Postautohaltestelle Reutigen (622 müM) geht es etwas sanfter, ebenfalls über Spittelnacki in 3^1/$_2$–4 Stunden bergan.

Touristisches
Pfruendnacki liegt an einem Fussweg, der nur noch in die Felsen führt, also eher ein Holzer-, Sammler- und Wildererpfad; über weglose Alpweiden gelangt man auch ins Chlusi hinunter resp. hinüber, eine Route, die wenig weiter unten über Müllersboden Bergwanderweg ist; es handelt sich um die Flankenwanderroute auf der Sonnseite des Simmentals, die sich bis ins Obersimmental zieht, überall Abstiegsmöglichkeiten zu den Bahnstationen bietet und gelegentlich die obere Variante des Simmentaler Hausweges erreicht (eigenständige Prospekte; von den Wanderführern wird dieses Gelände nicht dargestellt).

Infrastruktur
Einstafliges Senntum 1410 mit Vorsasse (bei Fläche und Bestossung nicht mitgerechnet). Die komfortable Güterstrasse führt nur bis Spittelnacki, von da und innerhalb der Alp Karrwege; Stromversorgung mit Dieselgenerator; die Wasserversorgung ist an dieser Sonnseite sehr schwierig.

Bestossung
26 Stösse in 125 Tagen (Anfang Juni bis Anfang Oktober): 32 Normalstösse

Weideflächen
Total 22 ha: 20 ha Weideland, 2 ha Waldweide

Besonderes zur Alp
Pfruendnacki gehörte früher zur Kirche Erlenbach, deshalb der Name. Die Husallmend diente früher im Vor- und Nachsommer als Unterstafel resp. Vorsasse.

Das Zügelgeläut, herausgeputzt.

Ein Vogelnest ins schützende Gwätt hineingebaut.

Pfruendnacki

SENNTUM 1410

Die einfache Alphütte in der steilen und bewaldeten Sonnenflanke von SE.

Simon Maurer zeigt uns seinen Kellerschatz.

Nicht nur steil, auch steinig und felsig.

Besatz
12 Kühe, 30 Rinder, 5 Kälber, 8 Ziegen, 7 Schweine
Ausser den Rindern sömmert der Pächter eigenes Vieh.

Personen

Funktion	Person	Telefon
Pächter	Simon Maurer, Aeschmatt, 3618 Wachseldorn	033 453 14 61
Käser	Simon Maurer	

Ehefrau Esther Maurer ist mit der restlichen Familie auch auf der Alp und in die Arbeit eingespannt.

Telefon auf der Alp   033 681 16 21

Gebäude
Ansehnlicher Ständer-Flecken-Bau mit Satteldach; in der Front nach S in der Mitte Küche, rechts Stube, links Milchgaden und kleine Stube; Schlafgaden im Obergeschoss; dahinter Doppelquerstall (die Rückwand Bruchsteinmauerwerk) und vor der Laube ein Rinder- und Kälberstall als Anhängebau; weiter oben ein Schattstall für Rinder. Über der Küchentür evtl. eine Jahrzahl aus dem 17. Jh.; ältestes Graffito «SK 1798»

Käserei
In der geschlossenen Küche: das gehämmerte 100 l Kessi hängt an einer Deckenschiene, wird im einen Herdloch geheizt und ist mit elektrischem Rührwerk versehen. Das Pressen erfolgt mit Steinen direkt auf den Käsedeckel; der Küchenboden ist aus Holz, die Wände sind aus Holz und verputztem Mauerwerk.

Käselager
Der Keller ist der weiter ausgegrabene frühere Kälberstall unter der Stube, mit Zementboden, Superklima und Bankung für 200 Laibe; Abtransport im Herbst.

Produkte und Vermarktung
600 kg Berner Alpkäse in 150 Laiben à 4–6 kg
200 kg Ziegenkäse aus halb Kuh- und halb Ziegenmilch
Die Käsevermarktung erfolgt durch die Bewirtschafter an Privatkundschaft (wenig Passanten auf der Alp) und am Schwarzeneggmärit.

Besonderes zur Verarbeitung
Die Abendmilch wird in Gebsen und in den im Kaltwassertrog gekühlten Kannen im Milchgaden gelagert und abgerahmt.

Besonderes zum Senntum
Die Alp wird charakterisiert als steil, sonnig und ruhig mit schöner Aussicht; das Wetter schlägt an!

Esther Maurer mit den Kindern (von links) Res, Erika, Ueli und Peter.

Die Hütte, diesmal von SW, ein Strunk davor, fast wie ein Fels.

Die Käseküche mit der einfachen Pressvorrichtung und dem gehämmerten Käsekessi, das auf dem Herd im Hintergrund erwärmt wird.

UNTERES HEITI

Wunderbare Aussicht, grosse Freiheit und gutes Verhältnis zu den Auftraggebern

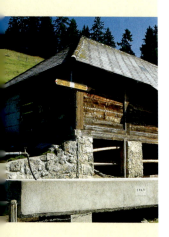

Auf dem Abstieg vom Oberen aufs Untere Heiti, Blick von E; hinten links Grosser Chorb und mitts Bäderhorn und Mittagfluh.

Die SW-Ecke des schönen, schmalen Schattstalls auf dem Unteren Heiti, die gelben Wegweiser begleiteten uns konsequent…

Gemeinde/Amtsbezirk
Erlenbach/Niedersimmental

Rechtsform/Eigentümer
Die Alp gehört der Burgergemeinde Amsoldingen, die sie auch bewirtschaftet; Bergvogt: Alfred Hirsig, Türli, 3633 Amsoldingen.

Landeskarten
1227 Niesen 1:25 000
253 Gantrisch 1:50 000

Koordinaten Referenzpunkt
Unters Heiti, 611550/169350, 1367 müM

Lage der Alp
Die langgezogene sonnige Alp liegt am SE-Ausläufer des Stockhornmassivs ob der Latterbachfluh auf 1180–1490 müM auf der S-Abdachung der Heiti-Alpen. Die mässig bis stark geneigte Weidefläche ist nach S exponiert, naturtrocken und gutgräsig. Der W Alpteil ist steil und streng; er war mit Tanngrotzen, Stauden und Dornen befallen und im Spätwang durch ungenügende Atzung verunkrautet. In den letzten Jahren wurden durch ar-

beitsintensives Schwenten und Roden sowie intensivere Beweidung grosse Verbesserungen erzielt. Der leicht geneigte E Teil wird angemessen gedüngt, ist tiefgründig, gutgräsig und wird intensiv genutzt.

Wege zur Alp
Mit dem PW auf der Güterstrasse von Reutigen (Bewilligung dort am Automaten lösen!) bis zur Alp Obers Heiti (1484 müM); von da ein leichter Abstieg von wenigen hundert Metern; oder von Latterbach im Simmental über Allmenden (ebenfalls bewilligungspflichtig) bis zum Stafel. Zu Fuss von Wimmis (629 müM) oder Reutigen (622 müM) um die Simmenfluh herum auf Wander- und Bergwanderwegen; oder von Oey-Diemtigen (669 müM) über Latterbach–Allmenden der Sonnseite entlang (Wanderführer 3094, Route 33 mit Varianten); möglich ist auch der Abstieg von der Bergstation Stockhorn (2190 müM) auf einem nicht ganz einfachen Bergwanderweg.

Touristisches
Die beiden Heiti-Alpen liegen auf der Halbtageswanderung vom Simmental aufs Stockhorn oder umgekehrt, die von der Simmenporte durch schattigen oder sonnigen Wald auf die verschiedenen Alpen im E des Stockhorns führt, und dann seine steinigen, steilen Hänge erklimmt; man blickt mal ins Simmental, dann zu den Schneehäuptern und wieder ins Tiefland hinaus oder in die Bergseen hinüber; in den Seen gibt es Fische, in verschiedenen Bergwirtschaften Stärkung auf der Basis von eigenen Alpprodukten (Wanderführer 3094, Route 33).

Infrastruktur
Einstafliges Senntum 1120; Güterstrassen von Reutigen bis an die Grenze der Alp im Obern Heiti oder von Latterbach über Allmenden bis zum Stafel; Stromversorgung durch Benzingenerator; gute Quellwasserversorgung.

Der feingliedrige Dachstuhl des oberen Rinderstalles.

Die Eigentümerin hat sich im Neubau verewigt.

Bestossung
93 Stösse in 110 Tagen (Anfang Juni bis Ende September): 102 Normalstösse

Weideflächen
Total 77 ha: 70 ha Weideland, 4 ha Waldweide, 3 ha Wildheu

Unteres Heiti
SENNTUM 1120

Die Alphütte über dem Abgrund, von E.

Geiss-Chäs, bodenständig und feingliedrig.

Kurt und Hanni Wiedmer, stolz auf ihren Alpkäse.

Besatz
11 Kühe, 140 Rinder, 6 Kälber, 1 Stier, 7 Ziegen

Personen

Funktion	Person	Telefon
Bergvogt	Alfred Hirsig, Türli, 3633 Amsoldingen	033 341 11 52
Käserin	Hanni Wiedmer, Bachtelen, 3638 Pohlern	033 356 10 62
Senn	Kurt Wiedmer, Bachtelen, 3638 Pohlern	033 356 10 62

Telefon auf der Alp   033 681 15 22

Gebäude
Sennhütte: Holzbau auf Betonplatte von 1969, Satteldach mit Gerschilden, geräumiger Wohnteil sonnseitig, dahinter drei Doppelquerställe; im oberen Teil der Alp ein wunderschöner Rinderstall in Ständerbauweise mit einem raffinierten Dachstuhl, der einen geknickten Vollwalm trägt (fast ein Pyramidendach); älteste Graffiti von 1861 und 1904 «IAKOB HIRSCHI KNECHT»; auf Schwandenweid ein Laufstall für Rinder.

Käserei
In geschlossener Küche ummantelte Feuergrube mit 120 l Kessi an Deckenschiene, elektrischem Rührwerk; als Presse Steine direkt auf Käsedeckel, Boden geplättelt, Wände Holz und verputzte Mauer.

Käselager
Keller unter der Hütte mit innerem Treppenzugang aus der Küche (Inschrift: Î H_L), gutem, eher etwas trockenem Klima und Bankung für 60 Laibe; Abtransport im Herbst.

Produkte und Vermarktung
500 kg Berner Alpkäse in 60 Laiben à 7–11 kg
200 kg Ziegenkäse, Trockenwürste aus Ziegenfleisch eigener Produktion
Verkauf an private Stammkundschaft auf der Alp und im Talbetrieb.

Besonderes zur Verarbeitung
Die Abendmilch wird in Kannen im Brunnen und in Gebsen gelagert, und diese werden abgerahmt. Der Senn käst auf eigene Rechnung.

Besonderes zum Senntum
Die Alphütte ist gut eingerichtet und man geniesst eine wunderbare Aussicht; bei grosser Handlungsfreiheit herrscht ein gutes Verhältnis zu den Vorgesetzten.

Der Schattstall zum Unteren Heiti mit vornehm geknicktem Walmdach, das eine raffinierte Dachstuhlkonstruktion erforderte.

Alles liegt bereit zum neuerlichen Gebrauch.

Von SW erfühlt man die Steilheit dieser Alp.

IM BUNSCHENTAL UND DARÜBER HINAUS

1 Vorderstocken (172–175)
2 Oberstockenalp (176–179)
3 Obere Walalp (180–183)
4 Untere Walalp (184–187)
5 Loohern (188–191)
6 Zügegg (192–195)
7 Rüdli-Talberg (196–199)
8 Langenegg (200–203)
9 Salzmatten (204–207)

NÄCHSTE DOPPELSEITE: Vom See her wird stallwärts getrottet. Im Vordergrund das Dach der Alp Oberstocken, auf der andern Seite des Sees das Speetbärgli. Aufnahmestandort 607100/170900, 1800 müM

VORDERSTOCKEN

Der «Mungg» pfeift – die Kühe ist er gewöhnt, den Menschen nicht

Blick vom Stand nach N über das Speetbärgli auf Gugeni; links davon Widderfeld und rechts davon der Walalpgrat.

Rahm oder Ziegenmilch werden im «Natur-Eiswasser» gekühlt, während die Kuh hinten schläft.

Gemeinde/Amtsbezirk
Erlenbach/Niedersimmental

Rechtsform/Eigentümer
Genossenschaftsalp der Korporation Vorder Stocken mit 9 Alpansprechern; Alpvogt: Robert Jaggi, Kreuzwegstrasse 171, 3647 Reutigen.

Landeskarten
1227 Niesen 1:25 000
253 Gantrisch 1:50 000

Koordinaten Referenzpunkt
Vorderstocken, 606600/169800, 1727 müM

Lage der Alp
Die Alp liegt zwischen 1665 und 1940 müM in einer nach W abgeschirmten ausgeprägten Geländemulde und stösst an den darin liegenden Oberstockensee. Sie ist naturtrocken, gutgräsig und futterwüchsig, ausgeglichen gedüngt aber unterschiedlich stark genutzt, nur teilweise etwas steinschlaggefährdet, aber rauhen Winden ausgesetzt; die Alp ist in früh- und spätreife Weide einmal unterzäunt.

Wege zur Alp
In Erlenbach im Simmental (Ortsteil Kleindorf) Fahrstrasse über Eschlen nach Balzenberg; ab Balzenberg (978 müM) bewilligungspflichtig bis zum Hauptstafel. Zu Fuss: mit der Stockhornbahn bis Mittelstation Chrindi (1700 müM) und von dort zwei Varianten: auf Bergwanderwegen 2 km nach W auf die Alp oder die Variante hinter dem Cheibehorn durch, die nicht ganz ungefährlich ist; ab verschiedenen Bahnstationen der Simmentallinie als mehrstündige Wanderung auf Wander- und Bergwanderwegen (Wanderführer 3094, Routen 29c und 31).

Touristisches
Die Alp liegt auf dem Weg zum Stockhorn; über Oberstockensee–Wandels zur oberen und unteren Walalp und über Wildenstein–Loheren nach Weissenburg führen weitere Routen (Wanderführer 3094, Routen 32 und 33, sowie Wanderführer 3181, Route 7). Die Stockhornbahn AG hat für die vorzügliche Sanierung des Wanderwegnetzes am 30. August 2001 den Goldenen Wegweiser der BWW erhalten!

Infrastruktur
Von mehreren einstafligen Sennten wird nur in 1409 verkehrstauglicher Alpkäse hergestellt. Die oberen schlechten Teile der Alp sind für Galtvieh als Parallelstafel ausgeschieden. Seit 1976 mit Güterstrasse ab Erlenbach erschlossen; die Alp teilweise mit Gerät befahrbar; Stromversorgung durch Dieselaggregat und Solarzellen; Wasserversorgung knapp ausreichend.

Bestossung
68 Stösse in 70 Tagen (Anfang Juli bis Mitte September): 47 Normalstösse

Weideflächen
Total 114 ha: 100 ha Weideland, 11 ha Waldweide, 3 ha Wildheu

Besonderes zur Alp
Das Wildheu wird heute kaum noch eingebracht. Mit den guten Strassenverhältnissen erfolgt die Bewirtschaftung zusammen mit dem Talbetrieb.

Allerlei Pölsterli am Rande des Zivilisierten.

Ein Ankehafe dient der Kulturenzubereitung und wird vorher ausgekocht.

Vorderstocken
SENNTUM 1409

Tschabolds Hütte von SW mit verschiedenen Anbauten, wie vielerorts.

Kulissenschieben: Dachecke mit Rafen, Kuh und Brunnen, Wald und Ställe, Niesen und Fromberghorn, Eiger, Mönch und…

Bendicht Tschabold kühlt die Sirte für die Bakterienkultur im Brunnen.

Besatz
24 Kühe, 17 Rinder, 22 Kälber, 1 Stier, 17 Ziegen, 2 Pferde
Ausser 4 Ziegen nur eigenes Vieh der beiden Bewirtschafter.

Personen

Funktion	Person	Telefon
Bewirtschafter	Andres und Bendicht Tschabold, Balzenberg, 3762 Erlenbach	033 681 13 26
Käser	Bendicht Tschabold	

Zeitweise wird ein Angestellter auf der Alp beschäftigt.

Gebäude
Alle Hütten sind privat. Die von Tschabolds bewirtschaftete Alphütte Hundsegg ist ein Holzmischbau unter lägem Satteldach, 1929 umgebaut. Raumanordnung etwas ungewohnt: in der Front SE-Ecke Stube, dann weiterer Raum und im Anbau Ziegenstall; dahinter im E die Küche und daneben Milchgaden, dahinter zwei Doppellängsställe und ein Anbauställchen.

Besonderes zum Senntum
Die Alphütte liegt schön mit herrlicher Aussicht; sie ist für Bendicht Tschabold, der auch 25 Jahre lang Bergvogt war und seit der zweiten Klasse dahin z'Bärg geht, ein

Stück Heimat. Die Nachbaralp Speetbärgli, eigentlich «Speeten» am «Speetensee», wird heute mit diesem Senntum zusammen bewirtschaftet.

Käserei
In der offenen Küche ummantelte Feuergrube mit 300 l Kessi an Balkenschiene, elektrischem Rührwerk, Presslad mit Schwarstein und Ladstecken, Betonboden und Holzwänden, die teilweise verkleidet sind.

Käselager
Die Hütte ist nicht unterkellert. Die jungen Käse werden täglich in den Käsekeller im Talbetrieb gebracht, der sonnseitig liegt, aber von einem grossen Baum beschattet, mit entsprechend gutem Klima; Platz für 60 Laibe.

Produkte und Vermarktung
350 kg Berner Alpkäse in 40 Laiben à 7–12 kg
Der Alpkäse wird privat ab Talbetrieb an Stammkundschaft sowie Ferienleute aus dem In- und Ausland vermarktet.

Besonderes zur Verarbeitung
Die Abendmilch wird in Gebsen gelagert und abgerahmt. Die Milch wird nur im Herbst verkäst, im Juli an die Milchsammelstelle abgegeben.

Im Milchgaden: die Gebsen für die Abendmilch in trockener Ruhelage.

Der Käsebruch muss erwärmt werden: Bendicht Tschabold legt an, und dazu läuft das elektrische Rührwerk, damit nichts anbrennt.

Und dann ist es soweit: der junge Alpkäse wird aus der Sirte heraus gehoben.

175

OBER-STOCKENALP

Dies ist eine «steinreiche» Alp, aber gutgräsig und schön; man ist richtig «z'Bärg»

Die Alphütte von oben herab im Morgenlicht; hinten links über dem Wald am Cheibehorn die Rückseite der Stockenfluh, Stand, Pfaffli und Sattelspitz, darunter das Spetbärgli und ein Streifen See.

Frischkäse mit frischen Gartenkräutern wird angerührt.

Gemeinde/Amtsbezirk
Erlenbach/Niedersimmental

Rechtsform/Eigentümer
Privatalp von Werner und Vreni Bühler, Im Renfer, 3762 Ringoldingen

Landeskarten
1207 Thun 1:25 000
253 Gantrisch 1:50 000

Koordinaten Referenzpunkt
Oberstocken, 607000/170900, 1776 müM

Lage der Alp
Die Alp liegt an der S-Flanke des Stockhorns und reicht mit den untersten Weideflächen bis zum Oberstockensee (1660–2190 müM). Im S wird sie von den felsigen Hängen des 1900 m hohen Cheibenhorns begrenzt, wodurch im unteren Alpteil eine ausgeprägte Alpmulde entsteht, in der sich der Hauptstafel befindet. Die Alpweide ist hier versteint, und gegen den See zu wird der Weidegang durch Waldteile gehemmt, ebenso im E Alpteil. Die obersten Regionen sind nach S und dem Wind exponiert. Der

Unterstafel ist windgeschützt. Die Alp ist ausserordentlich gutgräsig und für diese Höhenlage fruchtbar. Die obersten Flanken sind flachgründig und trockenempfindlich. In Hinterwald sind strenge, steile Tagweideflächen, die vorwiegend mit Galtvieh geatzt werden müssen.

Wege zur Alp
Die Alp ist mit dem PW nicht erreichbar. Man fährt mit der Stockhornbahn von Erlenbach bis Chrindi und erreicht sie auf Bergwanderwegen in ca. 1 Stunde, oder vom Stockhorn abwärts in einer halben Stunde.

Touristisches
Die Alp liegt am Anstieg zum oder am Abstieg vom Stockhorn und bietet im Berggasthaus eine reiche Palette eigener Produkte und regionaler Speisen sowie Übernachtungsmöglichkeiten im Massenlager für bis 35 Personen (Mitte Juni–Mitte Oktober). Die Stockhornbahn AG erhielt für die Sanierung der Wanderwege 2001 den Goldenen Wegweiser! (Wanderführer 3094, Routen 31, 32 und 33; 3095, Route 17; 3181, Route 7).

Infrastruktur
Einstafliges Senntum 1412, Parallelstafel mit Galtvieh genutzt. Die Alp ist strassenmässig nicht erschlossen; ab Mittelstation Chrindi der Stockhornbahn AG führt eine Transportseilbahn hinüber; Fusswegerschliessung bestens ausgebaut; Stromversorgung mit Solarzellen für Beleuchtung (inkl. Gaststube) und mit Dieselgenerator; Wasserversorgung aus eigener Quelle, mit Katadynfilter entkeimt, aber nicht ganz trockensicher.

Bestossung
50 Stösse in 65 Tagen (Ende Juni bis Anfang September): 32 Normalstösse

Drohend blickt die Strüsslifluh auf die Alp herab: schön brav sein!

Weideflächen
Total 79 ha: 60 ha Weideland, 15 ha Waldweide, 4 ha Wildheu

Werner Bühler rückt seinen Alpkäse ins rechte Licht.

Besonderes zur Alp
Um Stockhorn, Stockenalpen und -seen gibt es viele Geschichten, die zum Teil auch publiziert wurden.

Oberstockenalp

SENNTUM 1412

Die Bergwirtschaft mit Terrasse von SE.

Was für eine Auswahl von Wandermöglichkeiten – Oberstocken als gastlicher und informativer Knotenpunkt.

Vreni Bühler kippt den Frischkäse in die Mischschüssel.

Besatz

16 Kühe, 50 Rinder, 5 Kälber, 30 Schafe, 5 Schweine

Personen

Funktion	Person	Telefon
Bewirtschafter	Werner und Vreni Bühler, Im Renfer, 3762 Ringoldingen	033 681 11 69
Käser	Werner und Vreni Bühler	

Weiteres Personal inkl. Service für das Berggasthaus: zwei Angestellte.

Telefon auf der Alp 033 681 14 88

Gebäude

Die Sennhütte ist ein ausladender Fleckenblockbau unter lägem Satteldach mit Gerschilden; Fassade nach N mit grosser Laube über hohem Bruchsteinfundament (Wirtschaftsräume, Ställchen); in der Mitte geräumige Küche, aufgeteilt in Käse-, Restaurant- und Haushaltküche; rechts die freundliche Gaststube mit Aufgang zu Schlafgaden und Touristenmassenlager; links Milchgaden und kleine Stube; dahinter zwei Doppelquerställe und links Kälberstall; im Morgensonnenwinkel die Terrasse des Berggasthauses, dazu Brätlistelle und Kinderspielplatz; auf einer Höhe von 2000 müM befindet sich ein Schattstall.

Käserei
In der geschlossenen Küche ummantelte Feuergrube mit 145 l Kessi an Holzturner, elektrischem Rührwerk, Presslad mit Schwarstein und Ladstecken; Boden geplättelt oder mit Novilon, Wände geplättelt, verputzt oder Holz.

Käselager
Keller im Fundament unter der Küche; Naturboden, gutes Klima, Bankung für 90 Laibe; Abtransport im Herbst.

Produkte und Vermarktung
550 kg Berner Alpkäse & Hobelkäse in 50 Laiben à 10–12 kg; Alpmutschli, Frischkäse mit verschiedenen Kräutern, Alpbutter.
Die vielfältigen Alp- und anderen eigenen Produkte werden in Form von Gerichten und Spezialtellern den Gästen serviert und an Passanten «über die Gasse» verkauft.

Besonderes zur Verarbeitung
Die Abendmilch wird in Gebsen gelagert und abgerahmt.

Besonderes zum Senntum
Die neue Sennhütte wurde erbaut «1949 im trockenen Jahr ZM Gottfried v. Allmen», eine der letzten Bauten des bekannten Zimmermanns aus Nidfluh. Oberstocken ist eine «steinreiche» Alp und trotzdem gutgräsig und schön gelegen; man ist dort richtig «z'Bärg».

Frischkäseformen zum Trocknen an der frischen Bergluft.

Käseküche mit Feuergrube und Kochherd.

Bühlers Jungmannschaft: Livia und Ruedi im Bild, die kleine Luisa macht ein «Morgennückli».

OBERE WALALP

Eine Juchzer vom Strüssligrat verrät Genusskletterei

Walmdächer: die Sennhütte mit Dreiviertelwalm sowie Querfirst als Vollwalm, daneben der alte Speicher mit Krüppelwalm und hinten eine Spitzhütte.

Gegensicht von W: der erratische Block des kupferverkleideten und mit Eternitplatten gedeckten Kubus.

Gemeinde/Amtsbezirk
Därstetten/Niedersimmental

Rechtsform/Eigentümer
Privatalp im Eigentum der Erbengemeinschaft Steinhauer, Riggisberg, und der Grat AG, Einigen; Informationen durch: Heinz Iseli-Gerster, Tellergut, 3646 Einigen

Landeskarten
1207 Thun 1:25 000
253 Gantrisch 1:50 000

Koordinaten Referenzpunkt
Obere Walalp, 606800/171700, 1714 müM

Lage der Alp
Die Alp liegt in ausgeprägter Hochalpmulde, nach W völlig offen, nach N durch den Walalpgrat und nach S durch das Stockhorn gut, nach E (Einschnitt der Baachegg) mässig abgeschirmt auf 1610–1910 müM; sie ist grösstenteils gutgräsig, tiefgründig und futterwüchsig, aber nur teilweise ringgängig, fällig und geröllbedeckt, dort nur für Galtvieh und als Wildheu nutzbar; in den oberen Teilen naturtrocken.

Wege zur Alp
Mit der Luftseilbahn Erlenbach–Stockhorn auf den Gipfel (2190 müM) und von dort Abstieg über die N-Flanke oder den Strüssligrat; oder aber von der Mittelstation Chrindi über Hinterstocken–Oberstocken (Bergwirtschaft, vgl. dort, Senntum 1412) und das wildromantische Bättelwägli; oder aus dem Stockental zwischen Reutigen (620 müM) und Blumenstein (660 müM) durch die steile, grossteils bewaldete NE-Flanke des Stockhornmassivs über den 1810 m hohen Walalpgrat oder die Alp Baach–Baachegg (1804 müM); oder aber über die Untere Walalp (vgl. dort, Senntum 1002) weiter nach E aufsteigend.

Touristisches
Viele Möglichkeiten im Stockhornmassiv und bis ins Gantrischgebiet (Wanderführer 3094, Routen 31–33 und Wanderführer 3181, Route 7).

Infrastruktur
Zweistafliges Senntum 1007; der 2. Stafel heisst Stierenberg (S-Flanke) und wird hauptsächlich als Galtviehstafel genutzt. Mit Gelände- und Landwirtschaftsfahrzeugen über den Alpweg vom Bunschental über die Untere Walalp sowie Saumtransporte und Helikopter; Stromversorgung durch Dieselgenerator und Solarzellen; für die Lage erstaunlich sichere Wasserversorgung.

Bestossung
54 Stösse in 95 Tagen (Mitte Juni bis Mitte September): 51 Normalstösse

Weideflächen
Total 73 ha: 62 ha Weideland, 2 ha Waldweide, 9 ha Wildheu

Besonderes zur Alp
Die abgeschiedene Lage zu allen Lüften führte zu allerlei Geschichten und Legenden. In der renommierten Zeitschrift «GEO-Wissen» ist in der Nummer 28 vom September/Oktober 2001 eine Reportage über Niederried erschienen, welche die Alp mitbehandelt.

Die rote Waldnelke
(Silene dioica)

Der Backofen – man muss sich zu helfen wissen.

Obere Walalp

SENNTUM 1007

Goldpippau (Crepis aurea), die Milchkrautweide, das beste für guten Alpkäse.

Hier schwimmen die jungen Laibe im Salzbad.

Zubereitung der Bakterienkultur: Exaktheit, Zuverlässigkeit und Feingefühl.

Besatz
30 Kühe, 5 Mutterkühe, 32 Rinder, 1 Stier, 4 Schweine; alles Bio-Knospen- und Demeter-Tiere.

Personen

Funktion	Person	Telefon
Bewirtschafter	Heinz Iseli-Gerster, Tellergut, 3646 Einigen	033 654 84 16
Käser	Franz Engeloch	
Zusennen	Jan Luckmann und Martin Aeschlimann	

Telefon auf der Alp 033 783 16 81
Homepage www.walalp.ch

Gebäude
Schöne Gebäudegruppe: Sennhütte: alter Massivbau mit Eternitschieferwalmdach: Doppellängsstall mit zweckmässigem Wohnteil als Quergiebel sowie Anbauten unter Schleppdächern; daneben ehemaliger Käsespeicher als Fleckenblock: alt, schmuck, verrandet, unter Eternit-Walmdach; Ferienhütte: etwas entfernt steht ein reiner Kubus unter einem Eternitschiefer-Pyramidendach, total mit Kupferblech verkleidet; über der Tür Inschrift; auf Stierenberg steht ein Schattstall für ca. 20 Rinder.

Käserei
In halbgeschlossener Küche offene Feuergrube mit 400 l Kessi an Holzturner, elektr. Rührwerk, Presslad mit Schwarstein und Ladstecken; Betonboden und verputzte Mauern.

Käselager
Natursteinkeller unter dem gesamten Grundriss der Ferienhütte, Naturboden mit schön kühlem, feuchtem Klima und Bankung für 350 Laibe; Abtransport ab August nach Bedarf in den Talbetrieb in Einigen mit Keller.

Produkte und Vermarktung
2500 kg Berner Alpkäse in 350 Laiben à 5–8 kg
Verkauf an Passanten und Private und angeboten durch: Grand Hotel Spa Jungfrau-Victoria, Höheweg 41, 3800 Interlaken; Bio-Märit Leibundgut, Oberlandstr. 26, 3700 Spiez; Oeko-Laden, Ob. Hauptgasse 51, 3600 Thun; Bio-Laden integral, M. Lüthi, Poststr. 8, 3400 Burgdorf; Vatter, Der logische Supermarkt, Bärenpl. 2, 3011 Bern; s'Gänterli, Paul u. Ann Plattner, Vonmattstr. 50, 6003 Luzern.

Besonderes zur Verarbeitung
Die Abendmilch wird im Kessi mit Kühlschlange gelagert und nicht abgerahmt. Der Käse wird nach dem Vorpressen in Formen weiter gepresst.

Besonderes zum Senntum
Die Obere Walalp ist sowohl als Demeter- (SCES 006) wie als Bio-Knospen-Betrieb (Bi-7286) anerkannt.

Der alte, umgenutzte Käsespeicher, neu gedeckt, immer noch ein Bijou.

Nach dem Vorpressen drückt Franz Engeloch die zurechtgeschnittenen Laibe in die neue Form auf dem Presstisch.

Jan Luckmann hebt den neuen Käse aus der Molke (Chäsmilch).

UNTERE WALALP

Im Winter von Lawinen überrollt, zur Alpzeit ein fruchtbares Hochtal

Die mächtige Vierschildhütte von E: rechts Einfahrt zur Heubühne, mitts Stalleingänge, links Wohnteil und ganz links am Käsespeicher Brennholzvorräte.

Blick aus der Küchentür unter den Treicheln durch nach W ins enge Tal auf den Haggen.

Gemeinde/Amtsbezirk
Därstetten/Niedersimmental

Rechtsform/Eigentümer
Privatalp der Gebrüder Wüthrich und Küng, Därstetten; Kontakte: Rudolf Wüthrich, Nidfluh, 3763 Därstetten

Landeskarten
1207 Thun 1:25 000
253 Gantrisch 1:50 000

Koordinaten Referenzpunkt
Unterwalalp, 605600/171700, 1392 müM

Lage der Alp
Die Alp liegt auf 1280–1670 müM in einem allseits geschlossenen, tiefgründigen und fruchtbaren Hochtal; sie ist regelmässig lawinengefährdet, teilweise mit Steinen überführt; in den steilen Talflanken die Galtviehstafel Wandels und Mittelschwand. Sie ist aber gutgräsig, weit und schön gelegen. Der Unterstafel Grubi/Untergeeristein (Gruebi, 605600/168400, 1075) besteht aus zwei durch Wald getrennten Teilen und liegt oberhalb des Weilers Nidfluh auf 950–1240 müM.

Wege zur Alp
Zum Hauptstafel Walalp mit dem PW in Därstetten über Weissenburgberg (ab 1052 müM bewilligungspflichtig) in den «Beret»; für den Unterstafel: in Därstetten nach Nidfluh (920 müM, ab hier bewilligungspflichtig) nach Grubi und Geeristein. Beide Ziele sind ab Weissenburg (782 müM) oder Därstetten (757 müM) zu Fuss auf Wander- und Bergwanderwegen in etwa 3 Stunden resp. 1 Stunde erreichbar (Wanderführer 3094, Route 29b); Grubi auch von Erlenbach (707 müM) über Balzenberg in knapp 2 Stunden.

Touristisches
Von der Unteren Walalp gelangt man über die Obere Walalp aufs Stockhorn (Schwebebahn), über den Walalpgrat nach Blumenstein, über die Alp Baach ins Stockental oder über die Alp Talberg und den Leiterlipass ins Gurnigelgebiet (vgl. Wanderführer 3094, Routen 29, 32).

Infrastruktur
Zweistafliges Senntum 1002. Bis Beret im Bunschental Güterstrasse; ab Beret nur noch mit Geländefahrzeug befahrbar (im Frühjahr 2002 ist ein Wegbauprojekt aufgelegt worden!); die Jungviehweiden werden teilweise zu Pferd kontrolliert; Stromversorgung mit Dieselgenerator; gute Wasserversorgung aus eigenen Quellen.

Bestossung
Grubi: 20 Tage (Mitte Mai bis Anfang Juni)
Walalp: 35 Tage (Anfang Juni bis Mitte Juli)
Grubi 15 Tage (Mitte Juli bis Ende Juli)
Walalp: 35 Tage (Ende Juli bis Ende August)
Grubi: 20 Tage (Ende August bis Mitte September)
Insgesamt 98 Stösse in 125 Tagen: 122 Normalstösse

Weideflächen
Total 133 ha: 115 ha Weideland, 8 ha Waldweide, 10 ha Wildheu

Besonderes zur Alp
Die Alp ist geseyt für 90 Kuhrechte; sie umfasst auch die Vorsasse Grubi–Unter Gehrenstein als Unterstafel.

Türsturz des alten Käsespeichers in Därstetten

Neffe Christian Wüthrich schöpft die Schotte in die Tränkeleitung zum Schweinestall.

Untere Walalp

SENNTUM 1002

Die Gebäudegruppe von S; links Galtviehstall, rechts Käsespeicher, mitts weiss verputzt die «Wohnfront» der Sennhütte, verziert mit dem Zügelgeläut.

Birgit Bayer füllt in Feinarbeit den Bruch des Ziegenkäses in die ausgebrühten Förmchen ab.

Margrit Wüthrich mit einem frischen Geisschäsli im Milchgaden.

Besatz
47 Kühe, 60 Rinder, 22 Kälber, 1 Stier, 1 Pferd, 9 Ziegen, 30 Schweine

Personen

Funktion	Person	Telefon
Bewirtschafter	Rudolf und Ulrich Wüthrich, Nidfluh, und Res Küng, Rohracker, 3763 Därstetten	033 783 11 61
Käser	Rudolf und Margrit Wüthrich	

Familie Küng stellt dazu zwei Angestellte; gelegentlich ein Statterkind.

Telefon auf der Alp   033 783 17 85

Gebäude
Grubi: langer Holzbau mit Vollwalm, Doppellängsstall; grosser Wohnteil als T-Firsteinbau; Kälber- und Schweinestall unter dem Stall; Schattställe gleich daneben und weiter unten; Gehristein: langer Schattstall mit Satteldach, drei Doppelquerställe. Hauptstafel: Sennhütte grosser Massivbau, mächtige Vierschildhütte, breit und behäbig; geräumiger Wohnteil an der W-Längsseite mit separatem Eingang in die Stube durch eine Laube; 2 Doppellängsställe; Schattstall gleich daneben: 3 Doppelquer-

ställe für Jungvieh; Wandels und Mittelschwand je ein Schattstall für Jungvieh.

Käserei
In der geräumigen geschlossenen Küche Dampfkessel mit Holzfeuerung, eingemauertes 900 l Kessi, elektrisches Rührwerk, Hebel-Spindel-Pressen, Betonboden und verputzte resp. Holzwände.

Käselager
Speicher (Baujahr 1989), einfach und zweckmässig; Klima gut, Bankung für 230 Käselaibe; Abtransport nach Bedarf in den Talbetrieb mit guten Kellern.

Produkte und Vermarktung
3500 kg Berner Alpkäse & Hobelkäse in 450 Laiben à 7–11 kg; Alpmutschli, 400 kg Ziegenkäse, Ziger Hauptabnehmer: Migros Aare, 3321 Schönbühl EKZ; Verkauf an Privatkundschaft; Alp- und Ziegenkäse werden angeboten bei der Landi, 3763 Därstetten; Familie Küng im Rohracker an der Simmentalstrasse zwischen Därstetten und Ringoldingen bietet land- und alpwirtschaftliche Produkte im gekühltem 24-h-Automaten an.

Besonderes zur Verarbeitung
Die Abendmilch wird im Kessi mit Kühlschlange gelagert und morgens abgerahmt; Gesamtauszug des Käses und Vorpressen in Holzrahmen, Pressen in Järben.

Grubi, der Unterstafel der Unteren Walalp: eine eindrückliche T-förmige Hütte mit einem fantastischen Doppelahorn links.

Rudolf Wüthrich zerschneidet die vorgepresste Käsemasse…

…und packt die 10 kg Stücke zusammen mit seiner Frau in die Järbe zum definitiven Pressvorgang.

LOOHERN

Station für müde Wanderer – einmalig die Lage, einzigartig der Ausblick

Markant das Looherenhürli, unscheinbar davor die Sennhütte; eingeklemmt und aufgehängt – Bergwirtschaft in einmaliger Lage; dahinter das Gemeindegebiet Boltigen, Blick nach SW.

Gegensatz: ein kleines, feines Alpenblümchen: Alpen-Betonie, Stachys pradica.

Gemeinde/Amtsbezirk
Därstetten/Niedersimmental

Rechtsform/Eigentümer
Privatalp von Karl und Lisa Abbühl, Nitrain, 3764 Weissenburg (seit 1984 ganz, bereits seit 1973 Teileigentümer).

Landeskarten
1227 Niesen 1:25 000
253 Gantrisch 1:50 000

Koordinaten Referenzpunkt
Ob. Looheren, 604700/169600, 1769 müM

Lage der Alp
Die Alp liegt rittlings über dem Ostgrat des Loherenhürli: der grössere Teil an trockener NW-Flanke resp. in Mulde auf 1480–1800 müM; trotz guter Grasnarbe für Kühe wegen Steilheit, Geröll und Steinschlaggefahr wenig geeignet; der kleinere Teil in steiler S-exponierten Mulde; eine streitbare Alp mit schwieriger Wasserversorgung.

Wege zur Alp
Mit dem PW von der Simmentalstrasse in Därstetten über

Weissenburgberg (980 müM; ab hier bewilligungspflichtig) bis «Uf em Grüe» (1200 müM); von da zu Fuss über Chäli und die N-Flanke (Geröllfeld, Vorsicht!) zur Alp; oder auf steilem Bergwanderweg auf der S-Seite durch den Wald bis zur Alp; oder: in Därstetten nach Nidfluh (900 müM, ab dort Strasse bewilligungspflichtig) nach Geeristein (Parkplatz auf 1235 müM) und nach kurzem Waldsteig auf der Forststrasse, wie über Weissenburgberg; oder: von Erlenbach über Balzenberg (980 müM, ab dort bewilligungspflichtig) und Vorderstocken (Parkplatz auf 1727 müM) hinter der Stockenflue hindurch über Wildenstein (steiles Rutschgebiet, Vorsicht!) zur Alp (Wanderführer 3094, Routenvariante 29c).

Touristisches
Die Lohernalp gehört im weiteren Sinn zum Stockhorngebiet; sie kann auf einer Höhenwanderung Relaisstation sein (Wanderführer 3094, Routen 29, 31, 32). Nach Ausbauten 1987 und 1995 bietet sie angenehme Bergverpflegung mit Eigenprodukten (keine Gruppen); in 2 Stübli Gästebetten. Die Lohernalp führt seit Jahren in kleinem Rahmen den 1.-August-Brunch durch (Geheimtipp!).

Infrastruktur
Zweistafliges Senntum 1005; der schwierigere Stafel wird hauptsächlich parallel durch Galtvieh genutzt. Durch Transportseilbahn Marke Wyssen (1987) ab Geeristein (Güterstrasse nur bis dort) Verbesserung der Bewirtschaftung; Erleichterungen durch die Forststrasse aufs Chäli von 1995; Raupenfahrzeuge für die Mistverteilung; Stromversorgung durch das Netz der BKW; Wasserversorgung mittels Elektropumpen (1986) zu beiden Stafeln.

Bestossung
20 Stösse in 98 Tagen (Mitte Juni bis Mitte September): 19 Normalstösse

Weideflächen
Total 28 ha: 22 ha Weideland, 6 ha Wildheu

Besonderes zur Alp
Durch Stroheinstreu, konsequente Düngerverteilung und Weidunterteilung wurde die Alpzeit wesentlich verlängert; im Alpkataster 1963 war noch von Aufforstung die Rede!

Lisa's Angebot zur Stärkung und Labung müder Wanderer.

Die Ziegenkäse bekommen ein Outfit und präsentieren sich rund um den Alpkäse.

Loohern
SENNTUM 1005

Die Sennhütte unter dem ungestörten Schindeldach mit der urchigen Restaurantterrasse vor dem Looherenhürli, Blick nach W.

Ruhe und Körperpflege der wackeren Ziegen.

Detailansicht: das neue Schindeldach schon angewittert, aber von Spinnweben zusätzlich geschützt.

Besatz
7 Kühe, 9 Rinder, 5 Kälber, 20 Ziegen, 1 Ziegenbock, 3 Schweine

Personen

Funktion	Person	Telefon
Bewirtschafter	Karl und Lisa Abbühl, Nitrain, 3764 Weissenburg	033 783 16 48
Käser	Karl und Lisa Abbühl	
Zusennerin	Wiltrud Kapplusch	

Telefon auf der Alp   033 783 14 79

Gebäude
Oberstafel: guter Holzbau um 1920 mit einfacher, guter Unterkunft; seit 1984 erneuert und ausgebaut; 1 Doppel- und 1 einfacher Querstall; 1988 erneuertes Schindeldach und Holzdachkänel; Unterstafel: der alte Rundholzbau ist 1984 abgebrannt; Neubau mit Pultdach und Abwurf, 1 Doppel-, 1 halber und 1 einfacher Querstall; trotzdem Lawinenschaden 1999, Neubau geplant für 2001.

Käserei
In geschlossener Küche offene Feuergrube mit 100 l Kessi

an hölzernem Turner, ausschliesslich von Hand gerührt, Presslad mit Schwarstein und Ladstecken, Klinkerboden und Holzwände; natürlich kühles Milchgaden.

Käselager
Keller unter der Hütte, Kies- und Naturboden; Klima: ideal, natürlich feucht und kühl durch Bodenabsenkung 1984; Bankung für 70 Laibe und Abtransport im Herbst.

Produkte und Vermarktung
350 kg Berner Alpkäse & Hobelkäse in 55 Laiben à 5–9 kg; 225 kg Ziegenkäse, Trockenwürste
Direktvermarktung, besonders über den Restaurationsbetrieb auf der Alp und an Privatkundschaft; der spezielle Ziegenkäse ist erhältlich bei: Zürcher, Milchprodukte, Freienhofgasse 9, 3600 Thun; Rudolf Scheidegger, Milchprodukte, Gwattstr. 111, 3645 Gwatt (Thun).

Besonderes zur Verarbeitung
Die Abendmilch wird in Gebsen gelagert und abgerahmt. Käsefabrikation eher nach Mutschlimanier, ergibt aber einen sehr langsam reifenden, ansprechenden Alpkäse.

Besonderes zum Senntum
Das Bild wurde für den Umschlag des Buches ausgewählt, weil die Lage für diese Gegend sehr speziell ist und den Aspekt eines Alpbetriebes mit dem von Kletterbergen verbindet. Es sind dies zwei Elemente, die sich im Begriff Alpen vereinigen.

Wiltrud verwöhnt die Katze in der Morgensonne.

Gut Ding will Weile haben, der urtümliche Brecher ruht über der Dickete.

Lisa Abbühl prüft den Käsebruch im Kessi.

ZÜGEGG

Heimatmuseum oder landwirtschaftliche Produktionsstätte? Das ist hier die Frage

Blick aus der Walalp, von E, auf die Zügegg; links der bewaldete Stufengrind, dahinter Schwidenegg, sowohl Grat wie Pass hinten heissen so.

Die neugierigen Ziegen folgen den Käseträgern von der Zügegg ins Bärgli.

Gemeinde/Amtsbezirk
Därstetten/Niedersimmental

Rechtsform/Eigentümer
Privatalp von Peter Ueltschi, Dorf, 3764 Weissenburg.

Landeskarten
1207 Thun 1:25 000
253 Gantrisch 1:50 000

Koordinaten Referenzpunkt
Oberstocken, 604000/171400, 1350 müM

Lage der Alp
Die Alp liegt rittlings auf einer steilen Krete in SW- und SE-Lage auf 1250–1490 müM hinten im Buuschental an der S-Flanke des Gantrischmassivs; gutgräsig, aber grienig und erdschlipfgefährdet; die obersten Teile steil und nur für Galtvieh geeignet, meist naturtrocken und teilweise mit Geröll bedeckt.

Wege zur Alp
Mit dem PW von der Autostrasse Spiez-Zweisimmen in Därstetten über Weissenburgberg (ab dort bewilligungs-

pflichtig) durchs Buuschental bis «Beret» (Parkplatz auf 1111 müM) von dort knapp eine Stunde zur Alp. Zu Fuss von den Bahnstationen Weissenburg (782 müM) oder Därstetten (757 müM) in schönen Wanderungen über Weissenburgbad oder Weissenburgberg auf Wander- und Bergwanderwegen in 3–4 Stunden.

Touristisches
Man kann die Alp auch auf dem alten Zügelweg ersteigen, der in schöner, etwas verwahrloster Anlage von Weissenburgberg über Stigimad und Flühberg oder Stooss wieder ins Buuschental hinunter führt. Die Alp liegt auf einer der Routen vom Simmental ins Gantrisch-Gurnigel-Gebiet (Wanderführer 3094, Routenvariante 29a) und auf einer nicht als Route beschriebenen Wanderung auf der linken Simmentalseite von Wimmis oder Reutigen hinter der ersten Kette durch bis ins Obersimmental in mehreren Tagesetappen; Vorsicht: etablierte Übernachtungsmöglichkeiten sind, ausser auf den Alpen Oberstocken und Morgeten kaum vorhanden.

Infrastruktur
Einstafliges Senntum 1008; militärisch angelegte Güterstrasse bis Beret, deren Sanierung im 2002 an die Hand genommen werden soll; von dort weg nur mit Gelände- und Landwirtschaftfahrzeugen auf Alpwegen erreichbar (ein Strassenprojekt, das die Güterstrasse näher an die Alp führt, wird im Frühjahr 2002 aufgelegt); Stromversorgung durch Dieselgenerator; ausreichende Wasserversorgung.

Bestossung
25 Stösse in 120 Tagen (Ende Mai bis Ende September): 30 Normalstösse

Weideflächen
Total 31 ha: 21 ha Weideland, 4 ha Waldweide, 2 ha Wildheu, 2 ha Streueland, 2 ha Heueinschlag

Besonderes zur Alp
Zügegg ist eine gut gepflegte und zweckmässig bewirtschaftete Alp; früher zusammen mit Bergli. Informationen zur Geschichte der Alpbewirtschaftung im Buuschental durch Oswald Bettler, Beret, Bunschental, 3763 Därstetten, oder: Kummliweg 15, 3705 Faulensee.

Auch die Schweine wollen es wissen.

Der Meister rechts und der Anfänger links tragen die Alpkäse vom Vortag in den Käsespeicher im Bärgli.

Zügegg
SENNTUM 1008

Die Hütte von NE mit Stallteil und Einfahrt vorne; an der Eingangslaube flattern die Käsetücher.

Dorothee Abbühl prüft den ausgepackten Vortagskäse.

Madlen Abbühl und die Ziege mögen sich, Nähe gibt Geborgenheit.

Besatz
14 Kühe, 8 Rinder, 3 Kälber, 6 Ziegen, 2 Ziegenböcke, 4 Schweine. Zur Hauptsache eigenes Vieh des Pächters.

Personen

Funktion	Person	Telefon
Pächter	Fam. Jakob Abbühl-Güntert, Stigimaad, 3764 Weissenburg	033 783 11 89
Käserin	Dorothee Abbühl-Güntert	

Telefon auf der Alp   033 783 16 53

Gebäude
Reiches, gutes Alpgebäude, im Eingangstürsturz (von der fein gestalteten Laube her) datiert «18 CB 14»; auf adjustiertem Bruchsteinmauerfundament in schwierigem Gelände; Ständerbau unter Eternitschiefer-Vollwalm; einfacher Wohnteil aber teilweise mit Segmentbogen-Tür- und -Fensterstürzen (!); Doppellängsstall und angebauter Kälberstall; dazu zwei Schattställe mit Doppellängsställen; der eine wird als Jungviehstall genutzt, der andere wurde umgebaut.

Käserei
In der halboffenen Küche offene Feuergrube mit 200 l

Kessi an Holzturner; gerührt wird ausschliesslich von Hand; Presslad mit Schwarstein und Ladstecken, Betonboden und Holzwände; das Milchgaden ist gepflästert!

Käselager
Es wird der Käsespeicher im Bergli benutzt (täglich trägt Jakob Abbühl die jungen Käse auf dem Käsevogel hinüber): ein feiner, reiner Kubus in Fleckenblock mit Schindel-Pyramidendach, Natursteinplattenzugang, leichter Holzschopfanbau; die Tür profiliert in Grätenmuster, «HF» im Türsturz; Holzboden, Klima gut, eher etwas trocken, Bankung für 140 Laibe, Abtransport im Herbst.

Produkte und Vermarktung
600 kg Berner Alpkäse & Hobelkäse in 60 Laiben à 6–12 kg; 200 kg Ziegenkäse, Ziger
Verkauf der Alpprodukte auf der Alp und auf dem Talbetrieb der Bewirtschafter an Privatkundschaft, d. h. Passanten, Bekannte, Ferienleute, Nachbarn; sie werden angeboten durch: A. Ueltschi, «Lädeli», 3764 Weissenburg.

Besonderes zur Verarbeitung
Die Abendmilch wird in Kannen im Brunnen und in Gebsen gelagert und abgerahmt. Die Käse werden einzeln ausgezogen und teilweise in Holländerformen gepresst.

Besonderes zum Senntum
Abbühls Talbetrieb und die Alp sind Bio-Knospen-Betriebe.

Jakob Abbühl mit einer Holländer-Käseform, die er zeitweise einsetzt.

Die Gefässe für die Bakterienkulturen werden im kochenden Wasser ausgebrüht, Dorothee tut das mit Sorgfalt.

Kathrin Abbühl rührt als willige und willkommene Ablösung mit dem Brecher im Käsebruch.

RÜDLI-TALBERG

Das Rüdli führt an der engsten Stelle und im Kleinen eine grosse Alptradition fort

Blick vom Wildenstein in den Talberg-Chessel; am unteren Rand das Rüdli; die Alpgrenze bilden der Morgetengrat vor der Bürglen, Gantrisch, Nünenen und die Krummfadenfluh im Morgenschatten.

Der Wohnteil der Rüdli-Hütte von SE; Holz schützt den Käsekeller vor Erwärmung.

Gemeinde/Amtsbezirk
Därstetten/Niedersimmental

Rechtsform/Eigentümer
Staatsalp der Schweizerischen Eidgenossenschaft, Departement für Verteidigung, Bevölkerungsschutz und Sport.

Landeskarten
1207 Thun 1:25 000
253 Gantrisch 1:50 000

Koordinaten Referenzpunkt
Rüdli, 603100/171600, 1375 müM

Lage der Alp
Hauptstafel Rüdli und Unter(tal)berg liegt auf 1270–1840 müM, N-, E- und S-exponiert; er ist teilweise steil und entweder steinschlag-, lawinen- oder erdschlipfgefährdet, teilweise im feuchten, tiefgründigen, engen Talboden, hat aber auch etliche gutgräsige Teile; der Oberstafel Chessel (601500/172300, 1824) liegt wesentlich höher, ebenfalls ein nach E geöffneter Kessel; grösstenteils eine ringgängige, futterwüchsige und deshalb «melkige» Alp.

Wege zur Alp
Mit dem PW in Därstetten über Weissenburgberg (ab 1052 müM bewilligungspflichtig) in den «Beret» (Parkplatz auf 1111 müM) und dann etwa stündige Wanderung im engen Talberggraben. Zu Fuss ab Weissenburg (782 müM) oder Därstetten (757 müM) auf Wander- und Bergwanderwegen; oder vom Gurnigel-Gantrisch-Gebiet aus über den Leiterenpass (Wanderführer 3094, Route 29a).

Touristisches
Rüdli ist eine Zwischenstation auf der grossen Wanderung vom Simmental über den Leiterenpass (1905 müM) ins Gantrisch- und Gurnigelgebiet oder umgekehrt (Wanderführer 3094, Routen 28 und 29).

Infrastruktur
Das einzige verkehrstauglichen Alpkäse herstellende Senntum heisst Rüdli (1006) und ist einstaflig; der Unterberg wird als Parallelstafel für Jungvieh geführt. Bis Beret im Bunschental Güterstrasse; ab Beret Zügelweg nur mit Geländefahrzeugen befahrbar; ein Wegprojekt wurde im Frühjahr 2002 aufgelegt; sehr lange Anfahrt aus dem Tal; Stromversorgung mit Dieselgenerator; Wasserversorgung aus eigenen zuverlässigen Quellen.

Bestossung
76 Stösse in 125 Tagen (Ende Mai bis Ende September): 95 Normalstösse

Weideflächen
Total 160 ha: 129 ha Weideland, 9 ha Waldweide, 22 ha Wildheu

Besonderes zur Alp
Der Alpteil «Kessel», der im Alpkataster noch namengebend war, wird seit 1970 durch H.P. Bühler, Wüstenbach, 3765 Oberwil, abgetrennt bewirtschaftet (kein verkehrstauglicher Käse). Zur Geschichte der Alp: Josy Dojon: «Der letzte Kästräger vom Talberg.»
Im Alpkataster 1963 als typisch gut unterhaltene Patrizieralp beschrieben, ohne so benannt zu werden! Seit 1997 werden durch Stroheinstreu die Sauberkeit der Kühe und die Melkhygiene und durch fortlaufende Mistausbringung die Weide ständig verbessert.

Ein langer Brunnen ladet zur Labung, der grosse Vorplatz ist begrenzt durch riesige eternitgedeckte Walmdächer.

Der ursprüngliche Talbergspeicher an der alten Richenbachstrasse in Därstetten, aus Tuffsteinquadern sorgfältig und zweckmässig gefügt.

Rüdli

SENNTUM 1006 VON RÜDLI-TALBERG

Eine Querfirst wirkt immer grossartig; das Brennholz kann unter dem Vordach gut trocknen.

Esel beleben das Gelände – die Kühe ruhen vor den Insekten geschützt im Stall.

Das gewaltige Kessi am Holzturner; die freie Treppe führt aus der geräumigen Küche zu den Gaden.

Besatz
22 Kühe, 21 Rinder, 22 Kälber, 5 Ziegen, 11 Schweine, 2 Esel. Alles eigene Kühe und hauptsächlich eigenes Jungvieh.

Personen

Funktion	Person	Telefon
Pächter	Hans Wüthrich, Weissenburgberg, 3764 Weissenburg	033 783 00 11
Pächter	Andreas und Susanna Stocker, Lehen, 3765 Oberwil	033 783 14 08
Käser	Esther Mullis und Hans Wüthrich Mitarbeit von Vater Ernst Wüthrich	

Ab 2002 ist Hans Wüthrich alleiniger Pächter. Familie Stocker stellt teilweise auf Mutterkuhhaltung um.

Telefon auf der Alp   033 783 14 51

Gebäude
Rüdli: grosser, guter Holzbau (ältestes Graffito von 1856), Wohnteil unter Querfirst; Doppel- und einfacher Längsstall; Unterberg (Parallelstafel): Älterer Schattstall, 2 Doppelquerställe; Kessel: Alpgebäude: gut erhaltener Holz- und Massivbau, Schindeldach, mit geräumigem Wohnteil und Doppelquerstall; 3 gute Schattställe unweit des Alpgebäudes.

Käserei
In grosser offener Küche ummantelte Feuergrube mit 360 l Kessi an Holzturner mit elektrischem Rührwerk; Holzbalkenhebelpresse; Betonboden und Holzwände.

Käselager
Keller mit Natursteinboden, das Klima ist wetterabhängig, aber einigermassen zweckmässig; Bankung für 150 Laibe; Abtransport nach Bedarf erstmals nach ca. 50 Tagen in den Talkeller.

Produkte und Vermarktung
2000 kg Berner Alpkäse in 220 Laiben zu 8–10 kg; 200 kg Alpmutschli und Alpraclette, Ziegenkäse aus halb Kuh-, halb Ziegenmilch
Hauptabnehmer für die Alpkäse ist die Migros Aare, 3321 Schönbühl EKZ; zudem Direktverkauf an Privatkundschaft und etwas an Passanten auf der Alp.

Besonderes zur Verarbeitung
Die Abendmilch wird im Kessi mit Kühlschlange gelagert und morgens abgerahmt.

Besonderes zum Senntum
Der alte Talberg-Käsespeicher, zu dem früher täglich die schweren Talbergkäse getragen wurden, dient heute andern Zwecken. Er steht in Reichenbach/Därstetten unter der Bahnlinie (BVNr. 174); ein imposanter Tuffsteinquaderbau mit einem hölzernen Obergeschoss.

Gepresst wird hier mit Steinen direkt auf dem Käsedeckel.

Esther Mullis pflegt die Alpkäse, die sonst vor Ungeziefer und Mäusen geschützt hinter Gittern lagern.

Eine gewaltige Naturarena, in der das Rüdli liegt: Blick von der Zügegg in den Talberggraben links mit Schwidenegg, Talmatten und rechts in den Chessel von Talberg mit ganz rechts Gantrisch.

LANGENEGG

Die Atmosphäre eines Bedlis im Naherholungsgebiet von Bern ist noch spürbar

Blick von NE auf die Gebäudegruppe: grosse Hütte, Knechtenspeicher, Stall und darüber Käsespeicher; hinten Heuberg und Wirtnern.

Der Schweinestall: klein aber fein.

Gemeinde/Amtsbezirk
Blumenstein/Thun

Rechtsform/Eigentümer
Genossenschaftsalp der Alpgenossenschaft Langenegg mit 50 Ansprechern; Sekretär: Walter Wenger, Obermättli, 3638 Pohlern.

Landeskarten
1207 Thun 1:25000
253 Gantrisch 1:50000

Koordinaten Referenzpunkt
Langenegg, 603950/174500, 1194 müM

Lage der Alp
Die Alp liegt auf der N-Seite der Stockhornkette auf 1100–1500 müM und bildet ein nach E verlaufendes Tälchen mit steilen Hängen; an der SE-Flanke wächst gutes, kräftiges Alpenfutter. Die Alp ist ausser den obersten Partien weidgängig und zügig. Der sandige Lehmboden von mittlerer bis guter Fruchtbarkeit ist stellenweise bei nassem Wetter trittempfindlich; gegen Buech und Schwand auf der N-Flanke einzelne fast ebene Lägerteile.

Wege zur Alp
Mit dem PW von Blumenstein auf bewilligungspflichtiger Güterstrasse durch den Blumisteinwald bis zur Alp. Zu Fuss: ab Blumenstein (659 müM) auf Wander- und Bergwanderwegen durch die Schlucht des Fallbaches oder den Blumisteinwald auf die Alp.

Touristisches
Vor dem Fallbachfall liegt die eindrückliche Blumenstein-Kirche. Über die Alp führen Bergwanderwege ins Gantrischgebiet und auf die Alpen der Simmentaler Sonnseite und aufs Stockhorn (Wanderführer 3095, Route 17).
Sommerwirtschaft mit einem Angebot hauptsächlich eigener Produkte; Übernachtungsmöglichkeit in einem Massenlager. Die Anlage erscheint noch als das Vergnügungsbad von einst, in abgeschiedener Lage! Ende September findet der Chästeilet statt, ein Volksfest.

Infrastruktur
Einstafliges Senntum 0401; Stand und Lauiboden als eigene Alp mit 30 ha und 120 Tagen Bestossung werden nicht behandelt. Die Alp ist mit einer Güterstrasse erschlossen; in sich selbst aber aus der Topografie nur mit Karrwegen; Stromversorgung durch das Kraftwerk der Wassergenossenschaft Blattenheid; Wasserversorgung durch Anschluss an die Wassergenossenschaft.

Bestossung
62 Stösse in 100 Tagen (Anfang Juni bis Ende September): 62 Normalstösse

Weideflächen
Total 81 ha: 75 ha Weideland, 4 ha Waldweide, 2 ha Wildheu

Besonderes zur Alp
Die Wasserversorgung der Blattenheid-Genossenschaft durchquert die Alp. Wildheu wird nicht mehr eingebracht. Der berüchtigte Fallbach ist im 2000 verbaut worden. Die Gebäudegruppe hat den ganz eigenen Charme eines früheren Bedlis. Die Alp ist bequem zugänglich und gut eingerichtet mit rationeller und sauberer Käserei.

Der ehemalige Käsespeicher, gross dimensioniert.

Amba muss sich erst zurechtfinden.

Langenegg
SENNTUM 0401

Die Hütte von N, auch strassenmässig erschlossen.

Bei den Ziegen: Ernst Rufener, Käthi Fahrni und Adrian Guggisberg.

Fritz Fahrni schüttet das Lab, die Milch «wird z'Dicke gleit.»

Besatz
60 Kühe, 9 Kälber, 1 Stiere, 43 Schweine, 15 Ziegen
Etwa 60 Rinder werden auf Stand und Lauiboden unter der gleichen Hirtschaft gesömmert. Ausser dem Rindvieh, gehören alle Tiere den Hirten.

Personen

Funktion	Person	Telefon
Sekretär der Alpgenossenschaft	Walter Wenger, Obermättli, 3638 Pohlern	033 356 13 73
Hirten + Käser	Fritz und Käthi Fahrni, Egglen 3674 Bleiken	031 771 05 02

Angestellte: Ernst Rufener, Pohlern; Adrian Guggisberg, Oberbalm; Susanne Mosimann, Heimenschwand.

Telefon auf der Alp   033 356 15 79

Gebäude
Sennhütte: grosser Massivbau unter geknicktem Vollwalmdach mit Wohnteil auf der N-Seite (Gaststube, Küche und Milchgaden), einem einfachen und einem Doppellängsstall. Der Schattstall N des Fallbaches unter Vollwalmdach mit einfachem und Doppellängsstall auch Massivbau mit S Längsanbau von vier Stuben, zugänglich über eine Stein-

treppe; Schweineställchen; Knechtenspeicher, heute Remise; hoher Käsespeicher, Fleckenblock, steiles Satteldach (mit Spruch von 1785), heute Massenlager.

Käserei
In der geschlossenen Küche ein eingebautes 900 l Kessi mit Schwenkfeuerbetrieb; 3 Hebel-Spindelpressen; Wände um die Presse und Boden geplättet; riesiges Milchgaden mit Betonboden (Lüftungsschlitze wie Schiessscharten).

Käselager
Keller unter der SE-Ecke des Schattstalls, feucht und kühl, Bankunn für 500 Laibe.

Produkte und Vermarktung
5500 kg Berner Alpkäse & Hobelkäse in 706 Laiben à 5–11 kg; 150 kg Alpmutschli, 400 kg Butter, 400 kg Ziegenkäse, Ziger
Alpkäse an die Alpansprecher, die ihn an Privatkundschaft verkaufen; Verkauf der Alpprodukte an Passanten und durch das Bergbeizlein; der Alpkäse wird angeboten von: Restaurant Traube, 3674 Bleiken; Gasthof zum Weissen Rössli, 3532 Zäziwil; Restaurant Hirschen, 3753 Oey.

Besonderes zur Verarbeitung
Die Abendmilch wird in Kühlwanne gelagert und abgerahmt, die Schotte zentrifugiert, nach Bedarf verbuttert. Käseauszug gesamthaft in Vorpressrahmen und dann wird normal in Järben gepresst.

Die Dickete wird mit der Harfe zerschnitten, am ersten Tag gibt es ein Mutschli.

Das Feuer kann unter dem Boden mit einer Drehbewegung von einem Kessi zum andern verschoben werden.

Der Widmungsspruch am Käsespeicher: «…1785».

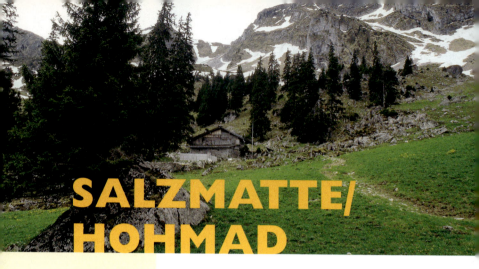

SALZMATTE/ HOHMAD

Im Unterstafel idyllisches Heidiland, auf Hohmad raue Winde und Schnee

Die Hütte Salzmatten von N, davor die neue Jauchegrube und die Wüstung (vgl. Text); hinter den Tannen Hohmad und Stubenfluh, rechts die drohende Krummfadenfluh.

Talstation der Seilbahn mit einem Weidbrunnen Blick von E ins Tubeloch.

Gemeinde/Amtsbezirk
Blumenstein/Thun

Rechtsform/Eigentümer
Privatalp im Eigentum des Gemeindeverbandes Wassergenossenschaft Blattenheid; Präsident: Ernst Wenger, Bünde, 3635 Uebeschi.

Landeskarten
1207 Thun 1:25000
253 Gantrisch 1:50000

Koordinaten Referenzpunkt
Salzmatten, 603150/173400, 1525 müM

Lage der Alp
Der Unterstafel Salzmatten liegt auf 1450–1700 müM. Die ausserordentlich versteinte, steile und hügelige Weide in der obersten Fallbachmulde ist nach N/NE exponiert. Die unproduktive Waldweide schützt den Stafel vor Lawinen und Winden. Weidgängig sind die stafelnahen Gebiete; das obere Gebiet mit Alpenrosen und Tanngrotzen ist kaum fruchtbar. Der Oberstafel Hohmad (604000/172700, 1955 müM) reicht auf über 2000 müM, weist N/NW-Lage auf

und ist ringgängig und sonnig gelegen. Das naturtrockene Weidegebiet grenzt an die Wasserscheiden. Der Stafel ist der höchste in Blumenstein und stark den Winden ausgesetzt. Die Grasnarbe ist stellenweise leicht borstig, aber gut; keine Lawinengefahr; der Stafel wird oft während der Bestossung mit Schnee bedeckt (Hochalpencharakter).

Wege zur Alp
Mit dem PW von Blumenstein auf bewilligungspflichtiger Strasse durch den Blumisteinwald zum ersten Reservoir Blattenheid (ca. 1340 müM). Zu Fuss: ab Blumenstein (659 müM) auf Berg- und Wanderwegen durch die Schlucht des Fallbaches oder den Blumisteinwald und den Kessel von Langenegg auf Alp und Oberstafel.

Touristisches
Die Alp liegt auf einem Anstieg auf die Gantrischkette, der in das Alpgebiet der Simmentalsonnseite und aufs Stockhorn führt (Wanderführer 3095, Route 17).

Infrastruktur
Zweistafliges Senntum 0402; Güterstrasse bis zum untersten Reservoir für alle Fahrzeuge, bis Blattenheid für Allradfahrzeuge; die letzten Meter Fussweg; vom Unter- in den Oberstafel Einseiltransportbahn System Wyssen; Stromversorgung durch Benzinaggregat für Melkmaschine; Wasserversorgung auf dem Unterstafel mit genügend gutem Quellwasser, auf dem Oberstafel eine gute, grosse Zysternenfassung, kühles Wasser!

Bestossung
Salzmatt 30 Tage (Mitte Juni bis Mitte Juli)
Hohmad 60 Tage (Mitte Juli bis Mitte September)
Salzmatt 30 Tage (Mitte September bis Mitte Oktober)
Gesamte Alpzeit: 30 Stösse in 120 Tagen: 36 Normalstösse

Weideflächen
Total 36 ha: 31 ha Weideland, 5 ha Waldweide

Besonderes zur Alp
Eine nicht durch Motorfahrzeuge gestörte Idylle – man ist für sich und frei. Auf Hohmad herrscht ein sehr raues Klima. Das Wildheu wird kaum mehr eingebracht.

Borkenkäfer, Typografen und Fotografen am Werk.

Der winterharte Benzinmotor zur Melkmaschine.

Salzmatte-Hohmaad
SENNTUM 0402

Die Hütte von W: Mistplatz-Jauchegrube, Kleinviehstall, Sennhütte und angebauter Ersatzstall, Talstation

Saisonbeginn, noch ist alles Gerät blitzblank in Ruheposition.

Raupenknäuel am Gras, die Schmetterlinge kommen dann.

Besatz
9 Kühe, 22 Rinder, 4 Kälber, 5 Schweine, 15 Ziegen
Es wird (Ausnahme Rinder) eigenes Vieh gesömmert.

Personen

Funktion	Person	Telefon
Pächter	Werner Aebersold, Eyweid, 3615 Heimenschwand	033 453 20 78
Käserin	Elfriede Aebersold 3615 Heimenschwand	

Die ganze Familie Aebersold ist auf der Alp und besorgt sie.

Gebäude
Sennhütte Salzmatt: ein idyllisch gelegener Holzmischbau mit mehreren Ausbauphasen; einfacher Wohnteil (man tritt durch die Stube in die Küche); an der Aussenwand seitlich viele Graffiti, die ältesten in schöner Schrift (z.B. «+HST 1812 u 1813 u 14»); zwei Doppelquerställe (von denen der zweite, nach Lawinenschaden am ehemaligen Schattstall, an dessen Statt angebaut wurde); vorne Ziegenstall mit Pultdach angebaut. Sennhütte Hohmad: gemischter Massiv/Holzbau, noch einfacherer Wohnteil und einfacher Querstall; auch der Schattstall daneben ist massiv mit Doppellängsstall und angebautem Ziegenstall.

Käserei
Auf beiden Stafeln in geschlossenen Küchen das gehämmerte 90 l Kessi an Deckenschiene; es wird im einen Herdloch gewärmt; Presse durch Steine auf den Käsedeckel; Betonboden und Wände aus Holz und Hartplatten.

Käselager
In beiden Stafeln kleines Gaden neben der Küche; Holzboden; das Klima unten gut, oben etwas warm mit wenig Luftzirkulation; beim Talbetrieb steht der gute Keller der Dorfkäserei zur Verfügung; Abtransport nach Bedarf.

Produkte und Vermarktung
800 kg Berner Alpkäse in 120 Laiben à 5–7 kg; 200 kg Ziegenkäse
Verkauf an Passanten und private Stammkundschaft; zudem Angebot durch Vertragen innerhalb der Gemeinde.

Besonderes zur Verarbeitung
Die Abendmilch wird in Kannen gelagert, die zuerst mit dem guten, kalten Wasser und dann in der Nachtluft gekühlt werden; sie wird abgerahmt.

Besonderes zum Senntum
Es ist die am idyllischsten angelegte Alphütte des ganzen 2001 besuchten Gebietes: die Alpmulde von Felsblöcken übersät, diese eingewachsen, von Weidepolstern bedeckt und von riesigen Wettertannen umklammert. N des Hauptstafels die Wüstung eines Schattstalles.

Elfriede und Werner Aebersold mit Hüttenwand und Felswänden, Blick nach SE.

Werner Aebersold zeigt letztjährigen Alpkäse, bereit zum Verkauf und Konsum.

Daniel Abersold mit seinen Schwestern Lydia und Vroni.

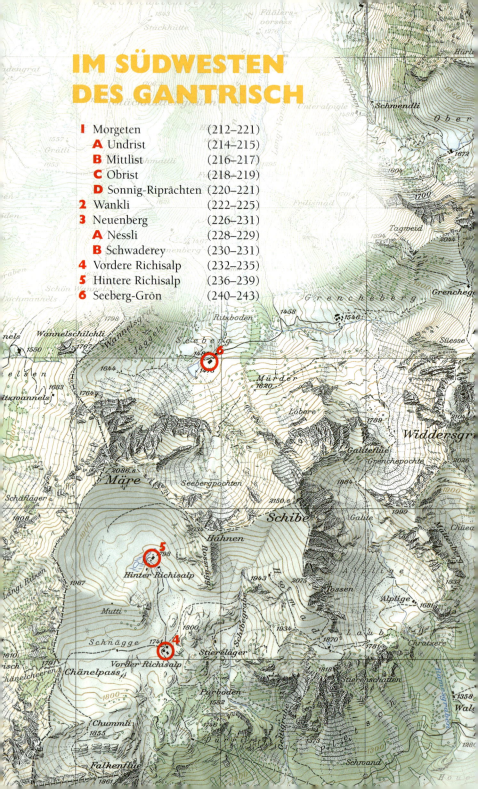

NÄCHSTE DOPPELSEITE: Nebelschwaden über dem Niedersimmental. Die obersten Spitzen rund um den Gantrisch haben den ersten Schnee erhalten – erschwerte Bedingungen für Älpler und Vieh. Aufnahmestandort 599700/164200, 1412 müM

ALP MORGETEN

Sie sei ein Geissenhimmel, eine Kuhhölle und ein Leuteteufel, sagt man

Ausblick von Undrist Morgeten über die Niesenkette hinweg (rechts Hohniesen) auf Blümlisalp, Frundenhorn, Doldenhorn.

Der Berner Wanderwegweiser zeigt die touristischen Möglichkeiten nach allen Himmelsrichtungen an.

Gemeinde/Amtsbezirk
Oberwil/Niedersimmental

Rechtsform/Eigentümer
Genossenschaftsalp der Alpgenossenschaft Morgetenberg-Bunschen, Oberwil; Bergvogt: Andreas Aegerter, Bühl, 3765 Oberwil

Landeskarte
1206 Guggisberg 1:25 000
253 Gantrisch 1:50 000

Koordinaten Referenzpunkt
Mittlist Morgete, 600000/171300, 1655 müM

Lage der Alp
Die Morgetenalp überdeckt einen mächtigen S-Hang an der Gantrischkette auf 1440–2165 müM. Es wechseln steile, kupierte, felsige Hänge voller Geröll mit besser gelegenen Partien (aber teilweise Steinschlag und Lawinen). Die höchsten Teile sind zu allen Lüften und müssen mit Schnee rechnen. Auf dem naturtrockenen Weideboden ist die Grasnarbe gut bis sehr gut, aber vereinzelt weisen trockene Partien Borst, Alpenrosen und Brüsch auf.

Schönenboden (1190–1390 müM) ist von Wald umgeben und natürlich abgegrenzt.

Wege zur Alp
Mit PW auf bewilligungspflichtiger Güterstrasse bis Mittlist Morgeten und Riprächten; zu Fuss von Weissenburg (782 müM) oder Oberwil (836 müM), ca. 3 Std. bis Undrist Morgete oder von Oberwil auf sonnseitigem Bergwanderweg über Lochegg (1908 müM) nach Riprächten (Wanderführer 3094, Routen 28 und 29).

Touristisches
Über die Alp erreicht man den Morgetenpass, der Simmental und Gurnigel verbindet (Wanderführer 3094, Route 29; voller ausrangierter Befestigungen). Bergwirtschaften auf Mittlist und Obrist Morgeten. Die raue Topografie ergibt eine abwechslungsreiche Wanderung. Auf Riprechten liegt ein kleines Seelein im Karsteinbruch; letzthin wurden reiche Versteinerungen gefunden.

Infrastruktur
Die Alp Morgeten umfasst vier Sennten (früher vier Stafel); sie sind einstaflig bis auf Undrist Morgeten, das auch den Auftriebsstafel nutzt. Die Alp ist mit einer Güterstrasse erschlossen; innerhalb der Alp Karrwege. Viel gutes, sehr kaltes Quellwasser, Kraftwerk für die Stromversorgung und zentrale Wasserversorgung (mit Ausnahme von Sonnig Riprächten mit Dieselaggregat).

Bestossung
177 Stösse in 105 Tagen (Mitte Juni bis Ende September) 186 Normalstösse.

Weideflächen
Total 259 ha: 220 ha Weideland, 20 ha Waldweide, 19 ha Wildheu

Besonderes zur Alp
In einem Sprichwort wird die Alp etwas extrem charakterisiert: Morgeten, ein Geissenhimmel, eine Kuhhölle und ein Leuteteufel. Die Seyung beträgt 1261 1/6 Fuss, der zugelassene Besatz beträgt demnach bei 7 Füssen pro Kuh 180 Stösse; die Alprechte sind an den Besitz einer Liegenschaft in der Bäuert Bunschen gebunden.

Disteln: für Eselszungen und Menschenaugen.

Eine Ammonitversteinerung, gefunden auf Mittlist Morgeten, beim Zäunestellen.

Undrist Morgeten
SENNTUM 4305 VON MORGETEN

Die einzige noch als solche genutzte Sennhütte, ein Fleckenblockbau mit lägem Satteldach und Laube vor dem Wohnteil.

Blick von W über den Unterstafel, heute selbständiges Senntum im recht schattigen Talboden, hinten Looherengraben und Schmidenegg.

Paul Herren bei der Alpkäsepflege im niedrigen, feuchten Keller.

Besatz
33 Kühe, 4 Mutterkühe, 10 Rinder, 10 Kälber, 10 Ziegen, 12 Schweine

Personen

Funktion	Person	Telefon
Bewirtschafter	Hansrudolf Feuz, 3765 Bunschen	033 783 16 80
Käserin	Magdalena Feuz	
Zusenn	Paul Herren	

Telefon auf der Alp   033 783 14 17

Gebäude
Die Sennhütte ist ein Fleckenblockbau mit lägem Satteldach und dem Wohnteil sonnseitig, einem Doppelquerstall und einem angehängten Schweineställchen. Zusätzlich werden die Ställe dreier sonst unbenutzter ehemaliger Sennhütten genutzt.

Käserei
In der offenen Küche (mit unterzogenem Dach) ummantelte Feuergrube mit 650 l Kessi an Balkenschiene, elektrischem Rührwerk, Hebel-Spindel-Pressen, Betonboden

und Wänden aus Holz und Mauerwerk. Daneben liegt das Milchgaden mit Holzboden.

Käselager
Der gedrungene Käsekeller befindet sich unter der Stube in der SW-Ecke mit Holzboden und etwas feuchtem Klima. Die Holzbankungen bieten Platz für 200 Laibe, so dass ende Juli erstmals Käse verteilt werden.

Produkte und Vermarktung
4000 kg Berner Alpkäse in 400 Laiben à 8–12 kg;
150 kg Ziegenkäse
Verkauf an Passanten auf der Alp und ein grosser Teil durch Bewirtschafter und Alpansprecher an Privatkundschaft; ein Teil der Alpkäseproduktion geht an die Migros Aare, 3321 Schönbühl EKZ.

Besonderes zur Verarbeitung
Die Abendmilch wird in Kannen gekühlt und gelagert und nicht abgerahmt. Die Käse werden gesamthaft ausgezogen und vorgepresst, dann auf die Järbe verteilt.

Besonderes zum Senntum
Der frühere Unterstafel Undrist-Morgeten liegt auf 1400–1600 müM in einem ausgesprochenen Hochalptal am Morgetenbach.

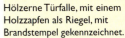

Hölzerne Türfalle, mit einem Holzzapfen als Riegel, mit Brandstempel gekennzeichnet.

Ein ähnlicher «Käsebrand» im Brennpunkt (einer Fliege): F.B. ist Feuz, Bunschen.

Der mächtige Wasserfall von Morgetenbach und Looherengraben gesehen von den Guggenhorencheeren zwischen Schönenboden und Undrist Morgete.

Mittlist Morgeten

SENNTUM 4304 VON MORGETEN

Besatz
40 Kühe, 21 Rinder, 1 Stier, 6 Mastochsen, 13 Schweine

Personen

Funktion	Person	Telefon
Bewirtschafter	Christian Haueter, 3765 Bunschen	033 783 18 76
Bewirtschafter	Walter und Hanni Wyssmüller, Boden, 3765 Oberwil	033 783 20 88
Käser	Christian Haueter und Walter Wyssmüller	
Zusenn	Wolodja Brigara aus der Ukraine	

Die neue Sennhütte und Alpkäserei; innen zweckmässig ausgerüstet und auch im Aussenbereich modern.

Blick hinauf an den Gemsgrat, der Name sagt, was das Bild zeigt.

Wolodja Brigara pflegt mit Liebe die jungen Alpkäselaibe.

Telefon auf der Alp   033 783 18 49

Gebäude
Die landwirtschaftlichen Gebäude gehören der Bergschaft. Die Sennhütte ist ein Neubau von 1996 mit grosszügigem Wohnteil auf zwei Etagen; dahinter nach einem Zwischengang zwei Doppellängsställe, ausgerüstet mit Rohrmelkanlage. Dazu werden zwei alte Schattställe genutzt.

Käserei
Geräumige, 2000 erstellte, geschlossene und modern eingerichtete Käseküche mit Dampfkessel und eingemauertem Kessi von 1300 l, elektrischem Rührwerk und drei pneumatischen Pressen; Boden und Wände geplättelt.

Käselager
Keller in der SE-Ecke unter der Stube, allseits betoniert und mit gutem Klima, eher etwas warm; auf Röhrengestellen mit Holztablaren Platz für 440 Laibe.

Produkte und Vermarktung
4000 kg Berner Alpkäse in 430 Laiben à 8–12 kg; 300 kg Alpraclette
Chr. Haueter vermarktet hauptsächlich an Privatkundschaft; W. Wyssmüller verkauft an Passanten und Privatkundschaft und einen grossen Teil an die Migros Aare, 3321 Schönbühl EKZ und an die Heimstätte Friedegg, Aeschi.

Besonderes zur Verarbeitung
Die Abendmilch wird im Kessi gekühlt und morgens etwas abgerahmt. Käseauszug gesamthaft in einen Vorpressrahmen; danach werden die Laibe in Järben gepresst.
Im Vorsommer wird Milch von Undrist Morgeten zugekauft, im Nachsommer von Sonnig Riprächten.

Besonderes zum Senntum
Der frühere Mittelstafel Mittlist-Morgeten liegt auf 1600–1900 müM; er ist in Hüttennähe terrassenförmig, ringgängig und fruchtbar. Zum Käsen lösen sich die beiden Bewirtschafter wöchentlich ab und tragen dann je für ihren Käse die Verantwortung bis zum Schluss.
Auch hier ist Verpflegung möglich, eine Bergwirtschaft im Aufbau begriffen (auf Anmeldung ist für Gruppen ein typischer Alp-Brunch erhältlich). Beim Zaunen wurden 2001 umfangreiche, grosse Versteinerungen gefunden, die nun ausgewertet werden. Für die Zukunft ist geplant, im September einen Käseteilet durchzuführen (man beachte Pressemitteilungen).

Walter Wyssmüller bricht dem ausgepackten frischen Alpkäse die Kanten, spanen nennt man das…

…und bringt neben der Kaseinmarke das Fabrikationsdatum auf, Rückverfolgbarkeit nennt man das.

Obrist Morgeten

SENNTUM 4315 VON MORGETEN

Lothar hat diese neue massive Hütte «hervorgebracht».

Den Hühnern scheint so wohl – ob sie goldene Eier legen? Blick nach W hinunter, über Riprächten hinweg.

Hansueli Siegenthaler hantiert im Keller, der auch ein kleiner Bunker sein könnte.

Besatz
20 Kühe, 20 Rinder, 16 Kälber, 6 Ziegen, 1 Ziegenbock, 3 Schweine

Personen

Funktion	Person	Telefon
Bewirtschafter	Hansjürg und Yolanda Siegenthaler, Zelg, 3765 Oberwil	033 783 27 01
Käserin	Rosmarie Siegenthaler, Zelg, 3765 Oberwil	
Senn	Hansueli Siegenthaler, Zelg, 3765 Oberwil	

Telefon auf der Alp   033 783 15 57

Gebäude
Die Sennhütte wurde nach Zerstörung durch Lothar am 26.12.1999 in Bruchsteinmauerwerk und Satteldach mit Gerschild – in markanter Lage auf einem Felssporn neu aufgebaut. Der Wohnteil mit Küche, einem kleinen Milchgaden und Stube liegt auf der SW-Seite, dahinter zwei Doppellängsställe. Auf Stierenläger wird der Stall in der schön zurechtgemachten T-förmigen Hütte aus Bruch-

steinmauerwerk als Jungviehstall genutzt, der Wohnteil als Massenlager, vgl. unten.

Käserei
In der geschlossenen Küche ummantelte Feuergrube mit einem 400 l Kessi an Deckenschiene, elektrischem Rührwerk, einer Hebel-Spindel-Presse, geplätteltem Boden und hartplattenverkleideten oder verputzten Wänden.

Käselager
Der Keller ist ein Separatbau mit Flachdach, halb unter dem Boden, mit etwas feuchtem Klima. Er bietet auf Holzbankungen Platz für 120 Laibe; Abtransport im Herbst.

Produkte und Vermarktung
1300 kg Berner Alpkäse & Hobelkäse in 120 Laiben à 9–14 kg; 130 kg Ziegenkäse; Trockenfleisch und Trockenwürste aus Rindfleisch
Ein grosses Quantum wird an Passanten in Sennhütte und Bergwirtschaft sowie am Kiosk auf dem Morgetenpass verkauft. Familie Siegenthaler betreibt jeden Samstag vor der Bäckerei Mann im Steini, Oberwil (an der Simmentalstrasse) einen Verkaufsstand!

Besonderes zur Verarbeitung
Die Abendmilch wird im Kessi mit Kühlschlange gelagert und morgens etwas abgerahmt.

Besonderes zum Senntum
Stierenläger und Kneubos bilden Obrist Morgeten auf 1900–2165 müM; sie sind durch ein aufgelockertes Felsband natürlich abgetrennt und reichen, für Kühe streng, bis auf die Bürglen. Obrist Morgeten ist seit 01.01.01 für zwei Jahre ein Bioknospen-Umstellungsbetrieb auf dem Weg zur Vollknospe. Fürs Melken muss ein Dieselaggregat eingesetzt werden.
Hier liegt die letzte Relaisstation vor dem Morgetenpass. Sie ist mit Kiosk auf der Passhöhe und Bergwirtschaft gut ausgerüstet sowie mit Massenlager und Selbstkochgelegenheit für Ferienlager sehr geeignet.

Rosmarie Siegenthaler richtet die Blöcke, damit der Alpkäse nicht schief wird.

Der Kiosk, nicht in der Eigernordwand, sondern auf dem Morgetenpass; wie manchen Erleichterungsseufzer hat diese Direktvermarktung schon gebracht?

Sonnig-Riprächten
SENNTUM 4303 VON MORGETEN

Blick hinüber nach Schattig und Sonnig Riprächten, auf Widdersgrind und Hanen; links die Lochegg, der Übergang nach der Alp Neuenberg (Oberwil).

Die mächtige Sennhütte mit der steinernen Treppe und dem gemauerten Milchgaden.

Hansruedi Haueter präsentiert stolz einen seiner feinen Alpkäse; darauf ist unten die Kaseinmarke mit der Sennten-Nummer angebracht.

Besatz
25 Kühe, 35 Rinder, 15 Kälber, 4 Schweine

Personen

Funktion	Person	Telefon
Bewirtschafter	BG Hansruedi und Lorenz Haueter, Bühl 3765 Oberwil im Simmental	033 783 12 27
Käser	Hansruedi Haueter	
Zusennerinnen	Bertha Haueter Deborah Pfister	
Statter	Pascal Perren	

Telefon auf der Alp 033 783 17 84

Gebäude
Die Alphütte ist ein Neubau von 1948 mit hohem Fundament, deren gemauerter Wohnteil (mit holzvergittertem Milchgaden) nach Schneedruckschaden im Jahre 1982 erneuert, und deren anderthalb Doppelquerställe 1993 als T-Balken hangseitig angebaut wurden. Das Gadengeschoss ist grosszügig ausgebaut, das Dach mit Gerschilden versehen.

Käserei

In geschlossener Küche ummantelte Feuergrube mit 390 l Kessi an Holzturner, elektrischem Rührwerk, Hebelpresse mit Spindel, Betonboden und verputzten Wänden.

Käselager

Keller im W neben der Küche mit vernünftigem Klima und Platz für 120 Laibe; Abtransport ab Juli.

Produkte und Vermarktung

1600 kg Berner Alpkäse in 180 Laiben à 7–12 kg
Durch die Lage wenig Verkauf an Passanten und Private; Hauptabnehmer ist die Migros Aare, 3321 Schönbühl EKZ.

Besonderes zur Verarbeitung

Die Abendmilch wird im Kessi mit Kühlschlange gelagert und etwas abgerahmt, die Käse werden einzeln ausgezogen. Im Spätsommer wird zeitweise Milch an Mittlist Morgeten verkauft und dort verkäst.

Besonderes zum Senntum

Das Senntum Sonnig Riprächten, in Mittellage, schliesst das W Alpgebiet in sich, in Stafelnähe stark versteint; bessere Weiden liegen weiter weg; die steinige und sonnige Alp ist der strengste Berg an Morgeten, der Hüttenstandort weidetechnisch ungünstig aber durch Lawinengefährdung bedingt; Türkenbundstandorte.

Familie Haueter auf der steinernen Treppe zur Sennhütte; von oben und von links: Deborah Pfister, H. R. Haueter, Pascal Perren; Priska, Bertha und Sandra Haueter, Anna Hemmer.

Sandra Haueter flattiert den Kälbchen im Stall...

...und hilft dem Onkel beim Ausziehen des Käses.

WANKLI

Ideales Trainingslager für die Standfestigkeit des Rindviehs

Blick vom Nässli, von SW, auf die steile Alp, links darüber die Wachliflühe, rechts hinten Schwidenegg und Haaggen über dem Bunschental.

Das kleine Büssi liebt die Bio-Milch sehr.

Gemeinde/Amtsbezirk
Oberwil/Niedersimmental

Rechtsform/Eigentümer
Privatalp von Hans Abbühl, Mösli, und Jakob Abbühl, Stigimad, 3764 Weissenburgberg

Landeskarten
1226 Boltigen 1: 25 000
253 Gantrisch 1: 50 000

Koordinaten Referenzpunkt
Waachli, 599300/169050, 1613 müM

Lage der Alp
Wankli befindet sich W der Wankfluh an einem steilen SSE-Hang oberhalb der Hohfluhweiden und wird durch einen schmalen Waldgürtel von Domern (Alp Neuenberg) im W natürlich abgegrenzt. Das einstaflige Alpli weist innerhalb des Weideganges 280 m Höhendifferenz auf und die gleichmässige Flanke ist namentlich im Vorsommer dem Steinschlag unterworfen. Wankli ist mit den obersten, streng erreichbaren Partien für Jungvieh prädestiniert. Der gutgräsige Weideboden ist trockenempfind-

lich, und der Stafel ist bei Wetterumschlag windexponiert. Oberhalb der obersten Weidegebiete liegen die ausgezäunten, kaum mehr genutzten Wildheuplanggen.

Wege zur Alp
Mit dem PW auf der bewilligungspflichtigen Güterstrasse von Oberwil her auf die Nachbaralp Neuenberg; kurz vor Domeren (1678 müM) kann man parkieren; Wachli selbst ist strassenmässig nicht erschlossen, und man erreicht es leicht abwärts in einem knappen Kilometer. Zu Fuss erreicht man die Alp über Domern (vgl. Alp Neuenberg) oder auf unbequemem Steig von Station Oberwil (etwa 850 müM) über Hohfluh und Plätz oder Gsäss (Wanderführer 3094, Route 28).

Touristisches
Wankli ist Nachbaralp zu Neuenberg (Oberwil) und gehört damit in den Einzugsbereich des Neuenberg-Dorfets.Unweit des Aufstiegs befindet sich zudem in einem umwaldeten Felsen auf 1200 müM die prähistorische Höhle «Schnurenloch» (Wanderführer 3094, Route 28 und Varianten).

Infrastruktur
Einstafliges Senntum 4316; Güterstrasse auf Neuenberg; kurz vor Domern Abzweigung eines Karrweges bis zum Stafel; Stromversorgung mit Benzingenerator; der Stafel und die Weidbrunnen werden von Domern her mit Wasser versorgt.

Bestossung
23 Stösse in 105 Tagen (Anfang Juni bis Ende September): 24 Normalstösse

Weideflächen
Total 35 ha: 30 ha Weideland, 5 ha Wildheu

Besonderes zur Alp
Während Jahrzehnten war Hans Scheidegger, der letzte Käseträger vom Talberg, für die Bewirtschaftung der Alp angestellt und hat sie vorbildlich geführt.

Und die Kühe lieben das klare Bergwasser, das von Domeren – im Hintergrund – herab kommt.

Detail der Alphütte: der Gegensatz zwischen getünchtem Bruchsteinfundament und sonnengebräuntem Holz.

Wachli

SENNTUM 4316

Die Alphütte mit dem Vorplatz von E.

Nochmals der Blick in die Domeren; das Vieh rückt aus, das Gelände ist schwierig.

Anita Affolter stolz und verschmitzt mit einem ihrer grossen Alpkäse.

Besatz
13 Kühe, 4 Mutterkühe, 8 Rinder, 3 Kälber, 2 Ziegen, 3 Schweine
Es wird hauptsächlich eigenes Vieh gesömmert.

Personen

Funktion	Person	Telefon
Pächter	Urs und Anita Affolter, Bachtelen 3150 Schwarzenburg	031 731 29 75
Käserin	Anita Affolter	

Gebäude
Die Alphütte ist ein teilweise verrandeter Fleckenblock unter einem Satteldach mit Gerschilden und auf hohem Pfeilerfundament, dort datiert «A.B 1932». Der Wohnteil liegt längs auf der W-Seite und zwei Doppelquerställe stossen E an.

Käserei
In der halb geschlossenen Küche offene Feuergrube mit wahlweise 160 l oder 120 l Kessi an Holzturner; es wird ausschliesslich von Hand gerührt, Presslad mit Schwarstein und Ladstecken; Betonboden und Holzwände.

Käselager
Keller in der SW-Ecke unter der Hütte mit einem Vorraum; das Klima ist sehr gut, wenn auch eher kühl; Bankung für 60 Laibe; Abtransport im Herbst.

Produkte und Vermarktung
700kg Berner Alpkäse in 50 Laiben à 14–18 kg
Die Vermarktung des Alpkäses erfolgt den ganzen Winter durch auf dem Samstagsmärit in Schwarzenburg zusammen mit vielen weiteren feinen Produkten aus eigener Bio-Produktion und eigener Verarbeitung.

Besonderes zur Verarbeitung
Die Abendmilch wird in Gebsen gelagert und abgerahmt.

Besonderes zum Senntum
Affolters arbeiten im Tal und auf dem Berg seit 2000 als Bio-Vollknospenbetrieb. Die Alp ist schön, einsam und damit ruhig; hingegen ist sie steil, streng und sturzgefährlich für das Vieh und arbeitsintensiv.

Die Alphütte ist in ihrer massigen Konstruktion dem Gelände vollständig angepasst.

Urs Affolter beim Melken.

Die offene Feuergrube; fast könnte man meinen, damit werde die Treppe geheizt.

NEUENBERG

Die Festgemeinschaft des Dorfets ist auch harmonierende Arbeitsgemeinschaft

Blick vom Waachli (Wankli) nach SW in die Alp Neuenberg (Oberwil), darüber Mittagfluh, Holzerhorn, Trimlenhorn und die Felswand zum Chüearnisch.

Was Schweine so alles tun, wenn ihnen wohl ist.

Gemeinde/Amtsbezirk
Oberwil/Niedersimmental

Rechtsform/Eigentümer
Korporationsalp der Alpkorporation Neuenberg mit 10 Alpeigentümern, wovon die Bäuert Oberwil den grössten Eigentumsanteil besitzt und einen Teil der Alp auch bewirtschaftet; Bergvögte: Hans Nussbaum, Egg, 3765 Oberwil, und Hans Heimberg, Bannwald, 3765 Oberwil.

Landeskarten
1226 Boltigen 1:25 000
253 Gantrisch 1:50 000

Koordinaten Referenzpunkt
Nässli, 598800/168650, 1594 müM

Lage der Alp
Neuenberg erstreckt sich von oberhalb des Waldgürtels Niedermatti bis zur Wasserscheide (1470–1880 müM). Der Weidegang ist heute mit Elektrozaun unter die drei Sennten aufgeteilt. Domern liegt in einer Alpmulde, wellig, ringgängig, tiefgründig und fruchtbar, die Hänge voller Steine. Nessli, auf 1600 müM ist nach S exponiert. Darü-

ber liegt auf 1770 müM der Galtviehstafel Holzmaad, weniger von Schäden bedroht, mässig bis steil, tiefgründig, trockenempfindlich. Schwadrei und Ramsli liegen in einer nach SE verlaufenden Alpmulde, gutgräsig, wenig trittempfindlich und bei genügend Niederschlag fruchtbar. Die E-Flanke von «Chüealpligen» ist mit Geröll bedeckt und auf der W-Flanke aufgeforstet.

Wege zur Alp
Die Alp ist auf bewilligungspflichtiger Güterstrasse mit dem PW erreichbar. Zu Fuss führt der Bergwanderweg von Oberwil (836 müM) durch den sehr steilen Sonnenhang auf altem Fussweg nach den verschiedenen Sennten der Alp (Wanderführer 3094, Route 28).

Touristisches
Von Neuenberg führen Passwanderungen in den Hengstschlund und ins Schwefelbergbad, über Morgeten und Talberg aufs Stockhorn oder ins Stockental, in die Richisalpen, in die Muscherenalpen (Wanderführer 3094, Routen 28 und 29). Nässli ist geeignet für Gruppenbesichtigungen und bei Rudolf-Steiner-Schulen bekannt. Kleine Bergwirtschaft und Übernachtungsmöglichkeit. Der Nässli-Dorfet am ersten August-Wochenende ist ein Fest für den ganzen Neuenberg; er soll Berg und Tal zusammenführen.

Infrastruktur
Die drei Parallelstafel Domern, Nessli und Schwaderey sind heute selbständige Sennten; auf deren zwei (4306 und 4309) wird verkehrstauglicher Käse hergestellt. Die Alp ist seit 1974 mit einer Güterstrasse gut erschlossen. Stromversorgung durch Solaranlage seit 1987 und durch Dieselaggregate; genügend Quellwasser, das höher gefasst wurde, so dass die Widderanlage von Domern entlastet wird.

Bestossung
140 Stösse in 190 Tagen (Mitte Juni bis Mitte September): 106 Normalstösse; die Dauer ist festgelegt, der Zeitpunkt frei wählbar für die Sennten.

Weideflächen
Total 142 ha: 127 ha Weideland, 4 ha Waldweide, 11 ha Wildheu

Auch dem Rindvieh ist gar nicht unwohl.

Presstisch und Käsejärbe auf dem ehemaligen Schottentrog.

Nessli

SENNTUM 4306 VON NEUENBERG

Die Gebäude des Nessli von E mit den Anbauten.

Stall, Alphütte, Festhütte, Ferienhaus, Seilbahnstation? Alles ein bisschen auf Nessli!

Käthi Gerber hebt Mutschli aus dem Kessi.

Besatz
20 Kühe, 11 Rinder, 12 Kälber, 3 Ziegen, 5 Schweine

Personen

Funktion	Person	Telefon
Bewirtschafter	Gebr. Walter und Franz Gerber, Zelg, 3765 Oberwil	033 783 12 09
Käserinnen	Käthi und Ruth Gerber, Zelg, 3765 Oberwil	033 783 13 19

Franz Gerber arbeitet auswärts, Walter Gerber besorgt den Talbetrieb; die beiden Frauen betreiben die Alp und käsen abwechslungsweise.

Telefon auf der Alp   033 783 13 51

Gebäude
Die Sennhütte wurde durch Gerbers 1972 zusammen mit 34 Kuhrechten gekauft. Der neuere Wohnteil im hinteren Hüttenteil ist 1861 datiert. Die Hütte ist blitzschlaggefährdet. 1954 wurde ein Blitzableiter montiert und 1976 zudem das Blechsatteldach abgeleitet. In der Hütte ein Doppelquerstall, seit 1975 mit Schwemmkanal ausgerüstet, im S ein zweiter Doppelquerstall angebaut. Daneben ein Kälberstall mit Satteldach. Die alte Seilbahnmittelstation als Mehrzweckanlage ausgebaut.

Käserei
In der halboffenen Küche offene Feuergrube mit 140 l Kessi an Holzturner, seit 2001 elektrisch betriebenem Holzpropeller als Rührwerk, Presslad mit Schwarstein und Ladstecken, Betonboden und Wänden aus Holz.

Käselager
An der N-Seite der Hütte ist ein Käsegaden angebaut, das etwas warm wird, mit Bankung für 75 Laibe; Abtransport im Herbst.

Produkte und Vermarktung
600 kg Berner Alpkäse in 65 Laiben à 7–12 kg;
150 kg Alpmutschli
Bewirtschafter und Alpansprecher vermarkten den Käse an Privatkundschaft.

Besonderes zur Verarbeitung
Die Abendmilch wird in Gebsen gelagert und abgerahmt. Die Familie Walter Gerber käst ausschliesslich für den Eigenbedarf. Gerbers geben auch Milch an die Sammelstelle ab.

Besonderes zum Senntum
Die Alpkorporation und das OK nutzen auf Nessli, wo der Dorfet stattfindet, die ehemalige Mittelstation der Militärseilbahn auf den Widdersgrind (1945 erstellt und 1947 abgerissen) als Lagerhalle für die Dorfetausrüstung.

Bei der Mutschliherstellung kann die Erwärmung des Bruchs auch durch Beigabe von heissem Wasser erfolgen, bringt auch Erfolg.

So sehen die Alpkäse von Ruth und Käthi Gerber aus.

Ein aufgeräumter Milchgaden; alles gewaschen, zum Trocknen aufgestellt und aufgehängt.

Schwaderey

SENNTUM 4309 VON NEUENBERG

Schwäderey von NE, viel Platz auf diesem Bödeli, dahinter der steile Hang des Ramsli.

Hier liegen sie noch unter einer einfachen und praktischen Presse.

Bethli Blatti schneidet uns ein Stück von ihrem guten Alpkäse ab.

Besatz

30 Kühe, 34 Rinder, 14 Kälber, 4 Ziegen, 1 Esel, 10 Schweine

Personen

Funktion	Person	Telefon
Bergvogt	Hans Heimberg, Bannwald, 3765 Oberwil	033 783 12 70
Käser + Sennen	Niklaus und Bethli Blatti, Zelg, 3765 Oberwil	033 783 18 03

Gebäude

Breite Sennhütte unter lägem schindelgedecktem Satteldach mit Gerschilden und schöner Laube vor dem Wohnteil (ältestes Graffito «AS 1909+10»). Die Erneuerung von Stall und Wohnteil ist geplant; das Milchgaden in der NE-Ecke mit Bruchsteinmauern; daneben Schattstall unter Satteldach mit Doppellängsstall für verschiedene Tierarten (ältestes Graffito «1869»); ein Galtviehstall für beide Sennten steht auf Holzmaad.

Käserei
In geschlossener Küche ummantelte Feuergrube mit 420 l Kessi an Deckenschiene, elektrischem Rührwerk, Presslad mit Schwarstein und Spindel sowie seit 1998 geplätteltem Boden und verputzten Wänden.

Käselager
Keller unter der Küche gegen E, mit gutem Klima, aber etwas feuchten Mauern, und Bankung für 200 Laibe; Vorverteilung der Käse im August.

Produkte und Vermarktung
2000 kg Berner Alpkäse in 300 Laiben à 6–12 kg
100 kg Alpmutschli, pasteurisierte Alpbutter
Die Alpansprecher verkaufen an Privatkundschaft. Die Käse werden auch angeboten von Ulrich Böhlen, Käserei, Dorf, 3502 Tägertschi.

Besonderes zur Verarbeitung
Die Abendmilch wird mit Kühlschlange im Kessi gelagert und zeitweise abgerahmt (pasteurisiert verbuttert); zeitweise wird glattfeiss gekäst. Gesamthafter Käseauszug in Vorpressrahmen. Im Herbst wird in drei Tagen zweimal gekäst.

Besonderes zum Senntum
Man ist für sich, ruhig, den Gemsen nahe mit Aussicht auf die Alpen.

Milch und Rahm werden im kalten und sauberen Bergwasser bis zum Käsen gekühlt.

Alpknecht Arthur Aegerter demonstriert uns die Verbundenheit mit seinem Jungvieh.

Eine aufgeräumte Käseküche: alter Wöschhafe, Herd und ummantelte Feuergrube, dahinter das Rohr vom Stubenofen.

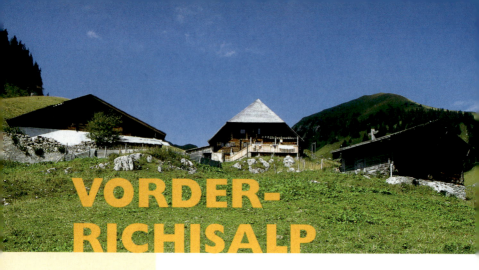

VORDER-RICHISALP

Der lange Zügelweg ist für Vieh und Mensch sehr streng, aber dann ist man für sich

Der Gebäudekomplex mit den Schattställen links und rechts und der Hütte mit untypischem Steildach in der Mitte.

Der tief ins Gestein eingehauene Zügelweg zwischen Vorder- und Hinter-Richisalp vor dem Hahnen.

Gemeinde/Amtsbezirk
Oberwil/Niedersimmental

Rechtsform/Eigentümer
Privatalp von Chr. Hofer, Regezhaus, 3762 Erlenbach.

Landeskarten
1226 Boltigen 1:25 000
253 Gantrisch 1:50 000

Koordinaten Referenzpunkt
Vorder Richisalp, 595600/168100, 1732 müM

Lage der Alp
Die Alp befindet sich oberhalb der Waldgrenze auf einem welligen Hochplateau (1650–1980 müM), im N und S von markanten Höhenzügen umgeben, eine ausgeprägte, nach E orientierte Mulde. Am S-Hang liegen die beiden Parallelstafel «Mutti» und «Schneggen». Der Hauptstafel liegt auf der Alpgrenze zu Hinter-Richisalp. Mit Ausnahme der obersten Partien am N-Hang gegen Kummli ist die Weide ringgängig und der Boden wirft ein kurzes aber ausgezeichnetes Futter ab. Speziell in der mässig geneigten Mulde wächst auf dem gut gedüngten Läger eine

kräftige Alpenflora. Weder Lawinen- noch Steinschlaggefahr, nur in der Waldweide fällige Stellen ausgezäunt. Diese Hochalp wird während der Bestossung gelegentlich mit Schnee bedeckt, ist aber nicht windexponiert.

Wege zur Alp
Richisalp ist nur zu Fuss erreichbar. Der kürzeste Weg führt vom Endpunkt eines mit Geländewagen befahrbaren Güterweges auf Alpligen (1681 müM) über Hohmad (1870 müM). Von der Bahnstation Enge (840 müM) führt ein Bergwanderweg über Wüstenbach auf dem Zügelweg direkt hinauf (Wanderführer 3094, Route 28a).

Touristisches
Von Vorder Richisalp führt der Bergwanderweg über die Chänelcheeren ins Freiburgische, nach E auf die talauswärts liegenden Alpen der Gemeinde. Oder: erwandern Sie den Zügelweg von der Seewlenlassweid (Koordinaten 605750/166400) bis auf die Richisalp: Luftlinie nur 10 km…!

Infrastruktur
Einstafliges Senntum 4307 mit Galtviehparallelstafeln. Die Alp ist strassenmässig nicht erschlossen; von Bunfallallmend führt ein Saum- und Zügelweg hinauf und eine 1983 erstellte Transportseilbahn bis Dürri; Stromversorgung durch Dieselaggregat; Wasserversorgung in den unteren Teilen aus eigenen Quellen; der Galtviehteil Mutti wird durch Zisternen versorgt.

Bestossung
67 Stösse in 70 Tagen (Anfang Juli bis Anfang September): 46 Normalstösse

Weideflächen
Total 72 ha: 57 ha Weideland, 11 ha Waldweide, 4 ha Wildheu

Besonderes zur Alp
Die Seewlenlassweide in der Gemeinde Därstetten gehört den gleichen Eigentümern und dient als Vorweide. Das Chummli gehört wieder zu Vorder Richisalp und wird als Galtviehstafel genutzt.

Der mächtige Turner vermag neben dem schweren Kessi noch einiges an Leichtgewichten zu tragen.

Ausgediente Festungswerke darf man fotografieren, jedenfalls steht keine Verbotstafel mehr.

Vorder-Richisalp

SENNTUM 4307

Besatz
21 Kühe, 83 Rinder, 3 Kälber, 4 Ziegen, 1 Pferd, 9 Schweine; nur teilweise eigenes Vieh

Personen

Funktion	Person	Telefon
Bewirtschafterin	Käthi Zmoos-Kohler, Bunschen, 3765 Oberwil	033 783 11 94
Käserin	Käthi Zmoos-Kohler	

zeitweise ein bis zwei Gehilfen als zusätzliches Personal

Telefon auf der Alp   033 783 11 76

Gebäude
Mächtige Sennhütte, Holzmischbau unter steilem Krüppelwalmdach (Eindruck wie aus dem oberen Emmental), noch schindelgedeckt, ältestes Graffito «1813»; dreiräumiger Wohnteil nach S mit Laube über hohem Sockel, dahinter ein Doppelquerstall und angebautes Schöpfli; daneben ein älterer hölzerner und ein grosser massiver Schattstall beide mit Satteldach.

Käserei
In geschlossener Küche offene Feuergrube mit 220 l Kessi an Holzturner, elektrischem Rührwerk, Presslad mit

Die Hütte aus der Nähe: das steile Dach ermöglicht ein ausgebautes Gadengeschoss.

Käthi Zmoos bei der Käsepflege, der Salzwasser Bottich mit einem schönen Holzfarbmuster.

Leontopodium alpinum, das Edelweiss, ist eine Trophäe.

Schwarstein und Ladstecken, geplätteltem Boden und Wänden aus Holz, an kritischen Stellen geplättelt.

Käselager
Keller unter der Stube in der SW-Ecke, etwas wenig Luftzirkulation, Bankung für 150 Laibe; Abtransport im Herbst mit der Seilbahn.

Produkte und Vermarktung
1100 kg Berner Alpkäse in 140 Laiben à 4–10 kg
200 kg Ziegenkäse, 60 kg Alpmutschli
Wenig Verkauf an Passanten, etwas geht an Ernst Amstutz, Alpkäsehandel + Hobelkäselager, 3655 Sigriswil; die Hauptsache wird aus dem Talbetrieb an private Stammkundschaft vermarktet; der Alpkäse wird auch angeboten von Thomas Mann, Holzofenbäckerei, Simmentalstrasse, 3765 Oberwil.

Besonderes zur Verarbeitung
Die Abendmilch wird in Gebsen gelagert und kaum abgerahmt. Die Bewirtschafterin kauft den Kühe alpenden Bauern die Milch ab, fabriziert und vermarktet auf eigene Rechnung.

Besonderes zum Senntum
Der fünfstündige Zügelweg von der Vorweide her ist für Vieh und Mensch sehr streng, aber dann ist man für sich und auf einer ringgängigen und gutgräsigen Alp.

Allerlei Flüssigkeiten an der Kühle…

… und Geräte am Trocknen.

Der massive Schattstall mit hölzernem Oberbau; wir befinden uns an der Waldgrenze, das Holz steht nicht unbegrenzt zur Verfügung.

HINTER-RICHISALP

Hier oben ist das Klima rau und der Wetterumsturz heftig

Mächtige Hütten und Ställe vor der mächtigen Flanke der Märe, Wasserscheide und Grenze zur Alp Seeberg im Hengstschlund, Guggisberg.

Ein Feldenzian, Gentianella campestris.

Gemeinde/Amtsbezirk
Oberwil/Niedersimmental

Rechtsform/Eigentümer
Privatalp von Hans Aegerter-Scheidegger, Zelg, 3765 Oberwil, Ueli Aegerter, Ried 302A, 3765 Oberwil und Vreni Ueltschi-Aegerter, 3766 Boltigen.

Landeskarten
1226 Boltigen 1:25 000
253 Gantrisch 1:50 000

Koordinaten Referenzpunkt
Hinter Richisalp, 595550/168350, 1798 müM

Lage der Alp
S der 2090 m hohen Märe gelegen grenzt die Alp im N an den Seeberg (Gde. Guggisberg) und im W an die Freiburger Alpen. Sie bildet auf 1730–2090 müM eine gleichmässige Mulde, nach SE orientiert. Die kleine Schneeweide Burboden wird kaum mehr geatzt. Hinter-Richisalp zählt zu den schönsten Alpen des Kantons! Der tiefgründige, fruchtbare Weideboden trägt eine ausgezeichnete Alpenflora. Hier sind die obersten Partien streng und weit vom

Stafel, so dass sie nur mit Galtvieh geatzt werden. Gefährliche Felspartien und die Wasserscheide müssen ausgezäunt werden. Bei Wetterumschlag raues, wildes Klima und sogar während der Bestossung Schnee.

Wege zur Alp
Die Alp ist nur zu Fuss erreichbar. Der kürzeste Fussweg führt vom Endpunkt eines Güterweges auf Alpligen (1681 müM) über Hohmad (1870 müM) auf die Richisalpen. Von der Bahnstation Enge (840 müM) führt ein Bergwanderweg durch den Wüstenbach über den Zügelweg direkt auf die Alp (Wanderführer 3094, Route 28a).

Touristisches
Von Richisalp führt der Bergwanderweg über die Chänelcheeren ins Tal der Muscheren Sense; nach NE kennen Einheimische Steige auf die schattseitige Nachbaralp Seeberg; nach E geht es auf die talauswärts liegenden Alpen der Gemeinde.

Infrastruktur
Zwei einstaflige Sennten mit Parallelstafeln; nur im einen Senntum wird verkehrstauglicher Alpkäse hergestellt (4308). Die Alp ist strassenmässig nur bis Alpligen mit einem geschotterten Güterweg erschlossen; von Bunfalallmend führen der Zügelweg hinauf und eine Transportseilbahn bis Dürri (1700 müM); Stromversorgung mit Dieselaggregat; Wasserversorgung aus einer hoch gefassten Quelle vom Hohmad; für das Vieh hauptsächlich Zisternen.

Bestossung
88 Stösse in 70 Tagen (Anfang Juli bis Mitte September): 61 Normalstösse

Weideflächen
Total 86 ha: 83 ha Weideland, 3 ha Wildheu

Der Wegweiser auf Vorder Richisalp zeigt den Übergang in den Muschlerenschlund, W parallel zum Hengstschlund.

Besonderes zur Alp
Familie Aegerter hat die Alp 1975 gekauft und ging 1976 erstmals z'Bärg. Die Hütten sind in Einzelbesitz; Ueltschis haben ihren Anteil verpachtet. Als Jungviehparallelstafel ist Stierenläger inkl. Burenboden gepachtet, das heute in den Flächen- und Besatzzahlen integriert ist.

Blick von der Alp Bunfall über das Simmental auf Rossrügg und Hahnen, davor Stierenberg, links die Richisalpen sowie rechts Schibegrabe und Homad.

Hinter-Richisalp

SENNTUM 4308

Blick von W über das Seelein auf Hütte und Kleinviehstall.

Nochmals vom Ufer des Seeleins nach NE, auch Kühe wissen sich zu positionieren.

Hans Aegerter pflegt mit Liebe seine Alpkäse – wer wüsste besser, worauf es ankommt, als ein gewiefter Experte?

Besatz
42 Kühe, 62 Rinder, 27 Kälber, 4 Ziegen, 1 Ziegenbock, 10 Schweine
Das Vieh ist zum guten Teil eigenes der Bewirtschafter der beiden Sennten, deren gesamter Bestand aufgenommen wurde, weil die ganze Milch im einen verkäst wird.

Personen

Funktion	Person	Telefon
Bewirtschafter	Hans Aegerter-Scheidegger, Zelg, 3765 Oberwil	033 783 14 44
Käser	Hans und Vreni Aegerter-Scheidegger	

Das andere Senntum wird durch die Pächterfamilie Peter Matti, Halten, 3765 Oberwil, bewirtschaftet, welche die Milch an Aegerters liefert.

Telefon auf der Alp   033 783 12 55

Gebäude
Die obere Sennhütte ist ein Ständer-Flecken-Bau von 1914 und steht auf hohem Bruchsteinmauersockel mit Laube darüber und langem Satteldach mit Gerschilden; gut ausgebauter Wohnteil nach SW mit Stube, Küche und Milchgaden sowie darüber vier Schlafgaden; dahinter zwei Doppellängsställe; davor wohl ehemalige Zucker-

hütte; Schattstall von 1991 mit Satteldach und einem Doppellängsstall auf dem «Seerücken».

Käserei
In der geschlossenen Küche ummantelte Feuergrube mit wahlweise 550 l oder 320 l Kessi an Deckenschiene, elektrischem Rührwerk, Presse mit einem Schiebegewicht und Spindel, geplätteltem Boden und Holzwänden.

Käselager
Keller unter der Hütte, etwas kühl, Bankung für 300 Laibe, Abtransport im Herbst ab Dürri mit der Seilbahn.

Produkte und Vermarktung
1000 kg Berner Alpkäse & Hobelkäse in 130 Laiben à 7–12 kg; 1000 kg Alpmutschli
Der Käse wird ausschliesslich an die seltenen Passanten und hauptsächlich Privatkundschaft im Tal vermarktet.

Besonderes zur Verarbeitung
Die Abendmilch wird in Gebsen gelagert und abgerahmt. Die Milch des anderen Senntums wird dazu gekauft.

Besonderes zum Senntum
Hans Aegerter ist seit langem anerkannter und geschätzter Experte, z.B. in der Taxationskommission, die jeden Herbst als neutrale Instanz die Käsequalität feststellt, die den Übernahmepreis für den Handel mitbestimmt.

Nochmals: der kritische Röntgenblick des Experten.

Wenn sowas gekühlt wird, dürfte er auch etwas lockerer schauen!

Fein aufgeräumte Käseküche, hinten links der Brutschrank für die Zucht der Bakterienkultur.

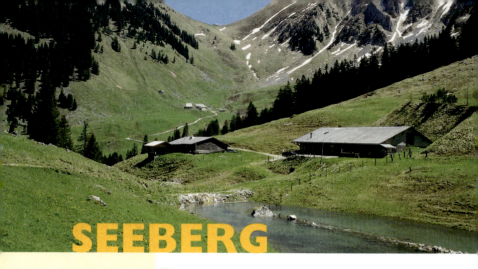

SEEBERG

Idylle am Übergang vom Sense- zum Simmental

Seeberg, Grenchenberg, Grenchengalm, und dann ist man auf Morgeten im Simmental (Blick nach E).

Während des Sommers wird der Südeltröglistöpsel viel schmutziges Wasser schlucken müssen.

Gemeinde/Amtsbezirk
Guggisberg/Schwarzenburg

Rechtsform/Eigentümer
Die Alp Seeberg ist wie die als Unterstafel genutzte Voralp Grön Privatalp, seit 1860 im Eigentum der heutigen Familien Albrecht Bähler (Blumenstein) und Fritz Bähler (Rüschegg).

Landeskarten
1206 Guggisberg 1:25 000
253 Gantrisch 1:50 000

Koordinaten Referenzpunkt
Seeberg, 595900/170000, 1481 müM

Lage der Alp
Der Hauptstafel liegt im Talkessel des Hengstschlundes auf 1370 bis 2150 müM; trotz starken Lawinenniedergängen und regelmässigem Steinschlag auch während der Bestossung gilt die deswegen mit Steinen reichlich durchsetzte Alp als gutgräsig und melkig mit gehaltvoller Milch; das Seelein ist sowohl landschaftgestaltend als auch Tränkestelle.

Wege zur Alp
Mit dem PW auf der Strasse Gurnigel–Zollhaus zwischen Schwefelbergbad und Sangernboden nach S in den Hengstschlund abzweigen und auf einer Güterstrasse, ca. 3 km bis zur Alp; für die Voralp Grön beim Schwefelbergbad nach N abzweigen, bis zur Walenhütte; dann noch 1,5 km. Zu Fuss: mit dem Postauto bis Schwefelbergbad (1389 müM) oder für Seeberg auch bis Hengstschlund (1219 müM); von dort führen Wanderwege auf die Voralp Grön; auf den Seeberg folgt man der nicht asphaltierten Güterstrasse.

Touristisches
Die markanten Felsmassive von Märe, Schibe und Widdersgrind sind lohnende Aussichtsgipfel in der Bergkette, die das Sense- vom Simmental trennt; verschiedene Übergänge führen auf eindrückliche Alpen der Gemeinde Oberwil.

Infrastruktur
Zweistafliges Senntum 9001, inkl. die eigentliche Voralp Grön; Parallelstafel für Galtvieh. Beide Alpen sind mit Güterstrassen resp. -wegen erschlossen; innerhalb der Alpen mit Allradfahrzeugen befahrbar; Stromversorgung mit Dieselgenerator; Wasserversorgung durch eigene Quelle.

Bestossung
Grön 15 Tage (Ende Mai bis Mitte Juni)
Seeberg 70 Tage (Mitte Juni bis Ende August)
Grön 30 Tage (Ende August bis Ende September)
Gesamte Alpzeit: 58 Stösse in 115 Tagen: 66 Normalstösse

Weideflächen
Total 93 ha: 73 ha Weideland, 19 ha Wildheu, 1 ha Heueinschlag

Besonderes zur Alp
Diese Alp umfasst auch die Voralp Rot-Grön (auch Bählers Grön 597500/174600, 1300 müM) in der Gemeinde Rüschegg (Alpkataster 853–47) und den Oberstafel Jäggeli (Alpkataster 852–70, 1644 müM); HR Bähler hat die Hälfte der Alp von seinem Vetter Fritz Bähler in Pacht. Viehhaltung nach RAUS.

Laich im Teich, nicht mehr ganz gesund, wars wohl doch zu kalt dazwischen?

Der Blick nach SW: die Märe in ihrer ganzen Breite.

Grön-Seeberg
SENNTUM 900 l

Die Hütte frontal vor dem Schutthügel der Märe.

Rotgrön, der Unterstafel nach SE mit: Bürglen, Ochsen und Alpiglenmäre.

Das Käsekessi glänzt im Feuermantel auf Seeberg.

Besatz
27 Kühe, 37 Rinder, 17 Kälber, 1 Stier, 8 Ziegen

Personen

Funktion	Person	Telefon
Bewirtschafter	Hans-Rudolf Bähler, Loch, 3635 Uebeschi	033 345 29 17
Käser	Hans-Rudolf und Ursula Bähler	
Zusenn	Albrecht Bähler, Loch, 3635 Uebeschi	033 345 43 71

Gebäude
Sennhütte auf Seeberg von 1974, Riegbau, verschalt und eternitverrandet unter einem Satteldach; gut ausgebauter Wohnteil nach NE; dahinter zwei Doppelquerställe. Sennhütte auf Grön von 1934 mit interessanter Raumaufteilung: Stubenanbau drei Doppelquerställe.

Käserei
Auf Seeberg: separate Käseküche mit 500 l Kessi an Deckenschiene mit Mantelfeuerung; auf Grön: 320 l Kessi an Turner über offener Feuergrube; beidenorts elektrisches Rührwerk, auf Grön Presslad mit Schwarstein und Ladstecken, Betonboden und Holzwände; auf Seeberg Spindelhebelpressen; Betonboden und Wände mit Hartplatten.

Käselager
Auf Seeberg: Keller unter der Hütte für 300 Laibe; Abtransport im Herbst; auf Grön: Keller unter der Stube, Betonboden, gutes Klima und Bankung für 100 Laibe.

Produkte und Vermarktung
3000 kg Berner Alpkäse & Hobelkäse in 300 Laiben à 6–10 kg; 500 kg Raclette viereckig; 200 kg Ziegenkäse; Selbstvermarktung z. B. auf dem Herbstmarkt in Wattenwil; der Käse wird angeboten von: Hugo Kilcher, Lebensmittelgeschäft, Dorf, 1738 Sangernboden; Hotel Schwefelbergbad, 1738 Sangernboden; Hans Künzi, Molkerei, 3662 Seftigen; Ernst Nussbaumer, Primo Dorfmärit, 3638 Blumenstein und 3665 Wattenwil; Adolf Stucki, Schulstr. 6, 3604 Thun, André Nydegger, Läufenplatz, 3011 Bern; MobiLa, Lebensmittel, 3042 Ortschwaben.

Auszeichnungen
2. Rang mit Diplom an den Swiss Cheese Awards 2001 beim Alpkäse; Goldmedaille 3. Berner Alpkäsemeisterschaft 2001; 3. Rang an der 2. Alpkäsemeisterschaft 2000.

Besonderes zur Verarbeitung
Die Abendmilch wird beidenorts im Kessi mit Kühlschlange gelagert und kaum abgerahmt.

Graffito, wohl mit dem glühenden Nagel geritzt.

Mutter Bähler im Käsekeller mit dem Schneidedraht für Hobelkäse.

Vater Albrecht und Sohn Hans-Ruedi Bähler: mit Notheufuhr.

1	Stalden	(248–251)
2	Äusser Bruchgehren	(252–255)
3	Inner-Seelital	(256–259)
4	Schwarzenberg	(260–263)
5	Röschtenschwend	(264–267)
6	Vordere-Allmend	(268–271)
7	Ober Kirgeli	(272–275)
8	Kiley	(276–279)
9	Inner-Mittelberg	(280–283)
10	Nideggallmend	(284–287)
11	Grimmi	(288–291)

NÄCHSTE DOPPELSEITE: Am Mittelberg oberhalb Kiley wirds Tag, Gsür und Türmlihore stehen bereits im grellen Licht der Morgensonne über dem rauen, riesigen Talkessel. Das Vieh flieht vor der aufkommenden Wärme und zieht dem Stall entgegen. Aufnahmestandort 606100/153740, 1721 müM

STALDEN

«Ists noch weit zum Niesen-Gipfel?»
«Denk an die, welche hier Hütten bauten!»

Blick vom Stand nach W: Hiltbrandshütte und Oberer Stalden vor Staldengraben und Chummli.

Die langgezogene Schindel-gedeckte Standhütte vor dem Fromberghorn (Blick nach S).

Gemeinde/Amtsbezirk
Wimmis/Niedersimmental

Rechtsform/Eigentümer
Gemeinerschaft: 1/6 Frau Geiser-Kammer, Wabern, 1/3 Beat Josi, Wimmis; 1/3 Samuel Klossner, Horboden; 1/6 Fam. Mumenthaler-Kammer, Wimmis;

Landeskarten
1227 Niesen 1:25 000
253 Gantrisch 1:50 000

Koordinaten Referenzpunkt
Oberer Stalden, 614800/165750, 1700 müM

Lage der Alp
Zuoberst im Staldengraben, in NW exponiertem Kessel, von 1380 müM, im E an der steilen, aber gleichmässigen und ringgängigen Abendflanke des Niesen-W-Gipfels auf 2300 müM steigend; dazu gehört auch die felsige, mehr oder weniger unproduktive N-Wand des Fromberghornes; 6 ha sind Trockenstandort; der obere Teil der Alp liegt im Naturschutzgebiet Niesengipfel.

Wege zur Alp
Mit dem PW von der Simmentalstrasse nach Oey-Diemtigen abzweigen; in Oey nach Bächlen–Zünegg, vor Chessel rechts (nur Zubringerdienst) nach Bruchgeeren (Parkplatz auf 1310 müM); Wanderung über Bergli (1275 müM) zum Unteren Stalden (1473 müM), ca. 1 h; bis zum Oberen Stalden (1700 müM) eine weitere Stunde; alles Bergwanderwege; der alte Saum- und Zügelweg führt von Wimmis, durch den Alpbachgraben, und trifft unterhalb Bergli die vorbeschriebene Route (Wanderführer 3094, Route 35).

Touristisches
Stalden ist seit Alters Station auf dem Weg von Wimmis oder Oey-Diemtigen zum Niesen, über die W-Flanke (und Talfahrt mit der Bahn nach Mülenen); oder Abstieg über den Sattel des Cheesbödi über die Niesenalpen von Reichenbach nach Wengi, Reichenbach oder Mülenen (700–750 müM).

Infrastruktur
Allein der Obere Stalden ist als einstafliges Senntum (5801) noch im Vollbetrieb; die übrigen sind Parallelstafel für Jungvieh im Umtrieb. Eine Güterstrasse bis fast zur Alpgrenze ist im Bau; Stromversorgung mit Dieselaggregat; gute Wasserversorgung bis an den Schattstall Standhütte.

Bestossung
82 Stösse in 85 Tagen (Mitte Juni bis Mitte September): 69 Normalstösse; Heu wird kaum mehr eingebracht.

Weideflächen
Total 137 ha: 108 ha Weideland, 22 ha Waldweide, 6 ha Wildheu, 1 ha Heueinschlag

Besonderes zur Alp
1830 richtete Jakob Weissmüller am Oberen Stalden eine Wirtschaft ein «zur Bequemlichkeit der Reisenden, welche den Niesen besteigen…»; er war der Initiant des Gasthauses auf dem Niesengipfel, von 1856 («Kleine Bund» vom 22.10.88); früher Saumweg von Wimmis-Spissi, mit «Eselsleuen» (dazu der Aufsatz von Pfarrer Claude Hämmerly im Jb. Thuner- und Brienzersee 1983).

Nochmals die Standhütte vor dem Stockhorn (Blick nach NW).

Soldanelle oder grosses Alpenglöckchen, Soldanella alpina.

Stalden
SENNTUM 5801

Obere Staldenhütte noch im Winterschlaf.

Samuel und Ursula Klossner.

Vor der Hütte nach S.

Besatz
22 Kühe, 41 Rinder, 15 Kälber, 18 Ziegen, 8 Schweine

Personen

Funktion	Person	Telefon
Bewirtschafter	Samuel und Ursula Klossner, Pletschen, 3755 Horboden	079 254 28 50
Käser	Samuel und Ursula Klossner	

Telefon auf der Alp   033 681 37 54

Gebäude
Oberer Stalden: allgemeiner Besitz, voll ausgerüstete Sennhütte von 1830 mit zwei Doppelquerställen, 3 Stuben und 1 Gaden. Unterer Stalden: Hütte von 1856, im allgemeinen Besitz, umgebaut und vermietet; Stall zum Unterstafel mit schönem Trockenmauerwerk und an Pfosten Graffito von 1879. Neue Hütte von 1946 ob dem Oberen Stalden ausparzelliert; Schattstall «Standhütte» reparaturbedürftig; Hiltbrandshütte mit ursprünglich dreistufigem Satteldach durch «Vivian» auf $2/3$ reduziert, durch «Lothar» beschädigt; Schattstall Cheesbödi baufällig. Die Gebäudesubstanz wird nicht mehr durchweg unterhalten, weil der Stallraum nicht mehr benötigt wird: das Jungvieh wird nicht mehr regelmässig eingestallt; dies ist eine Zeiterscheinung auf vielen Alpen!

Käserei
In der offenen Küche offene Feuergrube mit 450 l Kessi an Deckenschiene, Presslad mit Schwarstein und Ladstecken; Boden und Wände aus Holz.

Käselager
Keller unter der Hütte, Zugang von innen mit Falltüre, für 130 Laibe, mit vernünftigem Klima, aber aus den Fugen.

Produkte und Vermarktung
1500–1800 kg Berner Alpkäse & Hobelkäse in 150 Laiben à 6–13 kg
Seit 1999 Selbstvermarktung; der Alpkäse wird angeboten von Landi, Güterstr. 5, 3150 Schwarzenburg.

Auszeichnungen
2. Alpkäsemeisterschaft 2000: in den vordersten Rängen. Die Alp ist nach Aussagen erfahrener Alpkäser eine eher schwer zu handhabende Käsealp.

Blick nach NW über die Hütte unterer Stalden, vorbei an der Flanke des Berglikopfs auf Nacki und Heiti.

Ordentlich die Küche, noch im Winterschlaf.

Langsporniges Stiefmütterchen, Viola calcarata, im Trockenrasen.

ÄUSSER BRUCHGEHREN

Tausend Höhenmeter weiter oben grüsst der Gipfel des Fromberghorns

Hehlens Hütte von S; die Kühe sind gemolken und streben zur Weide.

Das Käserwerkzeug bereit zu neuen Taten – aber morgen erst!

Gemeinde/Amtsbezirk
Diemtigen/Niedersimmental

Rechtsform/Eigentümer
Genossenschaftsalp der Winterungsallmendberechtigten der Bäuert Oey; Ansprechperson: Martin Hehlen, Zäunegg, 3753 Oey

Landeskarten
1227 Niesen 1:25 000
253 Gantrisch 1:50 000

Koordinaten Referenzpunkt
Bruchgeeren, 612900/166400, 1275 müM

Lage der Alp
Diese Allmend-Alp liegt in einer ausgesprochenen Mulde, nach N exponiert. Im E Teil ziemlich steiles, aber allgemein weidgängiges Gelände. Vereinzelt steinige und flachgründige Partien, insbesondere dem Höllgraben entlang, wo sich einige Sumpfstellen befinden.

Wege zur Alp
Von der Simmentalstrasse nach Wimmis die Abzweigung nach Oey-Diemtigen nehmen; in Oey Richtung Bächlen–Zünegg, vor Chessel rechts (Güterstrasse nur Zubringerdienst) bis zur Alp. Zu Fuss gelangt man von der Station Wimmis (629 müM) über Spissen und Züneggwald auf Wanderwegen, ca. 6 km, dahin; oder von der Station Oey-Diemtigen (669 müM) über Zünegg und Lasweid auf Wander- und Bergwanderwegen (Wanderführer 3094, Route 35).

Touristisches
Auf der äusseren Bruchgehren ist auf 1310 müM ein Parkplatz eingerichtet; die Güterstrasse (nur Zubringerdienst erlaubt) führt heute quer durch die Alp weiter in Richtung Bergwirtschaft Bergli (Koord. 613900/166300, 1275) und Alp Stalden (1473 müM) und ist damit eine Anmarschroute für die Besteigung des Niesens (2362 müM) von der W-Seite auf verschiedenen Bergwanderwegen (Wanderführer 3094, Route 35).

Infrastruktur
Von den vielen einstafligen Sennten stellt nur 1122 verkehrstauglichen Alpkäse her. Die Alp ist mit einer Güterstrasse erschlossen, und ab 2002 haben alle Gebäude direkte Zufahrt; innerhalb der Alp teilweise gut ausgebaute Wege; Stromversorgung durch Solaranlage und Dieselgenerator; gute Wasserversorgung.

Bestossung
28 Stösse in 95 Tagen (Ende Mai bis Anfang September): 26 Normalstösse

Weideflächen
20 ha Weideland

Der Eingang zum Käsekeller in Hermanns Hütte, massiv und schön.

Da schwimmen sie im Salzbad: der Alpkäse und die Mutschli, unterschiedlich angereichert mit Kräutern und Gewürz.

Äusser Bruchgehren
SENNTUM 1122

Die Hütte von NW: grosse Fenster, lichte Räume, aber gut beschirmte Eingangslaube.

Fritz Mathys installiert seine Spezialpresse – man muss sich zu helfen wissen.

Frieda Mathys giesst sorgfältig die frische Abendmilch in die Gebse zum Kühlen und Aufrahmen.

Besatz
12 Kühe, 5 Rinder, 3 Kälber

Personen

Funktion	Person	Telefon
Bewirtschafter	Martin Hehlen, Zäunegg, 3753 Oey	033 681 13 30
Käser + Sennen	Fritz und Frieda Mathys, Hegen, 4952 Eriswil	

Der Bewirtschafter selbst ist meist nicht auf der Alp.

Gebäude
Das Alpgebäude ist in Privatbesitz. Es ist in Holzmischbauweise erstellt, trägt ein Satteldach und ist datiert 1860 von Zimmermeister Anneler (?; alle Inschriften sind nur z. T. lesbar, weil durch das Vordach verdeckt). Hinter dem einfachen Wohnteil zwei einfache Querställe.

Käserei
In der halboffenen Küche ummantelte Feuergrube mit Gasbrenner, 220 l Kessi an Holzturner, elektrischem Rührwerk und Hänge-Hebel-Presse, Betonboden und Holzwänden.

Käselager
Der Käse wird kurzfristig im Milchgaden aufbewahrt, wo es aber zu warm ist; als Käsekeller dient der in Hermanns Hütte oberhalb mit seinem guten Klima und Bankung für 150 Laibe; Abtransport im Herbst.

Produkte und Vermarktung
500–600 kg Berner Alpkäse in 90 Laiben à 5–10 kg
700 kg Alpmutschli vom Raclettetyp, nature und mit gewürztem Pfeffer oder selbst gerüstetem Schnittlauch aus Nachbars Anbau.
Passantenverkauf in erheblichem Ausmass durch Anschrift oben an der Strasse; der Rest wird im Restaurant Chessel von Beat Balmer, Zäunegg, 3753 Oey, und an Privatkundschaft vermarktet.

Besonderes zur Verarbeitung
Die Abendmilch wird in Gebsen gelagert und abgerahmt. Einsatz verschiedener Kulturen.

Besonderes zum Senntum
Bruchgehren ist eigentlich eine Voralp oder Vorweide. Erst seit kurzem ist darauf auch ein Käsekontingent ausgeschieden.

Windeln hängen ...

... aber für die Käslein, und die sollen nur reifen und nicht wachsen.

Fritz Mathys massiert die letzte Milch aus dem Euter, damit es gesund bleibt.

INNER-SEELITAL

Keine Wegweiser, dafür umso eindrücklicher und nicht überlaufen!

Blick über den Alpkessel nach SW auf Wiriehorn und Schwarzenberg, dahinter Spillgerten und Fromattgrat.

Sonnensymbol Margerite, Leucanthemum vulgare.

Gemeinde/Amtsbezirk
Diemtigen/Niedersimmental

Rechtsform/Eigentümer
Gseess ist Korporationsweide der Neuenstiftallmend-Gemeinde, Bächlen; Ansprechpartner: Arnold Mani, Brügg, 3755 Horboden. Seelital ist Privatalp von Arnold und Urs Stucki, Bächlen Beim See, 3753 Oey.

Landeskarten
1227 Niesen 1:25 000
253 Gantrisch 1:50 000

Koordinaten Referenzpunkt
Inner Seelital, 612300/163200, 1752 müM

Lage der Alp
Der Unterstafel Gseess ist ein Teil von Ausser-Neuenstift, liegt direkt unterhalb dieses Weidegebietes und oberhalb des Talbetriebes in einer mässig geneigten W-Lage auf 1420–1520 müM. Sehr weidgängiges, fruchtbares und vorwiegend gutgräsiges Weideland, ausgesprochener Vorweidecharakter. Bedeutende Heugewinnung in stafelnaher Heumatte und auf Läger. Die Alp reicht von den

obersten Waldungen bis zur Wasserscheide der Niesenkette (1700–2200 müM). Im oberen Teil steil, lawinen- und steinschlaggefährdet und nicht weidgängig, nur mit Jungvieh geatzt. Im Hauptstafel einzelne Teile steinig, mit Germer befallen, aber ausgesprochen gutgräsig.

Wege zur Alp
Mit dem PW auf der Güterstasse von Oey-Bächlen an Gseess vorbei auf Nüjestift (Parkplätze auf 1500 müM); von dort steiler Fusspfad zum Hauptstafel. Von Oey-Diemtigen (669 müM) erreicht man die Alp auf Wanderwegen und dann auf unmarkiertem Fussweg nach ca. 7 km.

Touristisches
Gseess liegt am Bergwanderweg von Bächlen auf Drunenalp und -galm. Die Alp Seelital ist touristisch nicht erschlossen; sie ist eine der typischen, steilen, steinigen, schattigen und einsamen Mulden, wie wir sie an der Niesenkette und den andern Höhenzügen im Diemtigtal finden. Nur selten führen Bergwanderwege durch solche Mulden auf Gräte und Gipfel, sie sind aber umso eindrücklicher – und nicht überlaufen!

Infrastruktur
Seelital bildet das zweistaflige Senntum 1116. Vom Ende der Güterstrasse führt ein mit Geländewagen befahrbarer Zügelweg auf die Alp; Stromversorgung durch Dieselaggregat; die Wasserversorgung der ganzen Alp ist gewährleistet.

Bestossung
Gseess 30 Tage (Ende Mai bis Ende Juni)
Seelital 70 Tage (Ende Juni bis Anfang September)
Gseess 30 Tage (Anfang September bis Anfang Oktober)
Gesamte Alpzeit: 27 Stösse in 130 Tagen: 35 Normalstösse

Weideflächen
Total 69 ha: 56 ha Weideland, 2 ha Waldweide, 7 ha Wildheu, 4 ha Heueinschlag

Besonderes zur Alp
Seit 2000 gehört die Alp Ausser Seelital, die bisher in Pacht gehalten wurde, denselben Eigentümern und dient als Jungviehweide. Sie ist in Flächen und Bestossung nicht mitgerechnet.

Fleisssymbol Ameisen.

Ordnungssymbol Löffelbord an der Wand.

Inner-Seelital

SENNTUM 1116

Die Hütte von W: mächtige Substruktionen und fensterreiche, helle Front, Offenheit.

Die offene Treppe über der Käse- und Kochecke führt ins Gadengeschoss.

Theresa Burren ist stolz auf die Alpkäse, die sie zusammen mit Arnold Stucki gemacht hat.

Besatz
11 Kühe, 22 Rinder, 13 Kälber, 11 Ziegen, 5 Schweine

Personen

Funktion	Person	Telefon
Bewirtschafter	Urs Stucki, Bächlen, Beim See, 3753 Oey	033 681 13 27
Käser	Arnold Stucki, Bächlen See 3753 Oey	033 681 13 27
Zusennerin	Theresa Burren 3000 Bern	

Telefon auf der Alp 033 681 26 54

Gebäude
Auf Gseess eine alte, 1962 sanierte Holzhütte mit Wohnteil und zwei Doppelquerställen. Auf Seelital sehr breite Hütte von 1970, Fleckenblock im Wohnteil und Ständerbau hinten mit zwei Doppelquerställen, läges Satteldach mit Gerschilden, Zugangslaube auf hohen Pfeilern. Die alte, oberhalb gelegene Hütte dient Hans Stucki als Ferienhaus und enthält den Ziegenlaufstall.

Käserei
In der geschlossenen Küche eine ummantelte Feuergrube mit 140 l Kessi an Deckenschiene, elektrischem Rührwerk, Presslad mit Schwarstein und Ladstecken; Boden aus Holz und Beton, Wände aus Holz und Mauerwerk; auf Gseess wird nicht gekäst.

Käselager
Keller unter der Hütte mit gutem, etwas kühlem Klima, wenig Luftumwälzung und Bankung für 50 Laibe; Abtransport nach Bedarf.

Produkte und Vermarktung
700 kg Berner Alpkäse; 50 kg Alpraclette, Formaggini, Kräuterfrischkäse, Ziegenkäse aus reiner Ziegenmilch, Alpbutter. Verkauf an Privatkundschaft; zusammen mit den Familien Erb und Reber bedienen Stuckis jeden Samstag den Münstergassmarkt in Bern mit ihren Bio-Alpprodukten (zum oben Angeführten kommen noch Trockenfleisch und verschiedene Trockenwürste aus Rind-, Schweine- und Ziegenfleisch).

Besonderes zur Verarbeitung
Die Abendmilch wird in Gebsen gelagert und nur teilweise abgerahmt.

Besonderes zum Senntum
Seelital ist zusammen mit dem Heimbetrieb Ausser Bächlen seit 1998 ein Bio-Knospen-Betrieb.

Im NW türmen sich Wolken über dem Stockhorngebiet.

Urs Stucki präsentiert einen feinen Alpkäse an der schön vergitterten Tür zum Keller.

Arnold Stucki verabreicht seinen Alpkäsen die notwendigen Streicheleinheiten.

SCHWARZEN-BERG

Aus den Weiden schaut kaum ein Stein hervor

Schwarzenberg vom Toobefärrich aus: der Berg und wunderbar davor die Alp.

Das ursprüngliche Chälberstelli als Begrenzung der Restaurantterrasse mit Unabdingbarem: Berner Wanderwegweiser, Tränkebrunnen, Lattenzaun und das bepflanzte Schutzpfänni.

Gemeinde/Amtsbezirk
Diemtigen/Niedersimmental

Rechtsform/Eigentümer
Privatalp von Ruth und Arnold Mani, Riedli, 3756 Zwischenflüh

Landeskarten
1227 Niesen 1:25 000
253 Gantrisch 1:50 000

Koordinaten Referenzpunkt
Schwarzenberg, 608100/160900, 1485 müM

Lage der Alp
Schwarzenberg ist eine Sattellage an der S-Schulter des gleichnamigen Berges auf 1400–1540 müM, weidgängig und heute kleereich, aber windexponiert; eine der schönsten Alpen, besonders weil kaum ein Stein hervorschaut!

Wege zur Alp
Mit dem PW von der Simmentalstrasse ins Diemtigtal abzweigen und bei Zwischenflüh die Abzweigung nach links bis zur Alp. Zum Ausgangspunkt Riedli (988 müM)

des Wanderweges gelangt man mit dem PW (Parkplatz an der Talstation der Bergbahnen) oder mit dem Postauto ab der Bahnstation Oey-Diemtigen. Ab Riedli mit der Bergbahn Nüegg (1418 müM) ganz in die Nähe der Alp. Zu Fuss: mit dem Postauto von der Bahnstation Oey-Diemtigen bis Horboden (815 müM), Entschwil (1087 müM), Riedli (988 müM) oder Zwischenflüh (1041 müM) und von dort auf Wanderwegen in 1 bis 2 Stunden zur Alp (Wanderführer 3094, Route 38 mit Varianten).

Touristisches
Schwarzenberg ist die Nachbaralp zu Röstenschwend, sie liegt unweit der Mittelstation Nüegg der Wiriehornbahnen AG, am Anstieg zum Rundweg um das Wiriehorn und am Rundweg um den Schwarzenberg selbst, der von Entschwil (1087 müM) ausgeht. Beide Rundwege sind sehr abwechslungsreich und geben verschiedenste Einblicke in Geologie, Flora und auch Fauna dieses Gebietes. Schwarzenberg ist ein Bergrestaurant mit Älpler-Zmorge an jedem Sonntag (für Gruppen bitte Voranmeldung!), 1.-August-Brunch und grossem ganztägigem Bergfest am ersten August-Sonntag nach dem Nationalfeiertag.

Infrastruktur
Einstafliges Senntum 1114. Güterstrasse von Zwischenflüh her bis zur Alp; innerhalb der Alp verschiedene Güterwege; Stromversorgung ab Netz der BKW; gute Quellwasserversorgung.

Bestossung
32 Stösse in 140 Tagen (Ende Mai bis Anfang Oktober): 44 Normalstösse

Weideflächen
Total 37 ha: 35 ha Weideland, 2 ha Heueinschlag

Besonderes zur Alp
Der frühere Unterstafel Eggweid gehört seit 1990 nicht mehr zur Alp.
Die Erschliessung der Alp ist mit dem Bau der Wiriehornbahnen AG in vollem Ausmass erfolgt. Lasten und Nutzen eines Tourismusbetriebes sind spür- und sichtbar.

Pergola über dem Terrassenrestaurant, blumengeschmückt.

Was da nicht alles geboten wird, und erst noch aus eigener Produktion!

Schwarzenberg

SENNTUM 1114

Gebäudegruppe und Bergrestaurant Schwarzenberg von S.

Blumenschmuck auch im Gwätt des Fleckenblockbaus auf dem Bruchsteinmauersims.

Unter Deckel und Ladstecken ruhen und werden die neuen Alpkäse – mmmh!

Besatz
20 Kühe, 6 Rinder, 6 Kälber, 1 Stier, 5 Ziegen, 1 Pferd

Personen

Funktion	Person	Telefon
Bewirtschafter	Arnold Mani, Riedli, 3756 Zwischenflüh	033 684 13 32
Käser	Ruth und Arnold Mani	
Personal	Michaela Mani (Tochter) Annamarie Häfele, Gossau	

Telefon auf der Alp   033 684 13 97

Gebäude
Die Schwarzenberghütte ist ein geräumiger guter Holzbau von 1865, Fleckenblock im EG und Ständerbau im OG, mit geräumigem Wohnteil, der heute teilweise als Gaststube dient; zwei Doppelquerställe; Kälberstall gleich daneben.

Käserei
In der geräumigen, geschlossenen Küche, die zur Hälfte sauber als Restaurantküche abgetrennt ist, ummantelte Feuergrube, 250 l Kessi an Deckenschiene, elektrisches

Rührwerk, Presslad mit Schwarstein und Ladstecken sowie Betonboden und Wände aus verputztem Mauerwerk.

Käselager
Keller im unterirdischen Anbau und unter der Hütte, mit teils Beton-, teils Naturboden, gutem Klima und Bankung für 100 Laibe; Abtransport erst im Herbst.

Produkte und Vermarktung
700 kg Berner Alpkäse in 70 Laiben à 7–15 kg
(100 kg) Alpmutschli, (100 kg) Ziegenkäse
Verkauf der Alpprodukte an Passanten und Privatkundschaft sowie im eigenen Bergrestaurant «Schwarzenberg».

Besonderes zur Verarbeitung
Die Abendmilch wird in Kannen im Brunnen oder im Eiswasserbassin gelagert und nicht abgerahmt (glattfeiss verkäst).

Besonderes zum Senntum
Das Bergrestaurant betreibt vor der Hütte eine rustikale und nett dekorierte Gartenwirtschaft in angenehmster Umgebung.

Hier im Keller reifen sie weiter, fleissig gepflegt von kundiger Hand.

Zwinkernden Auges hat der Fotograf unter dem Nebel durch nochmals abgedrückt.

Michaela eingerahmt von ihren Eltern Arnold und Ruth Mani.

RÖSTENSCHWEND

Skiliftmasten erinnern an Jahreszeiten mit grösserer Frequenz

Von der Alp Bütschi schweift der Blick über die ins Diemtigtal abfallenden Bergrücken der Niesenkette: in natürlichen Runsen und künstlichen Wegschneisen liegen noch Schneereste.

Die Alpwirtschaft ist eine Baustelle: neue Alphütte im Unterstafel Röstenschwend.

Gemeinde/Amtsbezirk
Diemtigen/Niedersimmental

Rechtsform/Eigentümer
Genossenschaftsalp der Winterungsallmendberechtigten der Bäuert Entschwil, welche die Alp auch bewirtschaftet; Allmendvogt: Felix Stucki-Beyeler, Rösti/Entschwil, 3755 Horboden

Landeskarten
1227 Niesen 1:25 000
253 Gautrisch 1:50 000

Koordinaten Referenzpunkt
Röschtenschwend, 607800/161200, 1371 müM

Lage der Alp
Röstenschwend liegt am W-Hang des markanten Schwarzenberges in NW-Lage, auf tiefgründigem und fruchtbarem Boden in 1210–1630 müM; im N-Teil ziemlich steiler Hang; im Ganzen eine grossflächige Flanke.
Bütschi (Koord. 607700/158000, 1939) ist Oberstafel und liegt N des Keibihorns mit N-Exposition auf einer Gebirgsterrasse in grosser Mulde auf 1790–2200 müM. Welliges

Terrain mit Felskuppen und Runsen, steilen Bördern und terrassenförmigen Mulden, sehr wechselvoll. Kräuterreiche gute Flora, Hochalpencharakter. Zu Beginn der Alpzeit sei Bütschi ⅓ Schnee, ⅓ aper und ⅓ Gras.

Zur Alp

Mit dem PW von der Simmentalstrasse ins Diemtigtal und bei Zwischenflüh nach links zum Unterstafel. Zum Ausgangspunkt Riedli (988 müM) des Wanderweges gelangt man mit dem PW (Parkplatz an der Talstation) oder mit dem Postauto ab Oey-Diemtigen. Ab Riedli mit der Bergbahn Nüegg (1418 müM) in die Nähe von Röstenschwend; ab Riedli führen auch Wanderwege auf Röstenschwend (ca. anderthalb Stunden) und Bergwanderwege zum Oberstafel Bütschi (zusätzlich 2 Stunden). Zu Fuss: mit dem Postauto von Oey-Diemtigen bis Horboden (815 müM), Entschwil (1087 müM) oder Zwischenflüh (1041 müM) und von dort auf Wanderwegen in 1 bis 2 Stunden zur Alp (Wanderführer 3094, Route 38).

Touristisches

Röstenschwend liegt im Bereich der Wiriehornbahnen AG (Skigebiet) und zwar am Rundweg um den Schwarzenberg und in der Nähe desjenigen um das Wiriehorn, der auch in die Geländemulde des Oberstafels Bütschi führt. Gondelbahn und Skilifte berühren und kreuzen die Weiden von Röstenschwend (Wanderführer 3094, Route 38).

Infrastruktur

Zweistafliges Senntum 1104. Der Unterstafel ist von zwei Seiten her mit Güterstrassen erschlossen, der Oberstafel seit 2001 mit einer Güterstrasse über Ramsen–Mettekberg; Stromversorgung mit Dieselgenerator; gute Wasserversorgung mit einer 2700 m langen Leitung.

Bestossung

Röstischwand: 21 Tage (Anfang Juni bis Ende Juni)
Bütschi: 60 Tage (Ende Juni bis Ende August)
Röstischwand: 35 Tage (Ende August bis Ende September)
Gesamte Alpzeit: 70 Stösse in 116 Tagen: 81 Normalstösse

Auch die Berner Wanderwege kennen den Weg vom Unterstafel Röstenschwend zum Oberstafel Bütschi: 2 Std. – mit Vieh etwas länger.

Trockenstandort klein aber fein: wohl keine Direktzahlung für diese Fläche.

Weideflächen

Total 161 ha: 148 ha Weideland, 12 ha Wildheu, 1 ha Heueinschlag

Röstenschwend-Bütschi

SENNTUM 1104

Die mächtige Stallscheune auf Bütschi: ein schönes Vollwalmdach (Vierschildhütte) und ein Querfirstbau mit Krüppelwalm, das Ganze auf solidem Bruchsteinmauerwerk.

Käsekessi in Ruheposition, gut durchlüftet über der offenen Feuergrube auf Röstenschwend.

Susanne Wissler formt Ankenballen; bei dieser Hitze kein leichtes Unterfangen, Support wird geleistet.

Besatz
30 Kühe, 72 Rinder, 8 Kälber, 2 Pferde, 10 Schweine

Personen

Funktion	Person	Telefon
Bewirtschafter	Felix Stucki-Beyeler, Allmendvogt Rösti/Entschwil 3755 Horboden	033 684 14 55
Käser (ab 2002)	Jakob Bachmann-Neuenschwander Enzenriedweg 4 3612 Steffisburg	033 442 22 32

Im 2001 waren noch Christoph und Susanne Wissler-Wiedmer als Käser tätig.

Telefon auf der Alp   033 681 16 45

Gebäude
Röstenschwend: 2 Sennhütten – eine davon von 1940, gut platziert und zweckmässig – und 3 Ställe sind noch im Gebrauch (alle Gebäude in Privatbesitz); 2001 neue Sennhütte mit zentraler Käserei und geräumigem Käsekeller. Auf Bütschi steht eine separate Sennhütte von 1870 aus Arven- und Lärchenholz unter Satteldach mit Gerschilden; ein Schattstall mit zwei Doppellängsställen und zwei Doppelquerställen ist Eigentum der Allmend.

Käserei

Auf Röstenschwend in offener Küche eine offene Feuergrube mit 360 l Kessi an Holzturner, elektrischem Rührwerk, Presslad mit Schwarstein und Ladstecken, Naturboden und Holzwänden. Auf Bütschi in der offenen Küche eine ummantelte Feuergrube mit 225 l Kessi an Balkenschiene, elektrischem Rührwerk, Zementboden und Wänden aus Hartplatten; beidenorts Presslad mit Schwarstein und Ladstecken.

Käselager

Auf Bütschi Keller unter der Hütte mit gutem Klima und Platz für 70 Laibe, Abtransport im Herbst; auf Röstenschwend gibt es heute noch keine Keller; der Käse wird täglich in den Keller im Talbetrieb gebracht.

Produkte und Vermarktung

2200 kg Berner Alpkäse in 195 Laiben à 8–15 kg Alpmutschli. Auf beiden Stafeln gibt es nur wenig Passantenverkauf; der Käse wird an die Alpansprecher verteilt und von diesen an Privatkundschaft verkauft; die Alpprodukte werden angeboten von Irène Mani, Diemtig-Lade, Dorf 34B, 3754 Diemtigen.

Besonderes zur Verarbeitung

Die Abendmilch wird in Kannen im Brunnen gelagert; im Unterstafel wird abgerahmt, auf Bütschi wir glattfeiss gekäst, aber die halbe Milch wird zentrifugiert, der Rahm verbuttert und wie der Käse unter die Bauern verteilt.

Das Baudatum 1870 am Bund in der Laube.

Ruhe sanft und verdaue gut, dem Alpkäse wird es zum Vorteil gereichen.

Vor Wiriehorn, Schwarzenberg und dem Stockhorn geniessen ein paar Schweine das Sozialleben auf Bütschi, fast sieht man den Unterstafel.

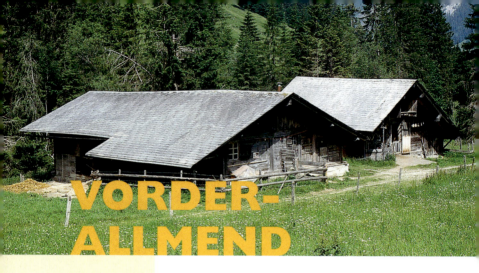

VORDER-ALLMEND

Der Blick in den Stall ist von der Strasse aus möglich

Behäbig liegen Hütte und Stall zwischen Strasse und Fildrichbach; Blick von SE.

Aromatische Kerbel oder brennende Riesenbärenklaue?

Gemeinde/Amtsbezirk
Diemtigen/Niedersimmental

Rechtsform/Eigentümer
Genossenschaftsalp der Allmendgemeinde der Bäuertgemeinde Schwenden; Präsident: Hansrudolf Reber, Schlunegg, 3757 Schwenden.

Landeskarten
1247 Adelboden 1:25 000
263 Wildstrubel 1:50 000

Koordinaten Referenzpunkt
Allmi, 604550/156100, 1265 müM

Lage der Alp
Im Talgrund des Fildrichbaches N der Alp Kiley-Fildrich auf 1250–1450 müM gelegen. Vorwiegend SW-Flanke mit wenig weidgängigem Areal in den oberen Randgebieten. Kleiner NE-Hang ennet dem Bach. Im Talboden ausgesprochen weidgängig. Tiefgründiger, fruchtbarer Boden mit Ausnahme einiger Schuttkegel, die grösstenteils mit Geröll überführt sind. Vorwiegend gute Grasnarbe und windgeschützte Lage.

Wege zur Alp
Mit dem PW auf der Strasse von Oey durchs Diemtigtal bis kurz vor Grimmialp; Abzweigung nach Kiley (Chilei), dann liegen nach knapp 3 km die Alpgebäude recht unauffällig rechts an der Strasse. Zu Fuss ab Postautohaltestelle Kurheim Grimmialp (1214 müM) oder eine vorher (1174 müM) entweder an der Fildrichtalflanke oder auf der Kileystrasse 2–3 km zur Alp (Wanderführer 3094, Route 40).

Touristisches
Die Alp liegt an der Wanderroute, die als Bergwanderweg durch die Chilei, diesen riesigen, eindrücklich kahlen, steinigen Wildkessel nach W über Raufli (2323 müM) in den Kessel der Grimmi und über die Grimmifurgge (1983 müM) ins Fermeltal oder nach E auf die Männlifluh (2652 müM) oder über den Otterepass (2278 müM) nach Adelboden führt (Wanderführer 3094, Route 40).

Infrastruktur
Drei einstaflige Sennten, von denen nur 1121 verkehrstauglichen Alpkäse herstellt. Die Alp ist an der Kileystrasse gelegen; Stromversorgung durch Diselgenerator; die Wasserversorgung ist hervorragend.

Bestossung
36 Stösse in 110 Tagen (Anfang Juni bis Ende September): 39 Normalstösse

Weideflächen
33 ha Weideland

Besonderes zur Alp
Erst 1955 wurde diese Alp von Nidegg-Senggiweid (Alpen 762–105 und 762–106, Senntum 1112) abgetrennt und wird in zweckmässiger Weise seither für sich bewirtschaftet.

Schmuck: in Reih und Glied, glänzend und hell tönend, die Zügelglocken.

Fliegenpilze in Reih und Glied.

Vorzaungassenallmend
SENNTUM 1121 VON VORDERER ALLMEND

Die Hütte von SW im Abendlicht.

Im Milchgaden; in einem kleinen Gebsli Milch zum Aufrahmen.

Nun hat sie genug aufgerahmt: Alexandra Wampfler schüttet die blaue Milch ab.

Besatz
20 Kühe, 3 Rinder, 20 Kälber, 3 Ziegen

Personen

Funktion	Person	Telefon
Bewirt-schafter	Jakob Wampfler, Scheuermatte, 3757 Schwenden	033 684 17 69
Käser	Jakob Wampfler	

Ehefrau Alexandra Wampfler und die ganze Familie helfen mit, vom Talbetrieb aus die Alp zu bewirtschaften. Es wird also nicht auf der Alp übernachtet.

Gebäude
Die Gebäude sind in Privatbesitz: Sennhütte in Fleckenblock und Ständer mit Eternitschiefer-Satteldach, hinter dem Wohnteil ein Doppel- und ein einfacher Querstall und seitlich angebautes Schweineställi; daneben Schattstall für die Kühe.

Käserei
In der offenen Küche Gasbrenner und 100 l Kessi an Holzturner; gerührt wird ausschliesslich von Hand; Presslad mit Schwarstein und Ladstecken; Boden und Wände aus Holz.

Käselager
Keller im Talbetrieb Scheuermatte mit Naturboden, gutem Klima und Bankung für 50 Laibe; täglicher Abtransport dorthin.

Produkte und Vermarktung
140 kg Berner Alpkäse in 14 Laiben à 9–10 kg
Alpmutschli
Hauptsächlich Eigenbedarf, aber auch etwas Verkauf an Privatkundschaft.

Besonderes zur Verarbeitung
Die Abendmilch wird in Gebsen gelagert und abgerahmt.

Besonderes zum Senntum
Eine der Sennhütten (BVNr. 596), ist datiert 1834 mit verschiedenen Initialen, Holzmischbauweise; sie wird aber nicht mehr landwirtschaftlich genutzt.

Ob es da wohl etwas Gutes gibt?

Jakob Wampfler mit Melkaggregat vor dem Schattstall.

Kanne um Kanne wird gefüllt und in einem einfachen, praktischen System gekühlt.

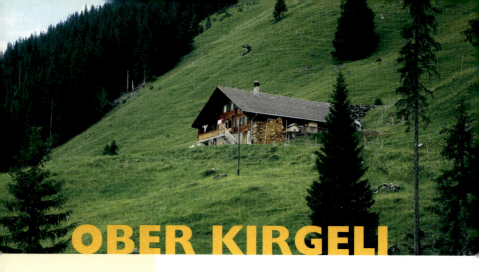

OBER KIRGELI

Eine raue Alp mit reicher Flora und führenden Gämsen im Bannbezirk

Die Hütte im Ober Chirgeli; der Blick von SW zeigt sehr schön die beschriebene Lage. Der «Abwurf» ist von der Tanne fast verdeckt.

Der Lebensquell: Wasser ist das A und O einer Alp und gibt erst noch Strom.

Gemeinde/Amtsbezirk
Niedersimmental/Diemtigen

Rechtsform/Eigentümer
Privatalp von Peter Knutti, Tiermatti, 3757 Schwenden, 033 684 14 30

Landeskarten
1247 Adelboden 1:25 000
263 Wildstrubel 1:50 000

Koordinaten Referenzpunkt
Obers Kirgeli, 605550/155450, 1622 müM

Lage der Alp
Zwischen Galm- und Kirgelischeibe gelegenes Alpgebiet mit im oberen Teil tief eingeschnittener Mulde auf 1580–2100 müM. Nach W orientiert und der Kalkregion angehörend. Oben im Jungviehstafel ausgesprochenes Lawinengebiet mit ausgedehnten Geröllhalden. Hauptstafel gleichmässige W-Flanke, weidgängig und weniger steinig. Sehr gutgräsige Alp mit einer vielfältigen Alpenflora.

Wege zur Alp
Mit dem PW von der Diemtigtalstrasse her bis zur Alp; oder mit dem Postauto bis Grimmialp (1163 und 1214 müM); von da zu Fuss, nur bis Fildrich markierter Wanderweg; von hier auf Strässchen und Wegen bis zur Alp, die nicht am markierten Wegnetz angeschlossen ist.

Touristisches
Letzte Verpflegungsmöglichkeit ist im Tal unten der Komplex Fildrich; der schmale, steile, sehr steinige Kessel führt nirgends hin und ist deshalb touristisch nicht erschlossen; ein ungesicherter Fussweg «erschliesst» die Chirgelischeibe. (Wanderführer 3094, am nächsten ins Gebiet stossen die Routen 38 und 40)

Infrastruktur
Einstafliges Senntum 1106 mit Parallelstafel für Jungvieh. Bis zum Stafel gut befahrbarer Güterweg seit 1974; innerhalb der Alp nur noch bedingt befahrbar; Stromversorgung seit 1989 durch eigenes Kraftwerk zusammen mit Unter Kirgeli; gute Wasserversorgung aus eigenen Quellen.

Bestossung
34 Stösse in 95 Tagen (Mitte Juni bis Mitte September): 32 Normalstösse

Weideflächen
Total 60 ha: 48 ha Weideland, 12 ha Wildheu

Besonderes zur Alp
Auf der zugehörigen, aber in Fläche und Normalstössen nicht eingerechneten, Schafalp sömmern 164 Schafe. Betriebszweiggemeinschaft mit Sohn Ernst Knutti auf Alp Schopfen (604700/157400, 1575), die entsprechend die gleiche Senntennummer trägt!

Denen gefällts; die Weide gibt was her, und dann geben auch sie was her.

Blick über den Abwurf aufs Dach der Hütte (vgl. Gebäude)

Kirgeli

SENNTUM 1106

Besatz
8 Kühe, 31 Rinder, 7 Kälber, 6 Schweine, 7 Ziegen

Personen

Funktion	Person	Telefon
Bewirt-schafter	Peter Knutti, Tiermatti, 3757 Schwenden	033 684 14 30
Käserin	Elisabeth Knutti	

Der Bewirtschafter besorgt vor allem den Talbetrieb.

Telefon auf der Alp   033 684 12 50

Gebäude
Sennhütte von 1974 (ZM Gebr. Reber mit Sprüchen und Datum), Fleckenblock und Satteldach mit Abwurf (Lawinenschutzkegel), einem einfachen und einem Doppelquerstall; Schattstall im Jungviehstafel.

Käserei
In der geschlossenen Küche ummantelte Feuergrube mit einem 120 l Kessi an Deckenschiene, elektrischem Rührwerk und Spindelpresse; Boden geplättelt und Wände verputzt; Warmwasserversorgung durch Kochherd mit Heizschlange, die einen Boiler speist.

Die Hütte von W gesehen verdeckt den Kessel des Galtviehstafels.

Neben Wasser braucht es auch noch Holz zum Käsen, und trockenes!

Elisabeth Knutti, so ist es auf einer guten Alp.

Käselager
Keller unter der Hütte in der W-Ecke mit Naturboden; Klima etwas trocken und eher kühl, Platz für 60 Laibe, Abtransport im Herbst.

Produkte und Vermarktung
350 kg Berner Alpkäse in 35–55 Laiben à 9–12 kg
40 kg Ziegenkäse mit wenig Kuhmilchzusatz
Die Schwesteralp Schopfen hat etwas Passantenverkauf; hauptsächlich geht der Käse an Privatkundschaft ab dem Talbetrieb. Er wird angeboten im Zirkuswagen am Wanderweg im Tiermatti und im Bergrestaurant Nydegg-Stübli der Familie Rebmann, Obere Nydegg, 3757 Schwenden.

Besonderes zur Verarbeitung
Die Abendmilch wird im Tank gelagert und nicht abgerahmt, also glattfeiss verkäst.

Die ganze Presseinrichtung in schönem neuem Holz gefertigt, hygienisch akzeptiert!

Der Milchtank ist auch ein Teil der angepassten Käsereieinrichtung. Alles Gerät ist sauber aufgehängt und trocknet gut.

Der Stolz jeder Alpkäserin: ebenmässig liegen die schönen Laibe im Keller, nummeriert und markiert.

KILEY

Früher war ein Aufenthalt angeordnet, heute ist er ein Genuss

Blick vom Steibode nach NW auf die mächtige Gebäudegruppe Fildrich, ehemals zu Witzwil gehörig!

In unendlicher Frische plätschert und fliesst der junge Fildrichbach zu Tale.

Gemeinde/Amtsbezirk
Diemtigen/Niedersimmental

Rechtsform/Eigentümer
Staatsalp im Eigentum des Staates Bern; die Alp ist verpachtet an Franz Eichenberger, Barmettlen 16A, 3624 Schwendibach

Landeskarten
1247 Adelboden 1:25 000
263 Wildstrubel 1:50 000

Koordinaten Referenzpunkt
Fildrich, 604950/154850, 1353 müM

Lage der Alp
Grösste Alp der Gemeinde im Kessel des Fildrichbaches auf 1320–2400 müM zwischen Männlifluh und Rauflihorn, NW-exponiert, mit lawinengefährdeter NE-Flanke am Türmlihorn; unten geschützt und früh weidgängig; die felsige linke Talseite «Fermel» ist Schafalp; Oberstafel Oberberg/Obertal (Koord. 607050/154050, 1926) ist eine SW-orientierte Mulde (durch Mittelberg von Hauptstafel getrennt) mit Hochalpcharakter, gutgräsig.

Wege zur Alp
Von der Simmentalstrasse Abzweigung ins Diemtigtal; kurz vor dem Kurhaus Grimmialp Abzweigung links nach Kiley bis zum Unterstafel. Zu Fuss: ab Station Oey-Diemtigen mit dem Postautokurs bis Grimmialp oder irgend eine Haltestelle unterwegs; ab Grimmialp (1214 müM) eine der Wanderweg-Varianten, eine gute Stunde bis zur Alp (Wanderführer 3094, Route 40).

Touristisches
Bergweg Männlifluh (2652 müM); über den Otternpass (2278 müM) nach Adelboden; nach W über die Alp Nessli und das Rauflihorn auf die Grimmifurgge und entweder Abstieg über die Grimmialp oder ins Färmeltal und nach Matten ins Obersimmental (Wanderführer 3094, Route 19, 20 und 40).

Infrastruktur
Zweistafliges Senntum 1105, mehrfach unterzäunt; Vorder Fildrich ist als Jahresbetrieb ausgebaut und wird hier nicht mitgezählt. Der Hauptstafel ist voll erschlossen, innerhalb der Alp Güterstrassen und Materialseilbahn (1944) bis Obertal; Wasserkraftwerk von 1933 (!), Hauptstafel heute an BKW angeschlossen; auf Oberberg Dieselgenerator; ausgezeichnete Wasserversorgung mit Druckleitung ab Oberberg.

Bestossung
100 Stösse in 115 Tagen (Anfang Juni bis Ende September): 115 Normalstösse

Weideflächen
Total 405 ha: 370 ha Weideland, 5 ha Waldweide, 30 ha Wildheu

Besonderes zur Alp
In Ausbau und Bewirtschaftung ist die Alp als Staatsdomäne mit arbeitstherapeutischer Zielsetzung (Strafgefangene aus Witzwil) ein Sonderfall: Ausbau-Standard Vorder-Fildrich mit Heubelüftung aus den 1950er Jahren in einer Scheune für 140 Stück Vieh! Auch Wegbau, technische Ausrüstung, Weidepflege mit Lägermauern usw. Die Wildheuplanken werden heute nicht mehr genutzt.

Hinter Fildrich: Fritz Liebi wäscht sich peinlich genau die Stallstiefel, bevor er Käserei und Käsekeller zeigt.

So werden alpeigene Butter und Rahm kredenzt.

Kiley
SENNTUM 1105

Die massive Hütte und der Schattstall auf Oberberg mit Blick nach S auf den Drümändler.

Hier liegen die mächtigen und feinen Alpkäselaibe säuberlich aufgereiht; vorne der jüngste noch im Salzbad.

Raphael blinzelt auf Oberberg in die Morgensonne.

Besatz
30 Kühe, 6 Mutterkühe, 100 Rinder, 40 Kälber, 1 Stier, 10 Ziegen, 60 Schafe, 25 Schweine

Personen

Funktion	Person	Telefon
Pächter	Franz und Susanne Eichenberger, Barmettlen 16A, 3624 Schwendibach	033 442 20 75
Käser	Franz Eichenberger (seit 1982)	

Dazu werden 2 Angestellte beschäftigt

Telefon auf der Alp   033 684 14 20 und 033 684 13 93

Gebäude
Hinter-Fildrich (3 Gebäude): Sennhütte, Neubau 1977 als Fleckenblock inklusive die Zwischenwände, mit zwei Doppelquerställen hinter dem modernen, zweigeschossigen und geräumigen Wohnteil; Längboden: 2 Schattställe, einer von 1944; Lerchenspitz und Steinboden: drei sanierungsbedürftige Schattställe; Oberberg: Sennhütte Bruchsteinmauerwerk, im OG eternitverrandet, Eternitschiefersatteldach, und Schattstall von 1944.

Käserei
In beiden Hütten ummantelte Feuergruben und 430 l Kessi an Turner (Fildrich in geschlossener Küche; Oberberg Käseraum und Waschraum je abgetrennt!) Rührwerk elektrisch; Presswerk Fildrich: Hebelpresse, Oberberg: Presslad mit Schwarstein und Ladstecken; Betonboden; Holzwände (Fildrich), verputztes Mauerwerk (Oberberg).

Käselager
Keller nur im Fildrich im gemauerten und betonierten Hüttenfundament mit Naturboden, günstigem Klima und Bankung für 240 Laibe; Abtransport gesamthaft im Herbst.

Produkte und Vermarktung
4000 kg Berner Alpkäse & Hobelkäse in 230 Laiben à 11–20 kg; 400 kg Alpbutter; 200 kg Ziegenkäse
Verkauf an Passanten soweit vorhanden und private Stammkundschaft; Hauptabnehmer: Chr. Eicher Söhne & Cie, 3672 Oberdiessbach; Alpprodukte angeboten durch: Beat Leuthold, Käserei, 3110 Münsingen; Wirtschaft Linde, Aebersold; Inforama Schwand, 3110 Münsingen.

Auszeichnungen
5. Rang mit Auszeichnung an der 3. Berner Alpkäse-Meisterschaft 2001 Kategorie Hobelkäse.

Besonderes zur Verarbeitung
Die Abendmilch wird in Gebsen gelagert und abgerahmt. Programme AlpSano und MigrosSano.

Franz Eichenberger schiebt das Käsekessi übers Feuer: der Bruch wird gewärmt.

Die menschlichen Sinne sind zuverlässige Messinstrumente bei der Alpkäseherstellung: bald ist der Käsebruch reif.

Nun ist es soweit: Käseauszug zu zweit.

INNER-MITTELBERG

Eine gewaltiger Naturkessel mit aufgetürmten Steinpodesten

Die wunderschöne, behäbige Vierschildhütte (Vollwalmdach) von NE über die Kiley hinweg.

Die charakteristischen Lägermauern, durch steinelesende Strafgefangene während Jahrzehnten aufgeschichtet.

Gemeinde/Amtsbezirk
Diemtigen/Niedersimmental

Rechtsform/Eigentümer
Privatalp der Alpgemeinschaft Knutti seit 1908; Ansprechperson: Karl Knutti, Schlunegg, 3757 Schwenden

Landeskarten
1247 Adelboden 1:25 000
263 Wildstrubel 1:50 000

Koordinaten Referenzpunkt
Mittelberg, 606100/153700, 1721 müM

Lage der Alp
Eine gleichmässige Westflanke des Dreimännlers/Wannespitzes (1630–2200 müM) bildet den Hauptstafel; sonnig und eine frühe Lage, weidgängig mit Ausnahme der abgelegenen, lawinengefährdeten Komplexe; Kummli ist eine grosse, steile, W-orientierte Mulde, spät und stark den Lawinen unterworfen; jedoch sind beide Teile ausgesprochen gutgräsig und melkig; einzelne trockene, verborstete Teile.

Wege zur Alp
Von der Simmentalstrasse Richtung Diemtigtal und kurz vor dem Kurhaus Grimmialp nach links Kiley bis Fildrich (1353 müM); Güterstrasse bis zur Alp, ab Fildrich bewilligungspflichtig. Zu Fuss: ab Station Oey-Diemtigen (669 müM) mit dem Postautokurs bis Grimmialp oder eine Haltestelle unterwegs; ab Grimmialp (1214 müM) eine der Wanderweg-Varianten über Fildrich und auf dem alten oder neuen Weg ca. 2½ Stunden zur Alp (Wanderführer 3094, Route 40).

Touristisches
Der markierte Bergwanderweg über den Oberberg auf die Männlifluh (2652 müM) und über den Otternpass (2278 müM) nach Adelboden führt durch die Alp Mittelberg (Wanderführer 3094, Route 40).

Infrastruktur
Dreistafliges Senntum 1109, z.T. parallel geführt. Die Alp ist mit einer Güterstrasse erschlossen; Stromversorgung durch Solarzellen und Dieselgenerator; hervorragende Wasserversorgung bis in die hintersten Teile, z.T. mit Widderanlage.

Bestossung
101 Stösse in 95 Tagen (Mitte Juni bis Mitte September): 95 Normalstösse

Weideflächen
Total 122 ha: 101 ha Weideland, 7 ha Waldweide, 14 ha Wildheu

Besonderes zur Alp
Mittelberg allein ist für 60 Kuhrechte gesext, insgesamt 66 Kuhrechte; die Alp ist durch die Eigentümer gut und nach biologischen Richtlinien (RAUS, Bio-Knospen-Betrieb) bewirtschaftet. Zu den Geschichten um den Namen «Kiley», den Kileyhund und das Landvogtenhorn gibt es ein Schultheaterstück (Auskünfte durch alt Pfarrer Otto Nyffeler, Diemtigen).

Genagelte Türen: Schlüsselschilder mit ihrer Rostpatina sind typisch für Alpgebäude.

Farben und Formen bei der Herstellung von Ziegenkäse. Zusammengelesene Steine auch hier.

Mittelberg

SENNTUM 1109

Schopf und Kälberstall im Morgenlicht, nach N, die Hühner noch im Schatten.

Ein Graffito von 1869; derart haben sehr oft Älpler sich und ihre Tätigkeit verewigt – und damit auch die Hütten datieren helfen.

Karl Knutti beim Abwasch, eine der wichtigsten Tätigkeiten der Käseherstellung.

Besatz
10 Kühe, 9 Mutterkühe, 64 Rinder, 5 Kälber, 10 Ziegen, 180 Schafe, 5 Schweine

Personen

Funktion	Person	Telefon
Bewirtschafter	Karl Knutti, Schlunegg, 3757 Schwenden	033 684 11 75
Käserinnen	Elsbeth und Elisabeth Knutti	
Senn	Ueli Knutti, Schlunegg, 3757 Schwenden	033 684 15 43

Karl Knutti ist zu $1/3$ Eigentümer, zu $2/3$ Pächter seiner Vettern.

Telefon auf der Alp 033 684 14 48

Gebäude
Die grosse Sennhütte auf Mittelberg ist ein guter, geräumiger Bau von 1810, im Erdgeschoss verputztes Bruchsteinmauerwerk auf imposantem Fundament (mit Eckpfeilern), Vollwalmdach (gleicher Typ wie Ausser-Mittelberg); Wohnteil geräumig, Feuerhaus mit offenem Dachstuhl, zügig und kalt, Milchgaden mit Steinplattenboden; drei Doppelquerställe; gleich daneben Jungvieh-

stall; auf Kummli Schattstall, guter Bruchsteinmauer- und Holzbau von 1941, Doppelstall mit Lawinenpultdach; auf Bruni Schattstall, Doppelstall, guter Holzbau.

Käserei
In der offenen Küche offene Feuergrube mit 200 l Kessi an hölzernem Turner, elektrischem Rührwerk, Presslad mit Schwarstein und Ladstecken, Betonboden und Wänden aus Holz und verputztem Mauerwerk.

Käselager
Keller unter der Hütte im gemauerten Fundament mit Naturboden, gutem, etwas kühlem Klima und Bankung für 80 Laibe; Abtransport im Herbst. Der Käsekeller befand sich früher im danach genannten «Spycherboden».

Produkte und Vermarktung
600 kg Berner Alpkäse in 60 Laiben à 8–15 kg
150 kg Alpraclette, Alpmutschli, Alpbutter, 150 kg Ziegenkäse
Verkauf an Passanten soweit vorhanden und angeboten durch: Restaurant Spillgerten, Ulrich Erb, Grimmialp, 3757 Schwenden; Ernst Nussbaum, Lebensmittel, Dorfmärit, Zugimatt, 3638 Blumenstein.

Besonderes zur Verarbeitung
Die Abendmilch wird in Gebsen gelagert und abgerahmt.

Elisabeth Knutti verpackt Ankemödeli.

Still summt das elektrische Rührwerk vor sich hin, während das sanfte Feuer in der offenen Grube sprätzelnd den Käsebruch erwärmt.

Karl und Elsbeth Knutti umrahmen ihre Schwiegertochter Elisabeth.

NIDEGGALLMEND

Am Senggibach ist auch der «Grimmimutz» zu Hause

Gemeinde/Amtsbezirk
Diemtigen/Niedersimmental

Rechtsform/Eigentümer
Genossenschaftsalp der Allmendgemeinde der Bäuertgemeinde Schwenden; Allmendvogt: Peter Müller, Stadel, 3757 Schwenden

Landeskarten
1247 Adelboden 1:25 000
263 Wildstrubel 1:50 000

Koordinaten Referenzpunkt
Nidegg, 602900/156000, 1399 müM

Der Ausblick von der Nidegg nach N über Senggi, Egg, Kurheim und Tiermatti auf Meniggrat, Pfaffen und Abendberg

Der Käsekeller im Talbetrieb Hubel, in der Bankung die schönen Laibe, vorne der Salzertisch mit einem Chübeli als Pflegeböckli

Lage der Alp
Senggiweid als Unterstafel ist eine steile NW-Flanke, ennet dem Senggibach mit leicht geneigtem SE-Hang. Auf letzterem flachgründiger, trockener Schuttkegelboden; am NW-Hang tiefgründig mit schattigen Partien.
Nidegg als Oberstafel ist, mit Ausnahme der S Partien, weniger steil. Unter-Nidegg und Schwändli im S Alpteil tragen eine üppige Unkrautflora auf den Lägern und sind ein steiles Terrain N der Stafel. Im Grossen und Ganzen

hartgräsig, in der Ausweide kleereich, soweit regelmässig gedüngt wird. Höhenlage 1210–1550 müM.

Wege zur Alp
Mit dem PW bis zur Senggiweid. Zu Fuss: mit dem Postauto bis Grimmialp Kurhaus (1214 müM) und auf Bergwanderweg über den Nideggrücken bis zum Oberstafel oder auf der Strasse zum Unterstafel und auf der Güterstrasse etwas gemächlicher zur Alp, 3–4 km (Wanderführer 3094, Routen 39 und 40).

Touristisches
Dicht neben der Senggiweid Hütte liegt das idyllische Blauseeli. Unmittelbar unterhalb von Senggiweid beginnt der Erlebnispfad «Grimmimutz» für Familien mit Kindern geeignet (Prospekte und Grimmimutz-Buch). Den Bergwanderweg vom Kurhaus Grimmialp über Grimmi Furggi ins Färmeltal und nach St. Stephan führt über beide Stafel. (Wanderführer 3094, Route 19). Anstelle einer früheren Sennhütte steht das «Ski- und Ferienhaus Nidegg» von Eduard Wüthrich, Schreinerei, 3757 Schwenden (sehr geeignet für Lager aller Art). Jürg Reber empfängt gerne Gruppen in der Alphütte und gibt ihnen instruktiven Einblick in die Herstellung von Alpkäse.

Infrastruktur
Die Alp besteht aus fünf zweistafligen Sennten, von denen aber nur 1112 überhaupt für die Käseherstellung ordentlich eingerichtet ist und verkehrstauglichen Käse herstellt. Güterstrasse über den Unterstafel bis zum Oberstafel; innerhalb der Alp ergänzende Wege; Stromversorgung durch das Netz der BKW; gute bis hervorragende Wasserversorgung.

Bestossung
18 Stösse in 133 Tagen (Ende Mai bis Anfang Oktober): 23 Normalstösse; mit zweimaligem Wechsel zwischen Senggiweid und Nidegg

Weideflächen
101 ha Weideland

Die Rafen sind an den Bund herunter gebunden, damit die Fallwinde das Dach nicht abreissen.

Nidegg: Kupferkessi an der Hälechetti im Mantel der Feuergrube eingeschlossen, alles fein herausgeputzt.

Nydegg-Senggiweid
SENNTUM 1112 VON NIDEGGALLMEND

Besatz
11 Kühe, 6 Rinder, 8 Kälber

Personen

Funktion	Person	Telefon
Bewirtschafter	Bruno Reber, Hubel, 3757 Schwenden	033 684 12 67
Käser	Jürg Reber, Hubel, 3757 Schwenden	033 684 12 27

Der Unterstafel Senggiweid, eine auch der Raumanordnung nach emmentalisch anmutende Vierschildhütte noch im Talboden.

Darin das geräumige Milchgaden, alles Gerät schön zum Trocknen aufgereiht.

Jürg Reber in der weissen Käsereimütze legt auf Nidegg den jungen Alpkäse trocken und wieder unter der Presse zurecht.

Gebäude
Die «Senggihütte» ist ein guter, alter Holzmischbau (ältestes Graffito 1837) unter Vollwalmdach, unterhalten und sanft modernisiert. Der Schattstall daneben von 1975, ebenfalls ein Holzmischbau unter Satteldach mit Gerschilden und vier Doppelquerställen(!) für drei Sennten. Die Hütte auf Nidegg ist von 1901, Holzmischbauweise unter Satteldach mit engem Wohnteil nach NE, einem Doppel- und einem einfachen Längsstall sowie einem längs angebauten Kälberstall auf der NW-Seite.

Käserei
In der Senggihütte in einer riesigen durchgehenden, geschlossenen Küche (die Hütte gemahnt aus Emmental) eine ummantelte Feuergrube mit 200 l Kessi an Decken-

schiene, elektrischem Rührwerk, Spindelpresse, Betonboden und Holztäferwänden. Grosses Milchgaden mit Naturboden. Auf Nidegg ähnliche Einrichtung, aber sehr klein mit einem 120 l Kessi; das Milchgaden mit Betonboden.

Käselager
In beiden Hütten wird der Käse nur im Milchgaden zwischengelagert und täglich in den guten Keller im Talbetrieb Hubel gebracht, wo Bankung für 70 Laibe besteht.

Produkte und Vermarktung
900 kg Berner Alpkäse in 100 Laiben à 8–10 kg
150 kg Alpraclette
Auf beiden Stafeln beachtlicher Verkauf an Passanten; die Bio-Alpprodukte werden auch angeboten im Restaurant «Spillgerten», Ulrich Erb, 3757 Schwenden, und im Ski- und Ferienhaus Nidegg von Eduard Wüthrich, Schreinerei, 3757 Schwenden.

Besonderes zur Verarbeitung
Die Abendmilch wird in Gebsen gelagert und nur teilweise abgerahmt. Die Schotte wird zur Schweinemast an die Nachbarn abgegeben. Teilweise wird Milch von Nachbarsennten im Auftrag verkäst.

Besonderes zum Senntum
Die Küche in der Senggihütte war für ein viel grösseres Senntum eingerichtet, mit einer enormen Feuergrube, die dann unterteilt wurde. Beide Stafel werden vom Talbetrieb aus bewirtschaftet, d.h. man schläft nicht mehr auf der Alp. Die Familie Reber bewirtschaftet einen Bio-Knospen-Betrieb und somit tragen auch die Alpprodukte seit 3 Jahren die Bio-Knospe.

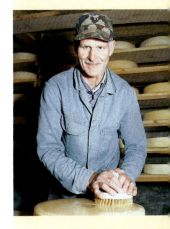

Jürg Reber, diesmal in der Kellermütze bei der Käsepflege im Hubel.

Der Wohnteil der Nidegg-Hütte von NE; dahinter die Flühe zu Seehorn und Fromattgrat.

GRIMMI

Das rote Bachbett weist auf Schwefel hin – wann wird die Heilquelle wieder genutzt?

Blick über die Grimmi-Hütte (mit Abwurf) nach E in den tiefen, dunklen, unwegsamen Senggigraben.

Nach SW sieht man in die Wand von Rothorn und Chalberhöri.

Gemeinde/Amtsbezirk
Diemtigen/Niedersimmental

Rechtsform/Eigentümer
Privatalp von: Jakob Erb; Ernst Erb; Hannelore Erb, alle in 3757 Schwenden, und Martha Erb, Boden, 3632 Niederstocken, zu je einem Viertel; Jakob Erb hat zudem die zwei Viertel von Hannelore und Martha Erb in Pacht.

Landeskarten
1247 Adelboden 1:25 000
263 Wildstrubel 1:50 000

Koordinaten Referenzpunkt
Grimmi, 602750/154750, 1740 müM

Lage der Alp
Der Unterstafel Stock ist landwirtschaftliche Nutzfläche (LN) und liegt auf der N Krete von Nidegg mit tiefgründigem, fruchtbarem Boden und etwas harter, borstiger Grasnarbe auf 1270–1410 müM; weidgängiges und gut gedüngtes Terrain. Grimmi ist nach N orientiert, eine sanfte Mulde, die sich in drei Teilstafel trennt, ist weidgängig und mit guter Grasnarbe bedeckt (1650–2180 müM).

Wege zur Alp
Mit dem PW durchs Diemtigtal über Grimmialp Kurheim befahrbar (ab Senggi/Blauseeli bewilligungspflichtig) bis Nideggwald, Parkplatz bei der Transportseilbahn (1420 müM); zu Fuss: von der Postautohaltestelle Kurheim Grimmialp (1214 müM) Wander- und Bergwanderweg bis zur Alp.

Touristisches
Sowohl Stock wie Grimmi liegen am Bergwanderweg vom Kurheim Grimmialp (1214 müM) über Grimmi Furggi (1983 müM) ins Fermeltal. Von der Alp weg ein recht wilder Aufstieg, insgesamt die fast 800 m Steigung auf 6–7 km verteilt. Auf Grimmi wird eine nett eingerichtete Bergwirtschaft betrieben, die am Bergwanderweg aufs Rauflihorn und am Skiaufstieg manchem zu statten kommt (Wanderführer 3094 zeigt leider nur Routen auf der Färmeltalseite). Ende Juli wird jeweils an einem Wochenende der Grimmi Dorfet abgehalten mit viel anregendem Betrieb.

Infrastruktur
Grimmi bildet das zweistaflige Senntum 1102; die Gabelweide gehört auch dazu; deren Hütte wird von Ernst Erb genutzt. Güterstrasse bis Nideggwald; von dort Transportseilbahn zur Alp und nur noch Güter- und Jeepweg; Stromversorgung durch Dieselgenerator; Wasserversorgung auf Grimmi gut, auf Stock nicht trockensicher.

Bestossung
Stock 14 Tage (Anfang Juni bis Ende Juni)
Grimmi 85 Tage (Ende Juni bis Mitte September)
Stock 20 Tage (Mitte September bis Anfang Oktober)
gesamte Alpzeit: 50 Stösse in 119 Tagen: 59 Normalstösse

Weideflächen
Total 113 ha: 105 ha Weideland, 8 ha Wildheu

Besonderes zur Alp
Von den 85 Tagen auf Grimmi verbringen alle Tiere 20 Tage auf dem obersten Teilstafel Stand; das Wildheu wird heute nicht mehr eingebracht.
Der Flur- und Alpname «Grimmi» tritt im Diemtigtal hinten sehr häufig auf.

Einfache Verkaufsanschrift…

…und saubere, attraktive Präsentation der Alpbutter in einer Holzgebse.

Grimmialp
SENNTUM 1102

Die vielgestaltige Alphüttenfront gegen das Chalberhöri.

Über den Abwurf und das Dach blickt man nach NE über den Unterstafel Stock hinweg ans Tierlaufhorn; hinten links guckt das Stockhorn über den Abendberg.

Jakob Erb im angefüllten Käsekeller mit einem mächtigen Laib Alpkäse – zwei Prachtskerle.

Besatz
12 Kühe, 44 Rinder, 7 Kälber, 12 Ziegen, 1 Ziegenbock, 7 Schweine

Personen

Funktion	Person	Telefon
Bewirtschafter	Ernst Erb, Eggen, 3757 Schwenden	033 684 15 39
Bewirtschafter	Jakob Erb, Grunholz, 3757 Schwenden	033 684 15 48
Käser	Jakob Erb	
Wirtin	Ida Erb	

Gebäude
Die Sennhütte auf Grimmi ist an eine Geländerippe heran gebaut, die zum Abwurf ausgestaltet wurde; Holzmischbau unter Satteldach mit Gerschild (geschnitzte Inschrift «1943») mit zwei Doppelquerställen und Windfang zum geräumigen, zeitgemässen Wohnteil; daneben Schweineställchen und Holzschopf, der sommers zur Bergwirtschaft gehört; auf Stand stehen zwei Schattställe. Auf Gabelweide ein älterer Schattstall mit drei Lägern; auf Stock guter Schattstall mit zwei Doppel- und einem einfachen Stall.

Käserei
In der geschlossenen Küche offene Feuergrube mit Chemihutte, 200 l Kessi an Holzturner; im Kessi wird ausschliesslich von Hand gerührt; Presslad mit Schwarstein und Ladstecken; Novilon Boden, Wände aus Holz.

Käselager
Der Keller befindet sich in der E-Ecke unter der Stube, ist im Klima sehr gut und bietet Platz für 66 Laibe, die alle im Herbst abtransportiert werden.

Produkte und Vermarktung
750 kg Berner Alpkäse in 65 Laiben à 10–15 kg; 200 kg Alpbutter, 300 kg Ziegenkäse aus reiner Ziegenmilch
Viel Verkauf an Passanten bei gutem Wetter; ab dem Talbetrieb Verkauf an Privatkundschaft; der Grimmialpkäse wird angeboten von: Ernst Nussbaum, Dorfmärit, Zugimatt, 3638 Blumenstein, und Dorfmärit, Kreuzgasse 35, 3665 Wattenwil; Ziegenkäse wird auf verschiedenen Märkten angeboten durch Ueli Pfister, 3662 Seftigen.

Besonderes zur Verarbeitung
Die Abendmilch wird in Gebsen gelagert und abgerahmt. Die Milch vom Unterstafel Stock wird ins Tal abgeliefert; während den 20 Tagen auf Stand wird die Milch auf Grimmi hinunter gefahren und dort verkäst.

Das schmucke Schöpfli der Bergwirtschaft lädt zum Verweilen ein; Produkte wie oben.

Bendicht Erb kommt eben von der Gabelweide herüber.

Aufgeräumt, abgewaschen und zum Trocknen aufgestellt – das Warten auf die nächste Runde.

VOM PFAFFEN ZUM SEEHORN

1	Tschuggen		(296–299)
2	A Rinderalp		(300–303)
	B Abendberg		(304–305)
3	Vordertärfeten		(306–309)
4	A Hintertärfeten		(310–313)
	B Schwarzmoos		(314–315)
5	Schwalmfluh		(316–319)
6	Bunfall		(320–323)
7	Vorholzallmend		(324–327)
8	Längmatte-Strick		(328–331)
9	Vordermänigen		(332–335)
10	A + B Hintermänigen	(2 Sennten)	(336–341)
11	Seeberg	(2 Sennten)	(342–347)
12	Gestelenberg	(3 Sennten)	(348–355)
13	Stierenberg		(356–359)

NÄCHSTE DOPPELSEITE:
Bizarre Felsformationen am Stand oberhalb Seeberg. Über dem Turnen und dem Abendberg im Hintergrund türmen sich wunderbare Cumulus-Wolken.
Aufnahmestandort 601520/159780, 1930 müM

TSCHUGGEN

Jede Teilherde kommt von der gemeinsamen Weide selbständig in ihren Stall zurück

Überblick über die Tschuggenalp von E; früher, als es noch rechte Winter gab ein bekanntes Schul- und Clublagergelände, wie die hinten knapp sichtbaren Feldmöser.

Ob die Wald-Erdbeeren (Fragaria vesca) in der Weide zum exquisiten Geschmack des Alpkäses beitragen?

Gemeinde/Amtsbezirk
Diemtigen/Niedersimmental

Rechtsform/Eigentümer
Genossenschaftsalp der Winterungsallmendberechtigten der Bäuertgemeinde Diemtigen; Allmendvögte: Niklaus Stucki, Bergli und Peter Spring, Mühlhalti beide 3754 Diemtigen.

Landeskarten
1227 Niesen (1:25000)
253 Gantrisch (1:50000)

Koordinaten Referenzpunkt
Tschuggen, 608050/165050, 1350 müM

Lage der Alp
Tschuggen ist sehr weidgängig, mit tiefgründigem, naturtrockenem, fruchtbarem Boden und kleereichem gutem Futterbestand durch zweckmässige Düngung; sonnig und frühzeitig bestossen auf 1170–1480 müM.

Wege zur Alp
Tschuggen ist mit dem PW über Diemtigen (809 müM)

und Diemtigbergli (996 müM, von hier weg bewilligungspflichtig) erreichbar; zu Fuss: von den Stationen der Simmentalbahn und einigen Postautohaltestelle des Diemtigtals führen Wander- und Bergwanderwege in 1½ bis 2 Stunden zur Alp (Wanderführer 3094, Route 37).

Touristisches
Auf Tschuggen führt Daniel Reber in der «Reberhütte» einen kleinen Restaurationsbetrieb mit Übernachtungsmöglichkeiten. Tschuggen und Feldmöser waren früher ein bekanntes Skilagergebiet für Schulen und Vereine. Über einen steilen Felsensteig erreicht man auf Bergwanderwegen im Gebiet Turnen-Pfaffen schön gelegene Alpen und Aussichtspunkte, (vgl. auch Rinderalp). Weiter führen Höhenwanderwege ins Obersimmental (Wanderführer 3094, Route 37).

Infrastruktur
Auf allen neun einstafligen Sennten der Alp wird für den Eigenbedarf gekäst, nur das Senntum 1117 stellt verkehrstauglichen Alpkäse her. Die Alp ist mit einer Güterstrasse voll erschlossen und innerhalb der Alp durch Strässchen und gute Wege mit allen Fahrzeugen befahrbar; Stromversorgung durch Dieselaggregate; ausgezeichnete Wasserversorgung aus eigenen trockensicheren Quellen.

Bestossung
123 Stösse in 125 Tagen (Ende Mai bis Anfang Oktober): 153 Normalstösse

Weideflächen
122 ha Weideland

Besonderes zur Alp
Die Kühe laufen alle auf der gleichen, gesamthaften Weide; aber jede Senntumsherde in einer bestimmten Ecke, und nur dort, und kommt immer selbständig in ihren Stall zurück. Auch die modern organisierte Korporation funktioniert gut. Frächen gehört eigentlich zur Tschuggenalp, ist aber ausgezäunt und eine selbstständige Einheit. Tschuggen ist für 103 Kuhrechte geseyt, die 1442 Füssen entsprechen also 14 Füssen pro Kuhrecht! Eine stärkere Bestossung ist durch die Bodenverbesserungen der letzten Jahre aber möglich geworden.

Die Milchsammelstelle der Alp, nur Milchströme fliessen, kein elektrischer Strom; trotzdem funktioniert sie so gut, dass nur noch wenig Milch verkäst wird.

Die heimelige Stube mit Blick hinüber zum Tschuggenwald, hier unter der Petrollampe lässt sich sein.

Tschuggen
SENNTEN 1117

Die Hütte des Senntums von N; hier kaum sichtbar ist die Verschiebung der Symmetrie durch einen Anbau.

Holzlöffel und Holzchübelli in schöner, uralter Ordnung an der Wand – luftgetrocknet und deshalb hygienisch.

Ein alter, aber funktionstüchtiger Chunscht (Kochherd), schön getrennt von der Käserei.

Besatz
21 Kühe, 4 Kälber

Personen

Funktion	Person	Telefon
Bewirtschafter	Veronika und Daniel Wiedmer, Emmit, 3754 Diemtigen	033 681 29 38
Käser	Daniel Wiedmer	
Käserin	Marlene Klossner, 3754 Diemtigen	
Zusennerin	Anita Mani, 3755 Entschwil	

Gebäude
Das Gebäude ist in Privatbesitz des Bewirtschafters. Der unter der früheren Firstpfette mit 1787 (Z.M.N.K.) datierten Sennhütte in Fleckenblock wurde 1970 im E eine Stube angefügt und dadurch die Mitte verschoben (interessante Baunähte); hinter dem Wohnteil ein Doppelquerstall und ein einfacher Kälberstall.

Käserei
In der geschlossenen Küche dreiseitig ummauerte Feuergrube, in den Kamin übergehend; die Öffnung zum Einfahren des 150 l Kessis an einer Deckenschiene kann in der oberen Hälfte durch eine Metallplatte verschlossen werden, der eigentliche Feuerraum unten bleibt offen; es wird ausschliesslich von Hand gerührt; Presslad mit Schwarstein und Ladstecken; Betonboden und Wände aus Holz und Mauerwerk.

Käselager
Keller unter der Hütte in der NE-Ecke mit Betonwänden und Naturboden, vernünftigem Klima und Bankung für 50 Laibe; Abtransport im Herbst.

Produkte und Vermarktung
250 kg Berner Alpkäse in 25 Laiben à 8–11 kg
Hauptsächlich Eigenverbrauch und Verkauf an Privatkundschaft. Eine Zusammenarbeit zwischen verschiedenen Bergbauern ist vorgesehen.

Besonderes zur Verarbeitung
Die Abendmilch wird in Gebsen gelagert und abgerahmt. Zeitweise wird die Milch an die Sammelstelle abgegeben. Diese wird ohne elektronischen Strom betrieben; die Milch wird alle zwei Tage abgeholt.

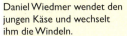

Daniel Wiedmer wendet den jungen Käse und wechselt ihm die Windeln.

Das Käsekessi an einer Hälechetti in der einzigartigen Feuergrube.

Das säuberlich aufgeräumte Milchgaden mit allerhand Gerät: Melkmaschinenteile, Brecher, Vollenhalter; Kannen, Gebsen, Nidletutel, Käsedeckel und Wägekessel.

RINDERALP

Auf dem Präsentierteller zwischen Abendberg und Pfaffen

Der Abendberg vom Senntum 1405 gesehen, mit Aussichtspunkt Hoher Stand und darin eingebettet wie ein Nest die Gebäude; hinten die Spitzen der Niesenkette und die Männliflue.

Geläute mit Sommerflor, die repräsentativen Treicheln.

Gemeinde/Amtsbezirk
Erlenbach/Niedersimmental

Rechtsform/Eigentümer
Gemeinschaftsalp der Bäuertgemeinde Erlenbach, von Oskar Schmid, Wimmis, sowie Hans-Peter und Jürg Iseli, Zwieselberg; Bergvogt: Peter Iseli, Glütsch 7, Stöckli, 3645 Zwieselberg.

Landeskarten
1227 Niesen 1:25 000
253 Gantrisch 1:50 000

Koordinaten Referenzpunkt
Rinderalp («Weiler»), 605 900/164 100, 1704

Lage der Alp
Die Alp liegt zwischen Hohem Stand und Pfaffen in einer sanften NE–SW verlaufenden Geländemulde auf 1650–2010 müM und ist sehr ringgängig; Steinschlaggefahr besteht nur auf der SE-Flanke, die für Galtvieh geeignet ist; die Fallgefahr an den steilen Rändern im S und E ist durch Aushagung gebannt; der E Lägerboden ist feucht und wird durch Drainage laufend verbessert; die

hangwärts bestehenden Borstgrasteile werden durch konsequente Stalldüngung verbessert.

Wege zur Alp
Mit dem PW von der Simmentalstrasse ins Diemtigtal bis Zwischenflüh; beim Friedhof nach rechts (1041 müM) auf einer bewilligungspflichtigen Güterstrasse bis zur Alp. Zu Fuss ab Oey-Diemtigen (669 müM) via Tschuggenalp–Feldmöser über den früheren Fahrweg auf die Alp; oder ab Erlenbach (681 müM) über Feldmöser auf die Alp; oder mit dem Postauto bis Zwischenflüh (Wanderführer 3094, Route 30 + 37).

Touristisches
Auf Abendberg kommentierte Besichtigung der Käseherstellung (nur vormittags!). Auf Höchststand Sonnenauf- und -untergänge und international bekannter Klettergarten. Bergwanderwege (Wanderführer 3094, Routen 30 + 37) führen auf die Aussichtspunkte Pfaffen (eindrückliches Purpurenzianfeld und überhaupt reiche Alpenflora), Turnen und Puntelgabel; darüber hinaus Höhenwanderungen bis ins Obersimmental oder Abstiege ins hintere Diemtigtal.

Infrastruktur
Zwei einstaflige Sennten; Pfaffen-Schybenböden ist als Parallelstafel für Galtvieh ausgehagt. Stromversorgung durch Solarzellen und Dieselaggregate; die Alp ist mustergültig aus eigenen trockensicheren Quellen mit Wasser versorgt (Pumpstation, Reservation).

Bestossung
135 Stösse in 95 Tagen (Mitte Juni bis Mitte September): 128 Normalstösse

Weideflächen
Total 151 ha: 140 ha Weideland, 11 ha Waldweide

Besonderes zur Alp
Das Interesse an Erhaltung und Förderung führte zu Verbesserungen durch Eigentümer und Bewirtschafter (Blackenbekämpfung, Unterzäunung, Drainage) 1962 und 1981 bekam die Alp Diplome des SAV für vorbildliche Leistungen.

Purpurenzian, als Teppich fast unfassbar (Gentiana purpurea).

Blick von der Abendberghütte (Senntum 1406) nach N zur Gebäudegruppe von Senntum 1405; dahinter der Pfaffen.

Rinderalp

SENNTUM 1405

Hauptstafel Rinderalp von SE; rechts Sennhütte (Senntum 1405, Skihütte SAC-Sektion Bern); links frühere Skihütte SAC-Sektion Niesen; vor dem Turnen.

Das Sortiment, alptümlich präsentiert; mit Bergkäse ist Alpkäse gemeint.

Gottfried Knutti bei der sorgfältigen Käsepflege.

Besatz
40 Kühe, 39 Rinder, 20 Kälber, 2 Stiere, 2 Ziegen, 20 Schweine

Personen

Funktion	Person	Telefon
Bewirtschafter	Andreas Knutti, Steini, 3762 Erlenbach	033 681 29 12
Käser	Willi Knutti	
Käsesalzer	Gottfried Knutti	

Telefon auf der Alp   033 681 12 83

Gebäude
Mächtige Sennhütte von 1811 (aus Sturmholz gebaut!): gute Fundamente, gemischte Holzbauweise, geräumiger Wohnteil mit ausgebautem Gadengeschoss mit Schlafkammern, halbgeschlossener Küche in der Gebäudemitte, auf der einen Seite zwei grossen Stuben, auf der andern drei (!) Milchgaden; dahinter und darunter je ein Doppelquerstall für die Kühe; Kälber- und Schweinestall-Anbau vor der Küchenlaube; daneben Schattstall für Stiere und Kälber; die Gebäude sind sehr gut unterhalten und teilweise aktualisiert.

Käserei
In der halboffenen Küche eine offene Feuergrube (früher waren es deren zwei!) mit einem 570 l Kessi an Holzturner, solarelektrischem Rührwerk, Presslad mit Schwarstein und Ladstecken, Holz- und Steinboden sowie Wänden aus Holz und verputztem Mauerwerk.

Käselager
Keller-Gaden als Anbau hinter der Hütte mit gutem, eher etwas kühlem Klima und Bankung für 120 Laibe; Abtransport nach Bedarf, die ersten 50 Laibe schon früh in den guten Keller im Talbetrieb Oberdorf Erlenbach.

Produkte und Vermarktung
3000 kg Berner Alpkäse & Hobelkäse in 240 Laiben à 9–15 kg; 100 kg Alpmutschli, Alpbutter, 100 kg Ziegenkäse
Verkauf an Passanten auf der Alp und an Privatkundschaft im Talbetrieb; Hauptabnehmer für Hobelkäse ist die Migros Aare, 3321 Schönbühl EKZ; Berner Alpkäse & Hobelkäse & Ziegenkäse kauft das Regionalspital, 3762 Erlenbach.

Besonderes zum Senntum
Einzelne Gebäude sind nicht mehr alpwirtschaftlich genützt und dienen SAC und Privaten für Freizeitaktivitäten.

Vater Willi Knutti bei der Zubereitung der Bakterienkultur, Sorgfalt und Hingabe! Frau Lotti Knutti bereitet aus der Chäsmilch Säutränke.

Steinerne Treppe zu einer der Hütten, Rinderalp ist eine vornehme, gepflegte Alp.

Monika, Joël und Kilian Knutti üben Hausbau und Bewirtschaftung.

Rinderalp – Abendberg
SENNTUM 1406 VON RINDERALP

Die Abendberghütte von 1948 mit der Käserei von 2000.

Hanspeter Iseli in der modern eingerichteten Käserei wendet und markiert die jungen Alpkäse.

Der Prozess aus der Nähe.

Besatz
35 Kühe, 53 Rinder, 27 Kälber, 1 Stier, 28 Schweine

Personen

Funktion	Person	Telefon
Bewirtschafter	Hanspeter u. Therese Iseli, Glütsch, 3645 Zwieselberg	033 657 28 01
Bewirtschafter	Jürg und Andrea Iseli, Glütsch, 3645 Zwieselberg	033 657 29 87
Käser	Peter Iseli	

Telefon auf der Alp 033 681 13 31

Gebäude
Sennhütte datiert «1948» (und weitere geschnitzte Inschriften): gutes Fundament, Holzmischbauweise, Satteldach mit Gerschild, geschlossene Küche in Gebäudemitte, Milchgaden und Stube, darüber Schlafkammern; dahinter zwei Doppelquerställe; Kälberstall unter der Stube; Schattstall im Bergli für Jungvieh; die Gebäude sind sehr gut unterhalten und aktualisiert.

Käserei
Die Alpkäserei ist ein eigenes Gebäude neben der Hütte

mit einem eingemauerten Kessi von 700 l, einem Pasteur von 120 l, einem holzbeheizten Dampfkessel (+300 l Boiler), einem solarelektrischen Rührwerk und zwei Hebel-Spindel-Pressen; der Boden ist geplättet und die Wände aus verputzten Mauern und Hartplatten.

Käselager
Keller unter der Hütte mit Naturboden, kühlem Klima und Bankung für 50 Laibe; der Keller hinter der Käserei im Boden hat gutes Klima, Betonboden und Platz für 200 Laibe auf Metallständern mit Holzbrettern; 100 Laibe Abtransport anfangs August, der Rest im Herbst.

Produkte und Vermarktung
3000 kg Berner Alpkäse & Hobelkäse in 300 Laiben à 7–12 kg; 200 kg Alpmutschli, Alpbutter
Hauptabnehmer: Chr. Eicher Söhne & Cie 3672 Oberdiessbach; Verkauf auch an Passanten (ausbaubar!) und an Privatkundschaft im Talbetrieb; die Alpprodukte werden auch angeboten durch: Rudolf Bühler, Moos-Chäsi, Thunstr. 49, 3700 Spiezmoos; Landi, Bahnhofstr. 11, 3312 Fraubrunnen; Landi, Thunstr. 1, 3700 Spiez, Metzgerei Ueli Liechti, Hinterdorfstr. 5, 3308 Grafenried.

Besonderes zur Verarbeitung
Die Abendmilch wird im Kessi mit Kühlschlange gelagert und nur leicht abgerahmt. Der Käseauszug erfolgt gesamthaft in Vorpressrahmen; die Käselaibe werden anschliessend einzeln in Järben gepresst.

Man weiss, wo man ist und isst; ob dazu geläutet wird?

Lehrtochter Renate Weber, Patrick und Marco Iseli am Werk, ständig muss ausgemäht werden; Blick gegen Meniggrund und Luegle.

Hanspeter und Therese Iseli schauen optimistisch in Kamera und Zukunft, wer so gut arbeitet, soll das auch!

VORDER-TÄRFETEN

«Übere Niese chunnt d'Sunne, vom Turne der Schnee…»

Vorder Tärfeten, neue Hütte, von E, vor dem Turnen.

Derselbe Turnen, diesmal hinter der alten Hütte mit dem Steildach.

Gemeinde/Amtsbezirk
Erlenbach/Niedersimmental

Rechtsform/Eigentümer
Privatalp im Eigentum von Hans Wiedmer und Erbengemeinschaft Christian Wiedmer, beide in Zwischenflüh.

Landeskarten
1227 Niesen 1:25000
253 Gantrisch 1:50000

Koordinaten Referenzpunkt
Vordertärfeten (neue Hütte), 604700/163500, 1760 müM

Lage der Alp
Die Alp liegt auf der S-Flanke des Turnen auf 1670–2010 müM, zum Diemtigtal hin. Der ringgängige, zügige Weidegang wird durch einen felsigen, bewaldeten Gürtel gehemmt, so dass das «Turnengebiet» nur als Tagweide mit Galtvieh geatzt wird. Die naturtrockene, sonnige und tiefgründige Alp ist in den unteren Teilen durch Waldweide aufgelockert. Die trockene, kupierte Ausweide neigt zu Borstgras, doch ist die Alp fruchtbar. Steinschlag und Lawinengefahr sind unbedeutend.

Wege zur Alp
Mit dem PW von der Simmentalstrasse ins Diemtigtal, ab Zwischenflüh bewilligungspflichtig bis zur Alp. Zu Fuss aus dem Diemtigtal ab Zwischenflüh (1041 müM) über Meniggrund auf Bergwanderwegen 3 Stunden; von N führt ab Därstetten (757 müM) ein abwechslungsreicher Bergwanderweg (teilweise im Simmentaler Hausweg beschrieben) auf Tärfeten (Wanderführer 3095, Routen 30 und 37).

Touristisches
Der Turnen ist mit seinen 2079 müM ein Aussichtspunkt über das stark zerschnittene Niedersimmental. Die Alp kann auch von Erlenbach (707 müM) über Feldmöser und Rinderalp erstiegen werden, vorbei an einem eindrücklichen Purpurenzianfeld. Über die Alp führen Höhen- und Flankenwege ins Obersimmental (Wanderführer 3095, Routen 30 und 37).

Infrastruktur
Einstafliges Senntum 1411; die direkt unterhalb liegende Allmend wird als Vorweide genutzt und im Herbst noch durch die Milchkühe. Die Alp ist vom Diemtigtal her gut erschlossen und auch sonst meist gut befahrbar; Stromversorgung mit Dieselgenerator; Wasserversorgung gut, wenn auch in den oberen Teilen schwierig.

Bestossung
59 Stösse in 95 Tagen (Anfang Juni bis Mitte September): 56 Normalstösse

Weideflächen
Total 58 ha: 51 ha Weideland, 5 ha Waldweide, 1 ha Wildheu, 1 ha Streueland

Besonderes zur Alp
Die Alp reicht auf der Schattseite in den Grossen Chorb hinunter. Grütschelen wird mit 80 Schafen beweidet, ab 2002 durch die Bewirtschafter selbst. Bequeme, mässig geneigte Weideflächen und eine wunderbare Aussicht; man legt Gewicht auf konsequente Unkrautregulierung und Düngerverteilung. Die Bedürfnisse der Touristen werden wahrgenommen (Zäune, Tore im Winter!).

An der Hütte vorbei auf Abendberg (vgl. Rinderalp) und Niesenkette, Blick nach E.

Die reifen Käse im Neuhaus-Keller.

Vordertärfeten
SENNTUM 1411

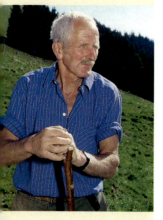

Besatz
24 Kühe, 60 Rinder 16 Kälber, 80 Schafe, 6 Schweine
Die Schafe laufen auf Grütschelen.

Personen

Funktion	Person	Telefon
Bewirtschafter & Käser	Hans Wiedmer sen., Neuhaus, 3756 Zwischenflüh	033 684 12 31
Käserin	Meieli Wiedmer, Hasli, 3756 Zwischenflüh	033 684 11 68
Senn	Hans Wiedmer jun., Neuhaus, 3756 Zwischenflüh	033 684 12 31

Gelegentlich und nach Bedarf arbeiten auch Susanne und Magdalena Wiedmer auf der Alp mit.

Telefon auf der Alp   033 684 14 89

Gebäude
Die alte Sennhütte, ein Fleckenblock unter steilem Satteldach, datiert 1818 mit vermietetem Wohnteil; der angebaute Doppelstall für Rinder genutzt und durch Bergdruck gefährdet; dazu zwei Schattställe auf gleicher Höhe. Etwas unterhalb die neue, breite Hütte mit ausge-

Aussicht über die neue Hütte hinweg nach S auf die Vorweide («Allmend»); es ist Frühling, vis à vis liegt noch gehörig Schnee (Hohmad, Wiriehorn und dahinter Balmhorn und Altels).

Glocken und Glöcklein in der Stube der neuen Hütte.

Hans Wiedmer senior zeigt stolz die unkrautarme Alp.

bautem Gadengeschoss und lägem Satteldach mit Gerschild (geschnitzte Bauangaben «1988»); auf Betonplatte über betoniertem UG; der Wohnteil (ZM Meyer, Entschwil) ist ein Holzmischbau, verziert und im EG verrandet; die zwei Doppelquerställe hinter Zwischengang mit Futtergang (ZM Wyss) in verschaltem Riegbau, im Dachstock Fleckenblock.

Käserei
In geschlossener Küche ummantelte Feuergrube mit 320 l Kessi an Deckenschiene, elektrischem Rührwerk und Spindelpresse; Boden und Wände sind geplättelt.

Käselager
Keller unter dem Milchgaden in der SE-Ecke des Fundamentes mit Naturboden, gutem Klima und Bankung für 80 Laibe; Abtransport im Herbst.

Produkte und Vermarktung
1000 kg Berner Alpkäse in 80 Laiben à 10–13 kg
Wenig Verkauf an Passanten, hauptsächlich an Privatkundschaft; der Alpkäse wird angeboten durch das Burelädeli an der Talstation der Wiriehornbahnen AG, Riedli, 3756 Zwischenflüh; Aelpli Milchprodukte, Oberdorf, 3753 Oey.

Besonderes zur Verarbeitung
Die Abendmilch wird in Gebsen gelagert und abgerahmt. Während des Heuets und gegen Ende der Alpzeit wird die Milch an die Sammelstelle abgeliefert.

Das Kessi gedeckt, der Grubendeckel offen, das Holz bereit.

Der Turnen oder «Ture» oder Turn oder Turm, einfach eine mächtige Bastion.

Blick aus der Küche in die helle Landschaft mit der Gegend von Stand- und Seehorn; rechts etwas dunkler die Stube.

HINTER TÄRFETEN

Als Windschutz den behäbigen Turnen im Rücken

Blick über Chrindi auf den Turnen nach NE, links unten die Senke von Schwarzmoos.

Front, Gwätt, Laubentreppe und Türe an der Sennhütte Hintertärfeten von 1974.

Gemeinde/Amtsbezirk
Erlenbach/Niedersimmental

Rechtsform/Eigentümer
Genossenschaftsalp der Alpkorporation Hintertärfeten bestehend aus 15 Alpansprechern; Präsident: Jakob Eschler, Weissenburgberg, 3764 Weissenburg

Landeskarten
1227 Niesen 1:25 000
253 Gantrisch 1:50 000

Koordinaten Referenzpunkt
Schwarzmoos, 603200/163600, 1781 müM

Lage der Alp
Die Alp wird im E durch einen Waldzug und den Turnen von Vordertärfeten getrennt. Die Wasserscheide «Chrindi» teilt sie in die beiden Sennten auf 1610–2070 müM. Der S-Hang ist trocken, mässig steil und weidzügig, mit Borstgrasteilen, wo sie eigentlich am weidgängigsten wäre! Schwarzmoos tendiert zu Nässe, ist trittempfindlich und bevorzugt trockene Sommer. In Richtung Egg Alpenrosen, Brüsch und Borstgras, doch im unteren Teil dringen Riedgräser und Binsen bis

auf die gedüngten Lägerflächen vor. Die Alp ist gutgräsig dort, wo sie regelmässig gedüngt wird; sie ist gegen die Bise geschützt; und mit Tanngrotzen, Alpenrosen und Sträuchern überwachsene Rutschpartien; gegen den Turnen Schafalp; hin und wieder Steinschlag. Die schattseitig gelegene Alp Gelberg dient als Vorweide.

Wege zur Alp

Mit dem PW von der Simmentalstrasse ins Diemtigtal bis Zwischenflüh; beim Friedhof nach rechts (1041 müM) auf bewilligungspflichtiger Güterstrasse bis zur Alp. Zu Fuss gelangt man ab Postautohaltestelle Zwischenflüh (1041 müM) auf Bergwanderweg in 2½ Stunden auf die Alp. Von N führt ab Därstetten (757 müM) ein Bergwanderweg über verschiedene Galtviehalpen in knapp 3 Stunden in den Schwarzmoosteil, auf die Wasserscheide und die sonnseitigen Teile. (Wanderführer 3094, Routen 30 und 31).

Touristisches

Der Turnen mit seinen 2079 müM bietet einen prächtigen Aus- und Rundblick über das stark zerschnittene Niedersimmental. Die Alp kann auch von Erlenbach (707 müM) über Feldmöser und Rinderalp erstiegen werden (vgl. dort). Wasserscheide «Chrindi» (1824 müM) ist Treffpunkt für die Modellfliegerei. Von der Alp führen Höhen- und Flankenwege ins Obersimmental, über Gipfel, Gräte und Alpen, die gelegentlich Ruhe, Labung, Verpflegung oder Übernachtung anbieten (Wanderführer 3094, Route 30, 31 und 37).

Infrastruktur

Von den vier einstafligen Sennten, stellen nur noch 1403 und 1404 verkehrstauglichen Alpkäse her. Die Alp ist mit einer Güterstrasse gut erschlossen und dort, wo sie nicht zu steil ist, gut befahrbar; Stromversorgung mit Benzinaggregaten und Solarzellen; die Wasserversorgung ist gut, wenn auch in den oberen Teilen schwierig.

Bestossung

136 Stösse in 70 Tagen (Ende Juni bis Mitte September): 95 Normalstösse

Weideflächen

Total 161 ha: 149 ha Weideland, 7 ha Waldweide, 4 ha Wildheu, 1 ha Streueland

Begrüssung der Rindviecher am gut befestigten Platz vor dem Stall.

Detail der Holzkonstruktion mit schönem Zahnschnitt.

Hintertärfeten-Hengert

SENNTUM 1403 VON HINTERTÄRFETEN

Die Sennhütte Hintertärfeten (Zimmermeister Gebr. Reber) vor dem Anstieg zum Turnen, Blick nach NE.

Hengert von SE: die Sennhütte von 1972 (Zimmermeister Jakob Wyss).

Peter Schenk präsentiert stolz die Nummer 1 dieses Sommers.

Besatz
28 Kühe, 48 Rinder, 20 Kälber, 2 Ziegen

Personen

Funktion	Person	Telefon
Bergvogt	Peter Schenk, Seewlen, Ringoldingen, 3762 Erlenbach	033 681 38 82
Käser	Gottfried Hirsbrunner, Seewlen, 3762 Erlenbach	033 681 25 04
Käser	Peter und Evi Schenk, Seewlen, 3762 Erlenbach	

Gebäude

Die Sennhütte, durch Zimmermeister Gebr. Reber 1974 nach Schneedruckschaden erstellt, ist ein Fleckenblock unter Satteldach; sie gehört der Familie Hans Wiedmer, Blatten, 3756 Zwischenflüh; hinter einem gut ausgebauten dreiräumigen Wohnteil mit zweiseitiger Laube zwei Doppelquerställe; auf Hengert eine ähnlich organisierte, etwas kleinere, einfachere Hütte von 1972 (nach Brand 1966!) von Zimmermeister Jakob Wyss, mit einem einfachen und einem Doppelquerstall; Kälberställe unter beiden Hütten; auf Chrindi (Wasserscheide) steht an markanter Stelle ein Schattstall: ein reiner, schöner längsrechteckiger Fleckenblock unter einem Vollwalmdach.

Käserei
In beiden Hütten geschlossene Küche mit ummantelter Feuergrube, je einem 150 l Kessi an Deckenschiene, elektrischem Rührwerk, Presslad mit Schwarstein und Ladstecken, Betonboden sowie Wänden aus Holz und verputztem Mauerwerk.

Käselager
Keller unter beiden Hütten mit Kiesboden und auf Hengert Naturboden, mit gutem Klima und Bankung für je 50 Laibe; Abtransport im Herbst, ausser was laufend verkauft wird.

Produkte und Vermarktung
650 kg Berner Alpkäse in 60 Laiben à 10–12 kg
Direktvermarktung an Passanten und Privatkundschaft.

Besonderes zur Verarbeitung
Die Abendmilch wird in Gebsen gelagert und nicht abgerahmt; es wird also glattfeiss gekäst.
Gottfried Hirsbrunner kauft die Milch von den Alpansprechern und käst auf eigene Rechnung. Die Milch aus beiden Sennten wird den ganzen Sommer auf Hengert verkäst.

Evi Schenk melkt eine Geiss; diese ist offensichtlich zufrieden.

Getrennte Arbeitsplätze, gemeinsamer Kamin in der Küche von Hengert; im Moment arbeitet nur das elektrische Rührwerk.

Vater Gottfried und Sohn Martin Hirsbrunner auf der Hengertlaube.

Schwarzmoos

SENNTUM 1404 VON HINTERTÄRFETEN

Die Schwarzmoos-Hütte von W: mächtig, fest gebaut und schön gegliedert, auch durch das Zügelgeläut.

Blick darunter hervor nach SW auf Buntelgabel, Schwalmfluh und Buntel.

Marianne Batzli beim Milchgeschirrwaschen – darauf kommt es an!

Besatz
25 Kühe, 20 Rinder, 12 Kälber, 4 Ziegen

Personen

Funktion	Person	Telefon
Bewirtschafter	Fritz jun. Batzli, Wyler, 3763 Därstetten	033 783 16 52
Käser	Fritz sen. und Marianne Batzli, Wyler, 3763 Därstetten	

Seit 20 Jahren sind Fritz und Marianne Batzli für den ausgezeichneten Alp- und Ziegenkäse verantwortlich.

Telefon auf der Alp   033 684 14 59

Gebäude
Die Sennhütte in Holzmischbauweise von 1945 ist normal organisiert, unter einem Satteldach mit grossem Gerschild und gehört den Alpansprechern; der Wohnteil nach W, dahinter zwei Doppelquerställe.

Käserei
In der halbgeschlossenen Küche offene Feuergrube mit einem 450 l Kessi an Holzturner, elektrischem Rührwerk, Presslad mit Schwarstein und Ladstecken, Betonboden und Holzwänden.

Käselager
Keller unter der Hütte mit Naturboden, kühl und feucht, mit Bankung für 120 Laibe, Abtransport im Herbst.

Produkte und Vermarktung
2000 kg Berner Alpkäse in 150 Laiben à 10–15 kg; (150 kg) Ziegenkäse
Die Käse werden an Passanten und Stammkundschaft auf der Alp (Anschlag auf dem Chrindi!) sowie durch die Alpansprecher an Privatkundschaft verkauft; Alp- und Ziegenkäse werden angeboten durch:
Fritz u. Ida Gafner, Molkerei+Lebensmittel, Allmend-Hus, Aarestr. 3, 3661 Uetendorf; Markus u. Gabriela Schneider, Käserei, 3116 Kirchdorf; Landi, 3763 Därstetten.

Besonderes zur Verarbeitung
Die Abendmilch wird in Kannen im Brunnen gelagert und kaum abgerahmt. Seit Jahren regelmässig hochpunktierte Alpkäse, die sich zur Präsentation des alten Handwerks bestens eignen.

Besonderes zur Senntum
Die Schwarzmooshütte ist im Jahresbericht der AEK Thun pro 1998 in einer Bildreportage dargestellt worden, und im Jahr 2000 hat die Swiss Cheese Marketing (SCM = Vermarktungsgesellschaft für Schweizer Käse im Ausland) diese Alp als Hintergrund für ihre Werbung ausgewählt.

Gewürm oder was? Käsespäne auf dem Presstisch mit Abflussrinne für die ausgepresste Schotte.

Fritz Batzli schwenkt das Kessi übers Feuer; unter ständigem Rühren wird der Käsebruch erwärmt: dies macht den Alpkäse aus.

Und hier die Folgepflege, die ihn fertig macht.

SCHWALMFLUH

Eine raue Mulde, hier schneit es sofort herunter

Überblick von N über den Kessel der Alp: links die alte Hütte, rechts die neue; hinten mitts Puntelgabel und rechts Geröllhalde an der Schwalmfluh.

Die wunderschöne Spitzhütte an der Krete zu Dürrenwald von S.

Gemeinde/Amtsbezirk
Oberwil/Niedersimmental

Rechtsform/Eigentümer
Privatalp von Frau Edith Marti-Reinhardt, 3063 Ittigen

Landeskarten
1226 Boltigen 1:25 000
253 Gantrisch 1:50 000

Koordinaten Referenzpunkt
Schwalmflue, 601800/162950, 1760 müM

Lage der Alp
Schwalmfluh auf 1750 bis 1940 müM, ist im S und E von Felspartien und Waldungen umgeben und reicht im NW bis zur Buntelegg. «Fierzel» ist ein nach SW gerichteter Rinderstafel, und auch gegen Dürrenwald befindet sich ein Galtviehteil, der nicht abgezäunt ist. Schwalmfluh bildet eine nach SE weit offene Alpmulde. Hangwärts wird sie steiler mit fallgefährlichen Stellen am Buntelgabel. Vereinzelte gut gelegene Weideteile in der Mulde sind durchnässt und sauergräsig, während die oberen Weideflanken naturtrocken sind, die Grasnarbe vielfach gegen

Borst neigt, oder der Boden mit Brüsch, Reckolder und Erlen befallen ist. Die bestgräsigen Weiden finden sich auf dem ebenen Läger, das regelmässig gedüngt und gepflegt wird. Die Alp ist weidgängig und gehört zu den schönsten in der Gemeinde.

Wege zur Alp
Mit dem PW gelangt man vom Diemtigtal (Zwischenflüh) her auf der bewilligungspflichtigen Güterstrasse über Brüüscht bis zur Alp. Zu Fuss auf Wander- und Bergwanderwegen ab Weissenburg (782 müM) oder Därstetten (757 müM) zum Stafel; oder sonnseitig ab der Postautohaltestelle Zwischenflüh (1041 müM) durch den Meniggrund über Nessli (Wanderführer 3094, Route 30).

Touristisches
An Schwalmfluh vorbei führt eine tagelang ausdehnbare Höhenwanderung: z.B. von Oey/Diemtigen (669 müM) oder Erlenbach (707 müM) über Feldmöser–Rinderalp–Tärfeten und dann Buufall–Urscher–Obergestelen ins Obersimmental (Wanderführer 3094, Routen 27 und 30). Die Aussicht wechselt ständig, wie die Bodengestalt, und damit verändern sich Flora und Fauna von lieblich bis furchterregend, atemberaubend beides.

Hingegen ist die Ausrüstung mit Restaurants auf dieser Höhe erst zum Obersimmental hin besser. Auf einzelnen Alpen gibt es Verpflegung.

Infrastruktur
Die Alp bildet das einstaflige Senntum 4310 und ist mit einer Güterstrasse von Zwischenflüh her über Tärfeten gut erschlossen; Stromversorgung durch Dieselaggregat; Wasserversorgung aus trockensicheren Quellen bis auf die Krete sichergestellt.

Ausschnitt aus Anblick I mit dem weidenden Vieh.

Randschindeln, verwittert, verlebt, an der alten Hütte.

Bestossung
40 Stösse in 75 Tagen (Ende Juni bis Mitte September): 30 Normalstösse

Weideflächen
Total 65 ha: 59 ha Weideland, 5 ha Waldweide, 1 ha Wildheu

Schwalmfluh

SENNTUM 4310

Imposant, so ein zweieinhalbgeschossiger Bau mit der Sonne im Gesicht (von E).

Die Käseküche: geräumig, sauber und gut organisiert.

An der alten Hütte ist Holz, wo man hinschaut: Wand, Fensterladen, Türe, Brennholz, Scheitstock.

Besatz
20 Kühe, 56 Rinder, 6 Kälber, 7 Ziegen
Es werden ausschliesslich eigene Kühe des Pächters gesömmert (Schwarzfleckvieh).

Personen

Funktion	Person	Telefon
Pächter	Martin Stähli, Grossmatt, 3664 Burgistein	033 356 21 89
Käser	Martin Stähli	

Martin Stähli hat 2001 zeitweise den Alpbetrieb alleine besorgt!

Telefon auf der Alp   033 684 12 00

Gebäude
Von der grossen Sennhütte von 1971 ist im Wohnteil das EG gemauert und verputzt, geräumig und grosszügig ausgestattet, das OG ein Fleckenblock; die dahinter liegenden zwei Doppelquerställe sind ein modern ausgerüsteter Ständerfleckenbau; zudem fahrbarer Melkstand mit Rohrmelkanlage. Von der alten Sennhütte mit Quergiebel wird der Stall als Ziegenstall genutzt. Die Spitzhütte auf der Krete zu Dürrenwald dient als Galtviehstall und der Wohnteil der Eigentümerin als Ferienhaus. Auf Fierzel

kleiner Galtviehstall, Fahrnisbau. Im Gelände zwei Wüstungen.

Käserei
In der geschlossenen Küche ummantelte Feuergrube mit 260 l Kessi an Holzturner und 200 l Kessi an Deckenschiene, elektrischem Rührwerk, Presse mit Schiebegewicht und Spindel; Boden und Wänden geplättet.

Käselager
Käse«keller» ebenerdig in der gemauerten SW-Ecke der Hütte mit gutem, etwas warmem und trockenem Klima und Bankung für 120 Laibe; Abtransport laufend.

Produkte und Vermarktung
1000 kg Berner Alpkäse & Hobelkäse in 95 Laiben à 7–14 kg 100 kg Alpmutschli, 150 kg Ziegenkäse (mit kleinem Anteil Kuhmilch), Alpbutter
Verkauf an die Aargauer Zentralmolkerei AZM, 5034 Suhr, an Passanten auf der Alp und an Privatkundschaft im Tal. Der Käse wird angeboten von der Milchsammelstelle Burgiwil, 3664 Burgistein; Restaurant Rössli, 3665 Wattenwil; Restaurant Laterne, 1719 Zumholz FR; Restaurant Sternen, Bütschelgschneit, 3088 Oberbütschel.

Besonderes zur Verarbeitung
Die Abendmilch wird in Gebsen gelagert und nur teilweise abgerahmt. Zeitweise wird Milch an die Milchsammelstelle im Diemtigtal verkauft.

Martin Stähli mit dem Holzertraktor...

...und im Käselager; unter dem Tisch das Salzbad.

Nochmals alte und neue Hütte von SE mit dem Puntel (nicht Gabel) dahinter.

BUNFALL

Der wilde Urscher und das sanfte Niederhorn in trauter Zweisamkeit

Blick von der Schwalmfluh nach SW an den Flühen des Niederhorns vorbei auf Diablerets und Oldenhorn; links die Strasse, die über Gestelen ins Obersimmental führt.

Ziegen finden immer etwas und kommen immer dazu.

Gemeinde/Amtsbezirk
Oberwil/Niedersimmental

Rechtsform/Eigentümer
Gemeinschaftsalp der Familien Schweingruber, Küpfer und Knutti, alle in 3765 Oberwil; Bergvater ist Karl Knutti, Kapf, 3765 Oberwil.

Landeskarten
1226 Boltigen 1:25 000
253 Gantrisch 1:50 000

Koordinaten Referenzpunkt
Obere Buufal, 600100/161600, 1870 müM

Lage der Alp
Unterbunfal, auf 1670–1860 müM, bildet das oberste, nach N orientierte Einzugsgebiet des Oeygrabens mit einer E- und einer NW-Lage, die beide nach oben immer steiler werden. Unter dem Urschers ist sie mit Steinen und Geröll überführt, während die linke Flanke unter Bergdruck leidet. Der Stafel ist gutgräsig, mild und weidgängig. Oberbunfal, in Sattellage auf 1800–1940 müM, nach N und S exponiert. Über den Rücken ist der Weideboden

naturtrocken und ringgängig. Die unteren Stafelteile sind steil, streng und teilweise mit Grotzen befallen. Der Stafel wirft ein gutes Futter ab. Hier ist das Klima so rau, dass mit Schnee gerechnet werden muss.

Wege zur Alp
Mit dem PW von der Simmentalstrasse beim Heidenweidli bis zum Restaurant Rossberg (1133 müM); von da auf der bewilligungspflichtigen Güterstrasse bis Ritzli. Zu Fuss führt ein reiches Netz von Wander- und Bergwanderwege von Därstetten (757 müM), Oberwil (836 müM) oder Enge (843 müM) durch Gräben auf die beiden Alpstafel (Wanderführer 3094, Route 27a).

Touristisches
Auf dem Rossberg steht ein Restaurant. Auf einem Bergwanderweg (Wanderführer 3094, Route 27) gelangt man auf das Simmentaler Niederhorn und auf einer Höhenwanderung ins Obersimmental. Den geschützten Urscher wollen die Alpbewirtschafter so erhalten, wie sie das seit Jahrhunderten tun!

Infrastruktur
Zwei zweistaflige Sennten, von denen nur Knuttis (4301) verkehrstauglichen Alpkäse herstellen. Die Alp ist bis zum Unterstafel mit einer Güterstrasse erschlossen, von da mit einem geschotterten Güterweg bis zum Oberstafel. Stromversorgung durch Dieselaggregat; Quellwasserversorgung im Unterstafel gut und trockensicher; im Oberstafel muss es vom Stand weit hergeleitet werden.

Bestossung
Unter Bunfall 20 Tage (Anfang Juli bis Ende Juli)
Ober Bunfall 40 Tage (Ende Juli bis Anfang September)
Unter Bunfall 15 Tage (Anfang bis Mitte September)
gesamte Alpzeit: 80 Stösse in 75 Tagen: 60 Normalstösse

Weideflächen
Total 107 ha: 80 ha Weideland, 22 ha Waldweide, 4 ha Wildheu, 1 ha Streueland

Besonderes zur Alp
Die Alp gehörte früher in den Besitz der von Bubenberg auf Schloss Spiez.

Blick nach SE über das steinreiche Gelände von Ober Bunfall auf die frisch verschneite Niesenkette.

Das imposante Walmdach des Schattstalles auf Ober Bunfall nach NE.

Bunfall

SENNTUM 430 I

Der Untere Bunfall mit Blick nach N: links die Hütte, mitts der Schattstall.

Hütte Ober Bunfall von SE mit dem Schweinestall links.

Alte Holzgebsen dienen heute auch zur Aufbewahrung anderer Sachen unter einem Schutzdeckel, hinten der Presstisch.

Besatz
36 Kühe, 20 Rinder, 25 Kälber, 6 Ziegen

Personen

Funktion	Person	Telefon
Bewirt-schafter	Hans Knutti jun., Kapf, 3765 Oberwil	033 783 16 37
Käser	Res Knutti und Beatrice Knutti, Kapf, 3765 Oberwil	

Je nach Arbeitsanfall helfen auch die anderen Miteigentümer auf der Alp.

Gebäude
Die Sennhütte im Unterstafel ist von 1903, eng unter einem Satteldach, und enthält neben dem bescheidenen Wohnteil nur Ställchen; der Schattstall, unweit, mit zwei Doppelquerställen, liegt unter einem Spitzdach, und das älteste Graffito ist «1900» datiert. Die Sennhütte im Oberstafel liegt zu allen Lüften, ist ein Ständer-Flecken-Bau unter mit Eternitschiefer gedecktem Vollwalmdach und mit einer langen, geschnitzten Inschrift «1933» datiert; ihr Grundriss enthält nach S Stube, Küche und Milchgaden, dahinter einen Doppelquerstall und nach N Kleinviehställe, Käsegaden, Holzschopf und Aufgang zu den Schlafgaden; der Schweinestall daneben unter Satteldach

ist 1905 datiert und der schöne Schattstall unweit unter Vollwalmdach stammt aus dem 19. Jh.

Käserei
Im Oberstafel eine halboffene Küche mit offener Feuergrube, einem 350 l Kessi an Holzturner, elektrischem Rührwerk, Presslad mit Schwarstein und Ladstecken, Betonboden und Holzwänden. Im Unterstafel wird nicht mehr gekäst, sondern die Milch abgegeben.

Käselager
Käsegaden im Oberstafel hinten in der Hütte, mit vernünftigem, eher trockenem Klima und Bankung für 40 Laibe; deshalb muss in der zweiten Hälfte des Sommers Käse vorverteilt werden.

Produkte und Vermarktung
1100 kg Berner Alpkäse & Hobelkäse in 94 Laiben à 8–17 kg
Der Alpkäse wird durch die Alpansprecher und die Bewirtschafter an Privatkundschaft verkauft.

Besonderes zur Verarbeitung
Die Abendmilch wird in Kannen im Brunnen gelagert und nicht abgerahmt, also glattfeiss verkäst. Die Käse liegen 48 Stunden in einem ungesättigten Salzbad.

Im Herbst müssen die Kühe fleissig sein, damit noch etwas rauskommt.

Andreas Knutti schaut kritisch ins Land.

Den Schweinen ist sauwohl, entsprechend hatten sie uns auch aufmerksam begrüsst.

VORHOLZ-ALLMEND

Das grosszügige Vermächtnis Johannes' von Weissenburg prägt heute noch die Alp

Gemeinde/Amtsbezirk
Oberwil/Niedersimmental

Rechtsform/Eigentümer
Genossenschaftsalp der Alpkorporation Vorholz-Allmend; Allmendschreiber: Andy Gafner, Egg, 3765 Oberwil

Landeskarten
1226 Boltigen 1:25 000
253 Gantrisch 1:50 000

Koordinaten Referenzpunkt
Schönenboden, 600300/163850, 1299 müM

Lage der Alp
Die Alp ist eine der grössten der Schweiz: auf der rechten Simmentalseite zwischen 1110 und 1800 müM, Oey- und Ammertzen-Graben umfassend. Sie ist nach N und NW orientiert, nur die «Seite» nach E, durch Wälder und bewaldete Bachläufe aufgelockert, die den zügigen Weidegang einschränken, nach oben zunehmend steiler. Der Boden aus sandigem Lehm; Moorböden wie ausgedehnte Waldränder über die Alp zerstreut, in nassen Sommern trittempfindlich; im unteren Teil drainiert. Auf ausge-

Blick über Ankersboden nach N, unten links Oberwil, darüber im Nebel die Alp Neuenberg, rechts aussen am Horizont das Stockhorn.

Wunsch als Name oder Name als Wunsch?

dehnten naturtrockenen Weideteilen wächst ein gutes Alpengras. Trockene Teile neigen zu Verborstung, Verstaudung, Verwaldung.

Wege zur Alp
Mit dem PW von der Simmentalstrasse beim Heidenweidli zum Restaurant Rossberg (1133 müM); dann auf bewilligungspflichtiger Güterstrasse in die Alp. Zu Fuss führen Wander- und Bergwanderwege von Därstetten (757 müM), Oberwil (836 müM) oder Enge (843 müM) durch Gräben in die Alp, die auch durch Feuchtlagen bezaubert (Wanderführer 3094, Route 27).

Touristisches
Der Rossberg ist ein gut ausgebautes Restaurant und Skizentrum. Auf Bergwanderwegen (Wanderführer 3094, Routen 27 und 30) gelangt man über die Niederhornalp oder Buufall (Senntum 4301) auf das Niederhorn.

Infrastruktur
Von den 14 zweistafligen Sennten stellt nur noch 4311 verkehrstauglichen Alpkäse her; verschiedene Parallelstafel für Jungvieh. Die Alp ist mit Güterstrassen erschlossen. Alpintern wurden Güterwege angelegt. Von Schönenboden aus führen zwei Transportseilbahnen auf Rite und aufs Grätli; Stromversorgung mit Dieselaggregaten; die Alp ist aus eigenen Quellen mit genügend laufendem Wasser versorgt und an die Gemeindewasserversorgung angeschlossen.

Bestossung
Unterer Stafel: 20 Tage (Mitte Juni bis Anfang Juli)
Unterer Stafel: 30 Tage (Mitte August bis Mitte September)
Oberer Stafel: 45 Tage (Anfang Juli bis Mitte August)
Alpzeit: 350 Stösse in 95 Tagen: 332 Normalstösse

Weideflächen
Total 396 ha: 350 ha Weideland, 17 ha Waldweide, 4 ha Wildheu, 25 ha Streueland

Besonderes zur Alp
Die Alp wurde 1347 durch Johannes von Weissenburg vier Bäuerten in Oberwil und Weissenburg abgetreten.

Schneeschuhe – ömu no nid jitz!

Im S geht es steil bergan.

Vorholzallmend

SENNTUM 4311

Hansueli Knutti zeigt uns einen seiner schönen Alpkäse.

Das Vieh ist auf der Weide, Louise Knutti beim Abschoren des Vorplatzes.

Priska Knutti kippt die Mistkarrette auf den Haufen, aufgestellt.

Besatz

18 Kühe, 21 Rinder, 19 Kälber, 12 Schweine, 21 Ziegen
Nur teilweise eigenes Vieh des Bewirtschafters.

Personen

Funktion	Person	Telefon
Bewirtschafter	Hansueli Knutti, Fischbach, 3764 Weissenburg	033 783 14 47
Käserin	Louise Knutti, Fischbach	
Zusennerin	Priska Knutti, Fischbach	

Gebäude

Der Unterstafel Ankersboden ist 1895 datiert («BL Jakob Knutti, ZM David Ueltschi») in Holzmischbauweise, ursprünglich Satteldach mit Gerschild, mit dem hinten angebauten Kälberstall nun Dreiviertelwalmdach; hinter dem einfachen Wohnteil ein einfacher und ein Doppelquerstall; Schönenboden mit abgestuften Satteldächern: im obern Teil NE Milchgaden, Küche und nach vorne Stube, daneben Doppellängsstall, darüber Schlafgaden, darunter Käsekeller und Ziegenstall; in der unteren Stufe ein Doppelquerstall.

Käserei
In halboffener Küche offene Feuergrube mit 220 l Kessi an Holzturner, elektrischem Rührwerk, Presslad mit Schwarstein und Ladstecken, Klinkerboden und Holzwänden.

Käselager
Keller nur auf Schönenboden, mit Zementsteinboden und Kalksandsteinwänden, gutem, feuchtem Klima; Bankung für 60 Laibe; Chästeilet und Abtransport im Herbst.

Produkte und Vermarktung
500 kg Berner Alpkäse in 50 Laiben à 8–12 kg
Der Verkauf geschieht an die wenigen Passanten auf der Alp, aber zur Hauptsache an Privatkundschaft im Tal. Der Alpkäse wird angeboten bei Urs Brunner, Vis-à-Vis, Dorfladen, Hüpbach, 3765 Oberwil.

Besonderes zur Verarbeitung
Die Abendmilch wird in Gebsen gelagert und abgerahmt.

Besonderes zum Senntum
Der Ankersboden hat das beste Gras der ganzen Alp; er wartet immer noch auf die Erschliessungsstrasse. Die ganze Alp ist angenehmes Gelände ohne Sturz- und Steinschlaggefahr und nahe der Talbetriebe gelegen. Die riesigen Dimensionen bewirken, dass Tradition und Formalitäten sehr wichtig sind; dadurch entsteht auch eine gewisse Unbeweglichkeit.

Der Gaskochherd steht wartend in seiner Ecke.

Das Dreibein, dieses uralte Hilfskochgerät, und das geschützte Käsekessi stehen bereit.

Das Dreibein beim Wasserkochen in der Feuergrube eingesetzt; das Käsekessi ist nach Gebrauch blank gerieben.

LÄNGMATTE-STRICK

Die Alp liegt nicht weit vom Talbetrieb und bietet trotzdem ein schönes Panorama

Über die Sennhütte von Strick geht der Blick ins Simmental und auf die Kette von Schafarnisch bis Schwidenegg über dem waldigen Buuschental.

Zwei Kälber haben genug getrunken, aber nicht genügend gesaugt, also holt man gegeneinander nach!

Gemeinde/Amtsbezirk
Därstetten/Niedersimmental

Rechtsform/Eigentümer
Privatalp von Ulrich Hiltbrand, Wellenberg, 3764 Weissenburg (Gde. Oberwil)

Landeskarten
1226 Boltigen 1:25 000
253 Gantrisch 1:50 000

Koordinaten Referenzpunkt
Lengmattli, 602100/165500, 1280 müM

Lage der Alp
Der Hauptstafel Lengmatti in N-Lage auf 1260–1330 müM, schattig und teilweise sauergräsig, in Teilen gutgräsig, neigt in steileren Teilen zur Verbuschung; ebenso der untere Stafel Strick (1050–1150 müM); die Alp grenzt oben an die Alpen Stutz und Stützli.

Wege zur Alp
Mit PW Zufahrt ab Simmentalstrasse in Därstetten: Richtung Schattseite/Kirche, an dieser vorbei über Obern–Käs-

tannen (bewilligungspflichtig) zum Unterstafel Strick und weiter bis 300 m vor den Oberstafel. Zu Fuss ab Därstetten (757 müM) oder Weissenburg (782 müM) auf verschiedenen Wanderwegen zu den beiden Stafeln; oder ab Oberwil über Rossberg (Parkplatz auf 1133 müM; von hier weg bewilligungspflichtig) und die ausgedehnte Alp Vorholzallmend; stets durch abwechslungsreiche und reichhaltige Wald- und Weidelandschaften.

Touristisches
Strick-Längmattli ist kein markanter Punkt, liegt aber an einem Rundweg Därstetten-Oberwil-Därstetten oder einer Zusatzschlaufe des Simmentaler Hausweges (Talweg-Variante, z. B. vom Knuttihaus aus, das als schönstes Bauernhaus Europas bezeichnet wird). Die Alp kann Etappe sein für die Besteigung der Puntelgabel (1949 müM), eines wunderschönen Aussichtspunktes über Niedersimmental und Diemtigtal, oder für eine Flankenwanderung der Schattseite des Niedersimmentals entlang mit Übertrittmöglichkeiten zu Menigalpen und Seebergsee sowie weiter gegen Fromatt und Spillgerten ins Obersimmental (Wanderführer 3094: Varianten zu Routen 27 und 30).

Infrastruktur
Ein zweistafliges Senntum und dazu die angrenzende Voralp Krümelwege als Parallelstafel. Die Güterstrasse führt direkt am Unterstafel vorbei und bis 300 m an den Oberstafel. Beide Stafel haben eine Stromversorgung mit Solarpanel und durch Benzinmotor oder Dieselgenerator; genügende Wasserversorgung aus eigenen Quellen.

Bestossung
13 Stösse in 115 Tagen (Ende Mai bis Ende September): 14 Normalstösse

Weideflächen
13 ha Weideland

Besonderes zur Alp
Auf dieser tief und nahe am Talbetrieb gelegenen Alp entsteht kein richtiges «Berggefühl»; auch ist sie 2001 neu als LN eingestuft. Sie umfasst auch die Voralp Krümelwege mit 5 ha Weideland.

Der Käser Gottfried Hiltbrand beim Geisskäsen für den Hausgebrauch mit einem rührenden Tännchen als Brecher.

Auch Anna Hiltbrand an der Arbeit.

Strick-Längmattli

SENNTUM 1003

Die Längmatti Hütte gegen S: es raucht unter dem Giebel hervor, sie lebt.

Ueli Hiltbrand muss sich im Käsekeller bücken; die Käselaibe liegen schön flach, für die geht es gut.

Hälechetti, Wasserpfanne und die Deckel über der Feuergrube.

Besatz
15 Kühe, 10 Kälber, 1 Stier, 5 Ziegen

Personen

Funktion	Person	Telefon
Bewirtschafter	Ulrich Hiltbrand, Wellenberg, 3764 Weissenburg	033 783 16 28
Käser	Gottfried Hiltbrand	
Zusennerin	Anna Hiltbrand	

Gebäude
Strick: Sennhütte in Holzmischbauweise mit bescheidenem Wohnteil (nur Stube und Küche) und einem grösseren und einem kleineren Doppelquerstall (der Flecken mit der Inschrift «1711 HK» könnte auch von einem Vorgängerbau stammen). Lengmatti: alte Sennhütte nur Stall (Fleckenblock), W-seits dreiräumiger Wohnteil und E-seits einfacher Stall angebaut in verschalter Riegbauweise (vgl. Bild; ältestes Graffito «SK 1864»); auf Krümelwege steht nur ein Schattstall.

Käserei
Beide Stafel sind zum Käsen ausgerüstet mit offener Feuergrube und Holzturner; Strick in einer geschlosse-

nen Küche, Lengmatti in einer offenen; nur auf Lengmatti wird gekäst in einem 160 l Kessi, ausschliesslich von Hand gerührt, Presslad mit Schwarstein und Ladstecken, Betonboden und Holzwände.

Käselager
Ein Keller besteht nur im Strick, mit Naturboden und Gymwand (es ist das ehemalige Milchgaden im Untergeschoss), etwas warm und Platz für 30 Laibe, alle im Herbst abtransportiert.

Produktion und Vermarktung
200 kg Berner Alpkäse in 15 Laiben à 14–16 kg
Alpmutschli
Die Alpprodukte dienen vor allem der Selbstversorgung, werden aber auch an Passanten und Nachbarn verkauft.

Besonderes zur Verarbeitung
Die Abendmilch wird in Kannen und Gebsen gelagert und nur teilweise leicht abgerahmt.

Besonderes zum Senntum
Hiltbrands produzieren seit 1996 als Bio-Voll-Knospen-Betrieb.

Praktisch und formschön: der gekerbte Presstisch über dem Schottentrog – aus hygienischen Gründen in der Alpkäserei nicht mehr anzutreffen.

Ueli Hiltbrand in der Küche von Längmatti mit einer geschwungenen Melchter; die Weissküferei lebt noch im Simmental!

Eine schön gefügte Gebse von 1793 ist mehrfach gebrannt und erzählt Geschichte.

VORDER-MÄNIGEN

Das hilbe «Bärchteli» bietet dem Vieh Schutz bei Sommerschnee

Blick nach E durch die auffällige Felsformation Stand auf Vorder Mänigen und den Meniggrat; Bärchteli verdeckt links unter der Hütte; am Horizont die Niesenkette mit Tschiparellenhorn und in den Wolken Hohniesen.

Berufskraut (Erigeron sp.) in der naturtrockenen Weide.

Gemeinde/Amtsbezirk
Diemtigen/Niedersimmental

Rechtsform/Eigentümer
Privatalp der Familien B. Schwabe in Ittigen und R. Schwabe in Worb.

Landeskarten
1227 Niesen 1:25 000
253 Gantrisch 1:50 000

Koordinaten Referenzpunkt
Vordermenigen, 602600/159950, 1850 müM

Lage der Alp
Vorder Mänigen bildet eine markante Sattellage zwischen Schwenden und Mäniggrund und ist eine weidgängige, fruchtbare und gutgräsige Alp zwischen 1640 und 1930 müM. Die S-exponierten Teile sind teilweise anfällig für Borstgras.

Wege zur Alp
Mit dem PW auf der Güterstrasse (nur Zubringerdienst) bis Menigwald (1583 müM). Zu Fuss: mit dem Postauto

bis Zwischenflüh (ca. 1050 müM); von da über die Wander- und Bergwanderwege via Menigwald auf die Alp oder von Schwenden/Kurheim/Grimmialp (1163 müM) über-Schlunegg-Weeri (Wanderführer 3094, Routen 30 und 39 mit Varianten).

Touristisches
Vordermänigen liegt an einer Route vom Meniggrund zum Seebergsee (1831 müM) und dem bekannten und geschätzten Restaurationsbetrieb Stierenseeberg (Wanderführer 3094, Routen 27, 30 und 39).

Infrastruktur
Einstafliges Senntum 1107. Güterstrasse bis Menigwald; von da nur für Allrad- resp. landwirtschaftliche Fahrzeuge erschlossen; die ganze Alp ist gut mit Landrover befahrbar, weil sie nur schwach geneigt ist; Stromversorgung durch Dieselgenerator; Wasserversorgung nicht durchwegs trockensicher.

Bestossung
45 Stösse in 100 Tagen (Anfang Juni bis Mitte September): 45 Normalstösse

Weideflächen
Total 95 ha: 90 ha Weideland, 3 ha Waldweide, 2 ha Wildheu

Besonderes zur Alp
Die Wildheuplanggen werden kaum mehr genutzt. Die Alp ist mit 45 Kuhrechten geseyt.

Wollgrasstandort (Eriophorum sp.) in einer vernässten Rinne hinter der Hütte.

Eines der vielen Graffiti an der Hüttenwand, verziert und datiert.

Vorder Mänigen
SENNTUM 1107

Besatz
21 Kühe, 20 Rinder, 20 Kälber, 3 Ziegen

Personen

Funktion	Person	Telefon
Bewirtschafter	Peter Heimberg, Bühl, 3765 Oberwil	033 783 20 27
Käser	Hans Heimberg	
Zusennerin	Mutter Ruth Heimberg	

Die Hütte von NE; behäbig liegt sie im sanften Gelände.

Sauerklee auf einem, von Moos überwachsenen Holzstrunk (Oxalis acetosella).

Der Zierwille äussert sich im Eingangsbereich, auf einer schön gefügten Zugangstreppe.

Gebäude
Sennhütte: Holzbau von 1720 mit üblichem Wohnteil (ältestes Graffito von 1813) sowie zwei Doppel- und einem Anhängerstall; 1 km im NE Spätbergli, ein Jungviehstall mit drei Lägern: Neubau von 2001 nach Lotharschaden am 26.12.1999 und mit Schindeln gedeckt!

Käserei
In der halboffenen Küche offene Feuergrube mit einem 1801 Kessi an Holzturner; gerührt wird alles von Hand; Presslad mit Schwarstein und Ladstecken; der Boden ist mit Steinplatten belegt, die Wände sind aus Holz.

Käselager
Der Speicher ist ein an die Hütte angebautes Gelass mit gutem Klima, Naturboden und Bankung für 100 Laibe; der Käse wird nach Bedarf in den Keller im Talbetrieb abgeführt.

Produkte und Vermarktung
850 kg Berner Alpkäse in 100 Laiben à 7–9 kg
150 kg Alpmutschli (Raclettetyp)
Verkauf an Passanten und an Privatkundschaft ab dem Talbetrieb; die Käse werden auch angeboten durch: Robert Bergmann, Ballenbergwursterei, Lindenweg 5, 3806 Bönigen, und im Freilichtmuseum Ballenberg

Besonderes zur Verarbeitung
Die Abendmilch wird in Kannen im Brunnen gelagert und entsprechend nicht abgerahmt, also glattfeiss verkäst.

Besonderes zum Senntum
Dank der hilben Ecke «Bärchteli», die dem Vieh Schutz bietet, ist die Alp auch bei leichtem Sommerschnee beweidbar!

Küchen- und Käseküchenbereich nebeneinander, aber getrennt. Im Wasserschiff hat's immer heisses Wasser.

Ein Schweinsohr an gut versteckter Stelle – wo wird nicht verraten.

Drei Generationen Heimberg: Ruth und Peter Heimberg, Eltern Hans und Ruth Heimberg, davor la Jeunesse dorée: Thomas, Dominik, Jonas.

HINTERMÄNIGEN

Esel, Pferde, ein Tipi-Camp und eine verwitterte Inschrift – eine vielseitige Alp

Die beiden Hütten Hintermenigen von W in ihrer Geländemulde vor der Waldweideflanke zum Jungviehstafel Stand.

Knorriges verwittert aber vergeht auch in diesem urtümlichen Gelände nicht.

Gemeinde/Amtsbezirk
Diemtigen/Niedersimmental

Rechtsform/Eigentümer
Privatalp (seit 1994) der in 3756 Zwischenflüh wohnenden Eigentümer: Jakob Mani zu 4/10; Huldreich Agenstein zu 1/10 (gepachtet von J. Mani); Hansueli Wampfler zu 2/10; Franz Wampfler zu 2/10; Jakob Werren zu 1/10 (gepachtet von Gebr. Wampfler).

Landeskarten
1226 Boltigen 1:25 000
253 Gantrisch 1:50 000

Koordinaten Referenzpunkt
Hintermenigen, 601000/160550, 1649 müM

Lage der Alp
E des Menigbaches im hinteren Teil des Tales gelegene, vorwiegend NW orientierte leicht wellige weite Flanke auf 1500–1940 müM. Mit Ausnahme der steilen Mittelpartien zwischen Hauptstafel und Stand sehr weidgängiges Areal mit grossteils gutem und kräuterreichem Pflanzenbestand. Auf Stand und in der exponierten Flanke

zwischen Niederhorn und Menigbach minderwertig von Borst bis zu nassen Stellen, nur mit Jungvieh bestossen, mit ausgedehnter Waldweide.

Wege zur Alp
Mit dem PW auf der Güterstrasse von Zwischenflüh (nur Zubringerdienst) bis zum Hauptstafel. Zu Fuss: mit dem Postauto bis Kurhaus Grimmialp (1163 müM) und von dort auf steilem Bergwanderweg über den Stand (1939 müM), oder von einer vorderen Haltestelle auf dem Wanderweg durch den Meniggrund auf die Alp (Wanderführer 3094, Routen 27 und 39 mit Varianten).

Touristisches
Über Hintermenigen führt der Bergwanderweg zum Seebergsee mit dem bekannten und geschätzten Restaurationsbetrieb «Stierenberg»; über den Meienberg (1781 müM) gelangt man nach Mannried und Zweisimmen (941 müM); Simmentaler Niederhorn, Stierenberg und andere Gräte, Pässe und Aussichtsberge locken von und nach allen Seiten (Wanderführer 3094, Routen 27, 30 und 39 mit Varianten). Die Familie Jakob Mani bietet auf Voranmeldung (Natel 079 639 50 16) Alpkäsereibesichtigung und Brunch mit eigenen Produkten. Sie vermietet die drei fixen Tipis auf dem unterhalb gelegenen sogenannten «Flugplatz».

Infrastruktur
Zwei einstaflige Sennten (1108 und 1113); dazu zwei Parallelstafel für Jungvieh auf dem Meniggrat. Mit der Güterstrasse von Zwischenflüh erschlossen; Stromversorgung durch Dieselgenerator; Wasserversorgung aus eigenen Quellen.

Bestossung
125 Stösse in 100 Tagen (Anfang Juni bis Mitte September): 125 Normalstösse

Weideflächen
Total 215 ha: 185 ha Weideland, 28 ha Waldweide, 2 ha Wildheu

Besonderes
Vermutlich gehörte die Alp früher der Augustiner-Probstei Därstetten. Die Wildheuplanggen werden heute kaum mehr genutzt.

Koch'scher Enzian, Gentiana acaulis, mitten zwischen den Kalkfelsen!

Nachwuchs im Läger, ruhend, aufbauend.

Hinter-Mänigen

SENNTUM 1108

Besatz
40 Kühe, 25 Rinder, 25 Kälber, 30 Ziegen, 12 Pferde, 3 Esel, 2 Schweine

Personen

Funktion	Person	Telefon
Bewirtschafter	Jakob Mani-Kaufmann, Allmiried, 3756 Zwischenflüh	033 684 13 64
Käserin	Christine Mani-Kaufmann	

Die südlichere Hütte, Manis, von NW mit Eingangslaube und Rasenwirtschaftsbestuhlung.

Jungvieh, teilweise emsig, am Stand; der Blick geht ins Gurbstal mit Wiriehorn, Tierlaufhorn, Cheibehorn und Männlifluh.

Schnittlauch auf dem Dach, als Blitzschutz weniger geeignet, dafür zum Würzen gefragt.

Gebäude
Unterhaltene lange Sennhütte in Fleckenblock mit Satteldach aus dem Ende des 19. Jh. mit Küche, Stubeli, Kammer, Milchgaden und Keller sowie zwei Querställen; Schattstall auf dem Meniggrat/Stand.

Käserei
In der offenen Küche ummantelte Feuergrube mit 160 l Kessi an Balkenschiene, elektrischem Rührwerk, Presslad mit Schwarstein und Spindel, Betonboden und Holzwänden.

Käselager
Das Käsegaden schliesst ans Milchgaden an mit vernünftigem Klima und Bankung für 40 Laibe; deshalb Abtransport nach Bedarf in den Talbetrieb mit gutem Keller.

Produkte und Vermarktung
1000–1500 kg Berner Alpkäse in 100 Laiben à 10–13 kg Alpmutschli, 200 kg Ziegenkäse
Die Alpprodukte werden an Passanten, Gruppen und übrige Privatkundschaft verkauft, auch durch die Alpansprecher und auf den Talbetrieben.

Besonderes zur Verarbeitung
Die Abendmilch wird in Gebsen gelagert und abgerahmt. Milch, die nicht im Kessi Platz hat, wird an die Sammelstelle im Tal abgeliefert.

Besonderes zum Senntum
Jakob Mani verkäst seine Milch im Vorsommer im grösseren Kessi auf der Nachbaralp Seeberg, bevor deren Bewirtschafter auffahren.

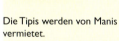

Die Tipis werden von Manis vermietet.

Schön liegen sie und sauber durchnummeriert; Rückverfolgbarkeit ist gefragt, auch für Fabrikationskorrekturen.

Direktverpflegung am Gesäuge; Esel sind dort gefragt, wo Touristen(kinder) unterhalten werden wollen.

Hinter-Mänigen

SENNTUM 1113

Die nördliche Gebäudegruppe von Wampflers in ihrer idyllischen Lage von NW, Blick auf die Geländerippe, die zum Stand führt.

Rohrmelkanlage; schönes Altes und zweckmässiges Neues ergänzen sich gut.

Papierverbrennen soll umweltschädlich sein – also feuert man nach alter Väter Sitte an, mit zusätzlichem Einsatz, Bravo!

Besatz
30 Kühe, 55 Rinder, 20 Kälber, 1 Stier, 7 Schweine

Personen

Funktion	Person	Telefon
Bewirtschafter	Betriebsgemeinschaft Franz und Hansueli Wampfler, Haueten, 3756 Zwischenflüh	033 684 11 50
Käser	Franz Wampfler	

Gebäude
Unterhaltene lange Sennhütte, datiert 1797, Wohnteil mit einfacher Normausrüstung und zwei Doppelquerställen; die Front trägt einen langen gemalten Spruch von 1797, der stark verblasst ist und sehr stark hervortritt (ausserordentliche Erscheinung, dringend aufzufrischen!); Schattstall auf Meniggrat/Stand, wie Senntum 1108.

Käserei
In der offenen Küche eine der hier herum selten gewordenen offenen Feuergruben mit 280 l Kessi von 1826 (wie oft gut lesbare Initialen, Gewichts- und Inhaltsangaben an den Ohren); elektrisches Rührwerk, Presslad mit Schwarstein und Ladstecken, Betonboden und Holzwände.

Käselager
Keller nur im Talbetrieb mit gutem Klima und Bankung für 140 Laibe, deshalb Abtransport nach Bedarf aus dem Zwischenlager im Milchgaden (für 10 Laibe).

Produkte und Vermarktung
800 kg Berner Alpkäse in 60 Laiben à 10–14 kg
Verkauf an Passanten gering, aber vor allem an Privatkundschaft auf dem Talbetrieb; der Alpkäse wird auch angeboten bei: Kurt u. Susanne Zysset, Aelpli Milchprodukte, 3753 Oey

Besonderes zur Verarbeitung
Die Abendmilch wird in Gebsen gelagert und abgerahmt. Milch, die nicht im Kessi Platz findet, wird an die Sammelstelle im Tal abgeliefert.

Schön sind die Initialpunzen und das Herstellungsjahr 1826 ins Kessiohr gesetzt, und blank sind sie gescheuert.

Auch die Glut wird ausgenutzt, heisses Wasser kann man immer brauchen, z. B. für Kaffee.

Vater und Sohn Wampfler am Presstisch mit den jungen Alpkäsen.

SEEBERG

Seeberg bietet natürlichen Schutz, das Vieh ist gern hier oben

Blick von NE über die Alp auf Muntiggalm und Geisshörnli; davor in der Mulde liegt der See

Flechten sind Indikatoren für gesunde Luft – hier oben lebt sich's gut!

Gemeinde/Amtsbezirk
Zweisimmen/Obersimmental

Rechtsform/Eigentümer
Korporationsalp der Stieren-Seeberg-Korporation mit 12 Alpansprechern; Bergvogt: Jobst Stumm-Bärtschi, Haselsteig 19, 8180 Bülach

Landeskarten
1226 Boltigen 1:25 000
253 Gantrisch 1:50 000

Koordinaten Referenzpunkt
Seeberg, 600800/159100, 1799 müM

Lage der Alp
Die ausgedehnte Alp liegt rittlings auf der NE Gemeindegrenze von Zweisimmen zu einem Drittel in der Gemeinde Diemtigen. Sie bildet das oberste Einzugsgebiet des Mänigbachs. Sie ist auf einer Höhe von 1610–1960 müM nach N orientiert. Die Verschiedenartigkeit des Bodens ist ausgeprägt, wechseln doch vernässte Flyschböden mit gutgräsigen Kalkflanken ziemlich rasch ab. Besonders das N Alpgebiet enthält geschützte Flachmoore,

während der S Alpteil vermehrt unter Vergandung leidet. Die Alp ist offen und windexponiert, mitunter auch im Hochsommer schneebedeckt! Sie bietet bestes Futter und natürlichen Schutz, eine ausgeprägte Kuhalp.

Wege zur Alp
Mit dem PW kann man bis zum Parkplatz unterhalb des Hauptstafels fahren (bewilligungspflichtig!). Zu Fuss gelangt man auf Bergwanderwegen in diese grandiose Landschaft: von Zwischenflüh, 1040 müM, und vom Kurhaus Grimmialp, 1163 müM; von Boltigen, 823 müM, Zweisimmen, 941 müM, und Blankenburg, 957 müM (Wanderführer 3094, Routen 22, 27 und 39).

Touristisches
Die Alp Seeberg mit ihrem See, den ausgedehnten Moorgebieten und dem attraktiven Bergrestaurant auf der Nachbaralp Stierenberg ist ein lohnendes Ausflugsziel. Mit Bächen, Runsen und Mulden werden die Naturschönheiten weiter aufgewertet. Das Naturschutzgebiet Spillgerten reicht weit in die Alp und schliesst den See ein. Von Seeberg aus kann man auf Bergwanderwegen diverse Aussichtspunkte besteigen; aber auch Klettertouren und im Frühjahr Skitouren führen über diese Alp, und von ihr aus erreicht man viele schöne und unterschiedliche Alpen in diesem märchenhaften Gebiet (Wanderführer 3094, Routen 22, 27 und 39).

Infrastruktur
Drei einstaflige Sennten, von denen 1115 und 5929 verkehrstauglichen Käse herstellen. Güterstrassen aus der Gemeinde Zweisimmen (politisch zugehörig), wie aus dem Diemtigtal (orografisch zuzurechnen), erschliessen die Alp bis über den Hauptstafel hinaus; Stromversorgung durch Benzingenerator; Wasserversorgung auf der ganzen Alp sehr gut und trockensicher.

Bestossung
130 Stösse in 80 Tagen (Mitte Juni bis Anfang September): 97 Normalstösse

Weideflächen
Total 206 ha: 165 ha Weideland, 28 ha Waldweide, 5 ha Wildheu, 8 ha Streueland

Blick vom Stand nach S auf Girenhörnli und Seehorn mit dem Absturz auf die Schwendenalp.

Eine blendende Championne, wie sie sich im besten Fotolicht präsentiert.

Seeberg
SENNTUM 1115

Die grosse Seeberghütte von NE, dahinter über dem Seerücken das Geisshörnli.

Die Schottenveredler und ihr Stall von N.

Michael Abbühl inspiziert die Selbstreinigung von Milchgeschirr und Rohrmelkanlage.

Besatz
54 Kühe, 50 Rinder, 22 Kälber, 6 Schweine, 3 Ziegen
Es werden hauptsächlich eigene Tiere gesömmert. Einige der Rinder laufen auf Stierenberg.

Personen

Funktion	Person	Telefon
Bewirtschafter	Ernst und Marlies Abbühl-Gerber, Hübeli, 3764 Weissenburg	033 783 14 89
Bewirtschafter	Ueli Gerber, Wyler, 3763 Därstetten	033 783 16 05
Käser	Michael Abbühl	
Zusennen	Klaus Abbühl, Andrea Dänzer	

Die Bewirtschafter sind nur zeitweise und teilweise auf der Alp, sie bewirtschaften auch die Talbetriebe.

Telefon auf der Alp   033 684 11 22

Gebäude
Die Sennhütte ist eine vornehm wirkende Vierschildhütte in Ständerbau auf mächtigem Bruchsteinmauerfundament. Hohe Räume (Zimmermeister Hans Messerli?) wie Agensteinhaus in Erlenbach und Grosshaus in Diemtigen! Wohn-

teil aus geschlossener Küche, Milchgaden und Pressraum nach N sowie zwei Stuben nach S, im OG einige Schlafgaden! Dahinter zwei Doppelquerställe, der hintere gemauert; ausgerüstet mit Rohrmelkanlage. Im E ist ein Kälberstall angebaut. Vier Schattställe unweit der Hütte.

Käserei
In der geschlossenen Küche mit ummantelter Feuergrube ein 750 l Kessi an Deckenschiene, mit elektrischem Rührwerk, drei Hebel-Spindel-Pressen im Nebenraum, Betonboden und Wänden aus Hartplatten und Holz.

Käselager
Zwei hohe Keller unter der Hütte; beide Türstürze (einer Segmentbogen) 1808 datiert. Beide mit gutem Klima; Gesamtbankung für 450 Laibe; Abtransport im Herbst.

Produkte und Vermarktung
3500 kg Berner Alpkäse in 400 Laiben à 8–10 kg
200 kg Ziegenkäse (½ Kuh-, ½ Ziegenmilch)
Verkauf an Passanten und an angestammte Privatkundschaft. Hauptabnehmer sind Migros Aare, 3321 Schönbühl EKZ, und Chr. Eicher Söhne & Cie, 3672 Oberdiessbach.

Besonderes zur Verarbeitung
Die Abendmilch wird im Kessi mit Kühlschlange gelagert. Käseauszug gesamthaft in Vorpressrahmen und dann in Järben. Im Herbst wird die Milch von Nachbaralpen zugekauft und zusammen verkäst.

Marlies Abbühl bei der Ziegenkäseherstellung – Fingerspitzengefühl ist alles.

Aus dem Abstieg vom Stand präsentiert sich die Gebäudegruppe im Abendlicht.

Andrea Dänzer entfernt die letzten Schwebeteilchen, während Michael Abbühl sorgfältig das Rührwerk heraushebt – die Milch wird z'Dicke gelegt.

Seeberg
SENNTUM 5929

Das Vieh aus der langen Seeberghütte zieht über die Strasse in die Weidegründe.

Hier hat sich das Seewasser zwischen den wilden Blöcken einen Abzug gegraben. Zwischen den Steinen flitzen Tausende von Fischchen umher.

Es ist noch früh im Sommer, das Kessi ist platschvoll; Walter Schorer zerschneidet mit der Harfe sorgfältig die Dickete.

Besatz
45 Kühe, 25 Rinder, 13 Kälber, 2 Ziegen, 1 Pferd
Die Rinder laufen auf Stierenberg. Es wird Vieh auch von andern Alpansprechern gesömmert.

Personen

Funktion	Person	Telefon
Bewirtschafter	Peter Schorer, Heimersmaad, 3770 Zweisimmen	079 635 90 39
Käser	Walter Schorer, Lenkstrasse 42, 3770 Zweisimmen	033 722 18 75

Weiteres Personal nach Bedarf

Gebäude
Die Sennhütte ist eine Langhütte, am Firstständer datiert und signiert BM B*Z 17(0)2 IA MA ZM) mit lägem breitem Satteldach, einer Gadenlaube nach E, einem einfachen und einem Doppelquerstall sowie einem einfachen Längsstallanbau; nach W wurde 1945 (mit Spruch)in der Firstverlängerung abgestuft eine Ferienwohnung der Teilhaberfamilien Schmied und Zumstein angebaut; S steht ein weiterer Doppellängsstall. Alp- und Gebäudegeschichte werden durch André Zumstein und Oswald Bettler aufgearbeitet.

Käserei
In der halboffenen Küche offene Feuergrube mit einem 500 l Kessi an Holzturner, elektrischem Rührwerk, Presslad mit Schwarstein und Ladstecken, Holzboden und Wänden aus Hartplatten und Holz.

Käselager
Keller unter der Hütte mit Naturboden und Bruchsteinmauern, angemessenem, eher kühlem Klima und Bankung für 100 Laibe; Abtransport laufend in die guten Lager der Molkerei Zweisimmen.

Produkte und Vermarktung
2500 kg Berner Alpkäse & Hobelkäse in 220 Laiben à 10–12 kg; Verkauf an Passanten und weitere Privatkundschaft; dies ebenfalls durch die Alpansprecher. Hauptabnehmer ist die Molkerei, 3778 Schönried. Der Seebergkäse wird auch angeboten von: Heinz Walther, Lebensmittel, Länggassstr. 54, 3012 Bern; Molkerei Schönried, Hauptstrasse, 3778 Schönried, Molkerei Zweisimmen, Thunstr. 2, 3770 Zweisimmen.

Besonderes zur Verarbeitung
Die Abendmilch wird im Kessi mit Kühlschlange gelagert. Der Käseauszug erfolgt gesamthaft in Vorpressrahmen und nachher in Järben. Die Milch, die nicht im Kessi Platz findet, wird an die Milchsammelstelle in Zwischenflüh geliefert.

Der Himmel hängt voller Glocken und Treicheln – das Zügelgeläut als Aushängeschild.

Überziehen der vorgeschnittenen Dickete mit den Schlüefen.

Überblick über die Käsereieinrichtung in der langen Hütte bei Walter Schorer; summend tut das Rührwerk seinen Dienst.

GESTELENBERG

Reichhaltige Pflanzenwelt in Sümpfen und Geröllhalden

Blick von der Lueglenstrasse nach SE über die vier Hütten des Gestelenberges hinweg auf Geisshörnli und Muntiggalm.

Der Blick zurück von der Spitzhütte auf die Felsenflanke des Niederhorns; es ist Abend, das Vieh ist gemolken und wird ausgelassen.

Gemeinde/Amtsbezirk
Zweisimmen/Obersimmental

Rechtsform/Eigentümer
Korporationsalp der Alpkorporation Gestelenberg mit 12 Alpansprechern; Bergvogt: Jakob Werren, Oeyenried, 3756 Zwischenflüh

Landeskarten
1226 Boltigen 1:25 000
253 Gantrisch 1:50 000

Koordinaten Referenzpunkt
Obergestelen, 599750/159100, 1803 müM

Lage der Alp
Die zweitgrösste Alp der Gemeinde erstreckt sich im NE der Gemeinde vom 2077 m hohen Muntiggalm bis zum ebenso hohen Niederhorn auf 1580–2000 müM. Untergestelen in E-Lage, die in der nach N exponierten Mulde des Oberstafels ausläuft. Im allgemeinen gehört der tiefgründige Boden zur Flyschregion und ist auf grösseren Flächen durchnässt oder weist Streuelische auf. Ein ausgezeichnetes Futter wächst unterhalb des Niederhorns,

wo leider die Vergandungsgefahr durch Geröll und Lawinen gross ist. Andere, trockene Partien sind mit Waldweide durchsetzt und von minderwertiger Futterqualität. Die Alp ist recht weidgängig.

Wege zur Alp
Mit dem PW von Grubenwald im Obersimmental oder durch das Diemtigtal mit Abzweigen in Zwischenflüh bis zur Alp (ab Zwischenflüh bewilligungspflichtig). Zu Fuss von Zweisimmen (941 müM) über Meienberg–Lueglen (ca. 8 km); oder von Zwischenflüh (1041 müM) der Güterstrasse folgend (ebenfalls ca. 8 km) auf Wander- und Bergwanderwegen von bewaldeten Bachgründen bis in die kahlen Hochalpengebiete, mit Sümpfen und Geröllhalden sowie den entsprechend abwechselnden Pflanzengesellschaften (Wanderführer 3094, Route 27).

Touristisches
Unweit der Alp liegt der Seebergsee und weiter hinten das Bergrestaurant «Stierenberg». Aussichtspunkte und Kletterberge sind auf anspruchsvollen Bergwanderwegen zu erklimmen (Wanderführer 3094, Routen 22, 27, 39).

Infrastruktur
Vier zweistaflige Sennten, von denen drei (5905, 5906, 5907) verkehrstauglichen Alpkäse herstellen. Güterstrassen aus Zweisimmen (politisch zugehörig) wie aus dem Diemtigtal, (orografisch zuzurechnen), erschliessen sie bis zu den Stafeln. Stromversorgung durch Dieselgeneratoren; Wasserversorgung aus besten Quellen ausgezeichnet, für das Vieh sind auch noch die klaren Bergbäche ein Labsal.

Bestossung
Unterer Stafel: 15 Tage (Ende Juni bis Mitte Juli)
Oberer Stafel: 50 Tage (Mitte Juli bis Anfang September)
Unterer Stafel: 15 Tage (Anfang bis Mitte September)
Alpzeit: 80 Tage mit 147 Stössen: 117 Normalstösse

Weideflächen
Total 235 ha: 182 ha Weideland, 21 ha Waldweide, 20 ha Wildheu, 12 ha Streueland

Mittagszeit, Bummelzeit: in aller Ruhe saufen, herumstehen und mahlen, zwei Jungtiere in umgekehrtparalleler Stellung.

Werren's Hütte (wer sieht die Telefondrähte?) und Grünenwalds Spitzhütte, links oben einer der Schattställe.

Gestelen
SENNTUM 5905 VON GESTELENBERG

Grünenwalds Spitzhütte von N mit der Zugangslaube, dahinter ahnt man das Geisshörnli; das Abendessen wird gekocht.

Die Baudatierung in Schönschrift: 1796

Die Abendmilch ist gerichtet, die kühle Nachtluft kann durch die Gymen (Wandschlitze) ihren Kühldienst tun.

Besatz
24 Kühe, 41 Rinder, 17 Kälber

Personen

Funktion	Person	Telefon
Bewirtschafter	Gebrüder Hans und Werner Grünenwald, Lee-Gässli 2, 3770 Grubenwald	033 722 11 24
Käserin	Anita Grünenwald	

Telefon auf der Alp über Familie Werren 033 684 12 20

Gebäude
Fast quadratische Vierschildhütte, Mischholzbauweise im Wohnteil, die Ställe gemauert. In der Laube datiert: BM HER LANS FENDER S. I. IM 1796. IAHR ZM H SP.

Käserei
In der offenen Küche offene Feuergrube mit 220 l Kessi an Holzturner, elektrischem Rührwerk, Presslad mit Schwarstein und Ladstecken, Betonboden und Wänden aus weissgestrichenem Holz oder Hartplatten.

Käselager
Keller im Tiefgeschoss neben dem Milchgaden, von der Küche zugänglich, mit sehr gutem Klima (ca. 14 Grad) und Bankung für 40 Laibe; Abtransport im Herbst.

Produkte und Vermarktung
300 kg Berner Alpkäse in 30 Laiben à 10 kg
Etwas wird an Passanten verkauft, grösstenteils Eigenbedarf.

Besonderes zur Verarbeitung
Die Abendmilch wird in Gebsen gelagert und abgerahmt.

Helle Glocken und dumpfe Treicheln geben den Ton an.

Wie Bild 1, aber nun hat es vorne Raum für Staffage und man sieht das Geisshörnli.

Im Milch- und Käsegaden allerlei hölzernes Gerät; das Butterfass ist offensichtlich nicht in Gebrauch.

Gestelen

SENNTUM 5906 VON GESTELENBERG

Erbs Langhütte von der Neubauseite her nach N gegen die Niederhornflanke.

Das Angebot wird gegen den Weg zu kund getan.

Hans Erb mit seinen 68 Bergsommern ist immer noch in Form.

Besatz
17 Kühe, 25 Rinder, 8 Kälber, 6 Ziegen, 5 Schweine
Es werden hauptsächlich eigene Tiere gesömmert.

Personen

Funktion	Person	Telefon
Bewirtschafter	Hans Erb, Ried 3754 Diemtigen	033 681 21 68
Käser	Hans Erb	

Hans Erb hat 68 Bergsommer auf dieser Alp hinter sich. Er wird sich nächstens durch jüngere Familienmitglieder entlasten lassen.

Telefon auf der Alp über Familie Werren 033 684 12 20

Gebäude
Erbs Hütte ist die vorderste an der Güterstrasse, sehr langgestreckt mit lägem schindelgedecktem Satteldach. Der Wohnteil nach N ist ein Fleckenblock, dahinter zwei Doppelquerställe teils gemauert, teils Fleckenblock; in der Verlängerung nach S wurden zwei einfache Querställe in Holzkonstruktion angebaut.

Käserei
In der offenen Küche offene Feuergrube mit 170 l Kessi an Holzturner; es wird ausschliesslich von Hand gerührt; Presslad mit Schwarstein und Ladstecken, Boden und Wände aus Holz.

Käselager
Das Käsegaden liegt neben dem Milchgaden, mit gutem Klima und Bankung für 45 Laibe; Abtransport nach Bedarf in den Heimbetrieb.

Produkte und Vermarktung
750 kg Berner Alpkäse in 60 Laiben à 11–13 kg
100 kg Alpmutschli (Raclettetyp), Ziegenkäse aus halb Kuh-, halb Ziegenmilch
Verkauf an Passanten und im Heimbetrieb an angestammte Privatkundschaft.

Besonderes zur Verarbeitung
Die Abendmilch wird in Holzgebsen im Milchgaden gelagert und abgerahmt.

Besonderes zum Senntum
Für 2002 ist ein grösseres Bauprojekt im Tun.

Die Feuergrube mit dem Tränkekessi auf dem Rost; davor hängt das zugedeckte Käsekessi, mit einem Teil der Abendmilch; im Vordergrund Pfanne mit der Ziegenmilch.

Breitblättriges Knabenkraut, Dactylorhiza majalis; «in feuchten Wiesen und Flachmooren»; aus dem Orchideenreichtum der Schweiz.

Im Milchgaden ist die Milch noch nicht fertig gerichtet, die letzte Gebse noch halbleer, die Volle noch in Position.

Gestelen

SENNTUM 5907 VON GESTELENBERG

Wiedmers Hütte von E, Blick am Niederhorn vorbei auf Luegle und Punkt 2004.

Weinbergschnecke im Erdbeerhain – oder ist es nur noch die harte Schale?

Blick ins Käsekessi, die Abendmilch ist bereits gemolken und wartet auf Nachschub.

Besatz
12 Kühe, 3 Rinder, 11 Kälber, 3 Schweine
Es wird hauptsächlich eigenes Vieh gesömmert.

Personen

Funktion	Person	Telefon
Bewirtschafter	Ernst Wiedmer, Geissegg, 3756 Zwischenflüh	033 684 11 38
Käser	Alfred Hostettler, Bälliz 67, 3665 Wattenwil	033 356 27 64
Käser	Walter Neuenschwander 3465 Dürrenroth	

Telefon auf der Alp über Familie Werren 033 684 12 20

Gebäude
Wiedmers Hütte ist eine lange Hütte in Holzmischbauweise mit Satteldach, im Firstständer bezeichnet: «B*L/IW/HW/ZM/MD/1765»; der Wohnteil nach N mit zwei Lauben und zwei Zugängen; mehrere Querställe.

Käserei
Mitten in der offenen Küche eine offene Feuergrube mit einem 120 l Kessi (datiert 1765) an Holzturner; es wird

ausschliesslich von Hand gerührt; Presslad mit Schwarstein und Ladstecken; Boden und Wände aus Holz.

Käselager
Keller unter der Hütte mit anständigem Klima und Bankung für 50 Laibe.

Produkte und Vermarktung
300 kg Berner Alpkäse in 35 Laiben à 8–10 kg
Etwas Weniges wird an Passanten verkauft, hauptsächlich ist es Eigenbedarf.

Besonderes zur Verarbeitung
Die Abendmilch wird in Holzgebsen im Milchgaden gelagert und abgerahmt. Der Käse wird von Anfang an ausschliesslich trocken gesalzen.

Besonderes zum Senntum
Die Alp ist sehr gutgräsig.

Walter Neuenschwander posiert vor der Käsepresse.

Oben zur Zierde das Geläut, unten zur Arbeit das Gerät.

Leberbalsam, Erinus alpinus; wächst genau im Gebiet, «in Felsspalten, Felsschutt, auf Kalk»; auch Balsam für die Seele.

STIERENBERG

⅓ weiss, ⅓ braun, ⅓ grün zur Alpauffahrt verspricht einen melkigen Sommer

Der Stierenberg von W: in der Mitte die eigentliche Hütte mit Bergwirtschaft, Käseküche und Ställen; hinten Stand, Meniggrat und Abendberg.

Restaurantküche

Gemeinde/Amtsbezirk
Zweisimmen/Obersimmental

Rechtsform/Eigentümer
Wie die Nachbaralp Genossenschaftsalp der Alpkorporation Stieren-Seeberg; Bergvogt: Jobst Stumm-Bärtschi, Haselsteig 19, 8180 Bülach.

Landeskarten
1246 Zweisimmen 1:25000
263 Wildstrubel 1:50000

Koordinaten Referenzpunkt
Bergwirtschaft Stierenberg, 600100/157200, 1884 müM

Lage der Alp
Das wellige, felsige und steile Terrain bildet eine nach N orientierte Mulde auf 1790–2280 müM. Die Grasnarbe ist kräuterreich, melkig, aber der Weidegang streng. Nur die stafelnahen Lägerböden und einige Mulden sind tiefgründig und mässig geneigt; Hochalpenklima. Ausgesprochene Kalkunterlage; durch Klima und Topografie eine ausgezeichnete Jung- und Schmalviehalp. Am W-Hang ausgedehnte Karrenfelsen, für Ziegen und Schafe prädestiniert.

Wege zur Alp
Mit dem PW von der Simmentalstrasse ins Diemtigtal; ab Zwischenflüh bewilligungspflichtig, Wegweiser «Seebergsee»; vom Parkplatz 35 Min. zur Alp. Zu Fuss ab Skilift Grimmialp (1230 müM) 10 km über den Grat von 2000 müM oder von Zwischenflüh (1050 müM) durch den Meniggrund 11 km; ab Weissenburg (782 müM) oder Oberwil (836 müM) sehr lohnenswert 14 km; ab Boltigen (823 müM) 10 km sowie ab Zweisimmen (941 müM) 7 km (Wanderführer 3095, Routen 22 und 39).

Touristisches
Die Alp ist weit weg von allem und Teil des Naturschutzgebietes «Spillgerten»; ihr Markenzeichen ist die bekannte Bergwirtschaft geführt durch Familie Rieder aus Wimmis; Etappe auf ergiebigen Bergtouren und Wanderungen (Wanderführer 3095, Routen 22, 27 und 39, Wanderführer 3181, Route 9). Am 1. August: Besinnliche Feier. Anfang August Bergdorfet, ein Älplerfest für Stadt und Land. Mitte August: Traditioneller Sennenball (www.stierenseeberg.ch).

Infrastruktur
Einstafliges Senntum 5935; Güterstrassen von Diemtigtal und Simmental über Seeberg; Stromversorgung mit Dieselaggregat und zum Melken Benzinmotor; die Stafelbrunnen werden aus kalter, trockensicherer Quelle gespiesen; Tränkemöglichkeiten im Ausweidegebiet.

Bestossung
70 Stösse in 80–85 Tagen (Mitte Juni bis Mitte September): 59 Normalstösse

Weideflächen
Total 229 ha: 215 ha Weideland, 2 ha Waldweide, 12 ha Wildheu

Besonderes zur Alp
Um die Alp von andern Stierenbergen abzuheben, wurde sie zeitweise auch auf der Karte Stierenseeberg genannt; heute heisst sie wieder Stierenberg. Für Hirten und Herden sehr angenehm hat es den ganzen Sommer über frisches Gras. Tote und lebende Natur sind von einmaliger Vielfalt. Die Alp ist streng und trotzdem erholsam.

Fritz und Ruth Rieder, sichtlich das Wirtepaar.

Vroni Griessen macht den Weg frei für Licht und Luft, der Sommer kommt.

Stierenberg
SENNTUM 5935

Der Standardanblick der Bergwirtschaft (www.stierenseeberg.ch)

Griessens Jungmannschaft: Matthias, Edwin, Karin, Elian.

Flüeblüemli, Primula auricula.

Besatz
16 Kühe, 85 Rinder, 9 Kälber, 1 Stiere, 11 Ziegen
Ausser den Rindern wird hauptsächlich eigenes Vieh des Pächters gesömmert.

Personen

Funktion	Person	Telefon
Pächter	Edwin Griessen-Rohrbach, Oey, 3773 Matten	033 722 41 82
Käserin	Vroni Griessen-Rohrbach, 3773 Matten	033 722 41 82

Die ganze Familie Griessen ist auf der Alp und besorgt sie gemeinsam.

Telefon auf der Alp   033 684 12 69

Gebäude
Die Sennhütte ist ein guterhaltener Holzbau, unter eternitschiefergedecktem Satteldach, mit geräumigem Wohnteil (Gastwirtschaftsbetrieb und Wirtewohnung sowie Käseküche), einem einfachen und zwei Doppelquerställen (sie ist seitlich datiert «BL.CW und M.L.ZM KS_T 1875 (+ Becher und Flasche: als Zeichen für die Zufriedenheit der Handwerker mit der Aufrichtespende der Bauherrschaft)»; zwei Schattställe. Die Pächterfamilie wohnt im hinteren Teil des

Chalets der Verwalterfamilie, ein schöner kompakter Bau von ZM HU Schmid 1993; dieser selbst hat in der Nähe ein gastfreundliches Ferienhaus.

Käserei
In der halboffenen Küche ummantelte Feuergrube mit 200 l Kessi an Deckenschiene; Beton- und Holzboden, Mauern und Holzwände; Spindelpresse in separatem Raum, dort Boden und Wände mit Kunststoff ausgekleidet.

Käselager
Keller im Mauersockel mit Kiesboden, gutem, feuchtem und kühlem Klima und Bankung für 70 Alpkäse; Abtransport im Herbst.

Produkte und Vermarktung
1000 kg Berner Alpkäse & Hobelkäse in 68 Laiben à 13–18 kg; 300 kg Alpmutschli, 250 kg Ziegenkäse, Butter
Die Alpprodukte werden an Passanten und im Talbetrieb an Privatkundschaft verkauft; ein grosser Absatz aller Alpprodukte erfolgt durch die Bergwirtschaft.

Besonderes zur Verarbeitung
Die Abendmilch wird in Kannen im sehr kühlen Brunnen gelagert; täglich werden zur Einstellung des Fettgehaltes der Kessimilch 30 l Milch zentrifugiert; der Rahm wird nach Bedarf verbuttert.

Alte und immer noch gebrauchte Utensilien auf nicht erschlossener Alp.

Vroni und Edwin Griessen-Rohrbach erwarten den Sommer…

…während der Crocus albiflorus am teilweise gefrorenen Seebergsee eben erst den Frühling ankündigt.

Glossar

Abendmilch-lagerung	Die abends gemolkene Milch muss bis zur Verarbeitung auf Käse zweckmässig gelagert werden. Die damit mögliche Abrahmung bestimmt den Fettgehalt des Alpkäses mit.
Abwurf	Eine steinerne Fortsetzung des Satteldaches in den Berg, damit Lawinen am Dachrand nicht ansetzen können. Eine weitere Möglichkeit ist ein Schutzwall.
Alphütte	Anderer Begriff für Sennhütte: das Gebäude auf einer Alp oder einem Stafel, das Wohnteil und Käserei enthält.
Alptypen	Jede Alp hat ein Schwergewicht. Die meisten Alpen im BO sind Grossviehalpen; diese teilen sich in Kuhalpen mit (Käsealpen) oder ohne Käseherstellung, und Jungvieh- oder Galtviehalpen; ausserdem: Schmalviehalpen (Ziegen- und Schafalpen), Mutterkuhalpen sowie Mischformen.
Auftriebsstafel	Ist der erste Stafel, der im Frühsommer bestossen wird, also meist der tiefstgelegene, der am frühesten Gras trägt.
Bakterienkultur	Damit der Käse reifen kann, muss er bestimmte gutartige Bakterien enthalten. Diese werden in ganz bestimmter Form herangezogen und der Kessimilch zugesetzt. Die Zubereitung verlangt Sorgfalt und Gefühl.
Dickete	Damit aus der Milch Käse entsteht, muss sie als Gallerte ausdicken. Dafür setzt man der Kessimilch bei 32 °C Lab hinzu und lässt sie etwa eine halbe Stunde ruhen. Dann kann die Dickete zerschnitten werden = vorkäsen.
Deckenschiene	Eine Schiene an der Decke oder einem Balken der Käserei oder Käseküche, an der das Käsekessi vom Feuer weg oder über dieses hin gezogen werden kann; vgl. Turner.
Fahrweg	Auch Zügelweg, auf dem man mit dem Vieh fährt, auf eine Weide zieht, zügelt; oft unkommode, steile Wege, auch mit Fels und Treppenstufen; man vergleiche die eindrücklichen Bilder in der Tagespresse im Frühjahr und Herbst.
Feuergrube	Ursprünglich offene, teilweise ummauerte Grube mit dem Feuer, um Milch und Käsebruch zu erwärmen; der Rauch zieht durch die offene Küche, unter dem Dach hervor, durchs Dach oder durch eine Chemihutte resp. ein Holzkamin ab. Später wurde die Feuergrube vollständig ummauert oder ummantelt, der Rauch zieht durch einen richtigen Kamin ab. Es gibt auch das System des Feuerwagens und des Schwenkfeuers (vgl. Fachliteratur).

Gaden	Einfach gestaltete Schlafräume, meist im Obergeschoss eines Bauernhauses oder einer Alphütte. Käsegaden sind oberirdische Alpkäselager; in Alphütten für junge Käse, im Tal, besonders in Handelshäusern zur Ausreifung von Hobelkäse.
Järb	Ursprünglich hölzerner (heute auch aus Kunststoff), anpassbarer Gürtel, der um den frischen Käse gelegt wird, wenn er unter die Presse kommt.
Käsebruch	Käsekörner, entstanden aus der Dickete, wenn diese beim Vorkäsen mit der Harfe in mais- bis reisgrosse Körner zerschnitten wird. Dies erlaubt den Austritt der Molke, was den Käse zusammen mit andern Vorgängen haltbar macht.
Käsepflege	Käse enthält je nach Sorte 25–45 % Wasser; Berner Alpkäse etwa $1/3$ des Gesamtgewichts. Deswegen verdunstet durch die Rinde ständig Wasser; sie trocknet aus und auf der Oberfläche können Mikroorganismen wachsen. Um die Bildung von Trockenrissen zu vermeiden und das Überhandnehmen der eigentlich erwünschten Oberflächenflora im Rahmen zu halten, wird der Käse regelmässig mit Salz und Wasser abgerieben. Eine grosse Arbeit, die viel Engagement verlangt.
Käseteilet	Verteilung der Alpkäse am Ende der Sömmerung an die Alpansprecher auf Grund der Milchleistung ihrer gesömmerten Kühe.
Kessi	Das Käsekessi besteht aus Kupferblech mit abgerundetem Rand und hängt an einem schmiedeeisernen Bügel an Turner oder Deckenschiene (vgl. dort). Es gibt mehrere hundert Jahre alte Kessi, die ihren Dienst noch sehr wohl tun!
Küche	offen – geschlossen: mit der ummantelten Feuergrube (vgl. dort) konnte man der Küche eine Decke einpassen, da der Rauch gezielt abzog. Man trifft jede Stufe von ganz offener bis ganz geschlossener Küche in Alphütten an.
Lische	Streue als Lager für Vieh (und früher auch Menschen) geschnittene und gedörrte Vegetation von Feuchtgebieten.
Melkeinrichtung	Die normale Melkausrüstung einer Alp besteht heute in einer Eimermelkmaschine. Handmelkbetriebe wurden keine angetroffen. Rohrmelkanlagen werden besonders erwähnt.
Mulchen	Die Gesamtheit der in einer bestimmten Periode aus der Milch einer Herde hergestellten Milchprodukte; meist ist vor allem der daraus hervorgegangene Käse gemeint.
Milchkrautweide	Typische sehr kräuterreiche Pflanzengesellschaft auf bestimmter Meereshöhe, auf der die Kühe viel und gute Milch geben, besonders geeignet für die Alpkäseherstellung.
Notheu	Heuvorrat, damit die Tiere auch bei Schneebedeckung oder langen Regenperioden etwas zu fressen haben.

Raumanordnung	Normalerweise besteht eine Sennhütte aus dem Stall oder den Ställen mit dem Heubergeraum und davor dem Wohnteil; dieser besteht im Erdgeschoss, aus der Küche in der Mitte und dort integriert der Käsereieinrichtung sowie links und rechts eine (selten mehrere) Stuben und Milchgaden; dieses dient zum Lagern von Abendmilch, Restmilch, Rahm und andern Milchprodukten. Meist im Obergeschoss oder Gadengeschoss befinden sich die Schlafräume von unterschiedlichem Komfort. Daneben gibt es viele Varianten der Anordnung, die dann speziell erwähnt werden.
Rührwerk	Die Milch im Kessi und der daraus hergestellte Bruch müssen ständig bewegt werden, besonders während der Erwärmung. Dies geschah (und geschieht noch selten heute) von Hand mit dem Brecher, ursprünglich einem gestumpeten Tanngrotzli. Heute werden elektrisch (auf Alpen ohne Stromanschluss über Batterien) angetriebene Rührwerke (Propeller) eingesetzt. Sie sind aber nicht fix eingerichtet.
Schattstall	Ein Stallgebäude ohne Wohnteil.
Schotte	Molke, Sirte, Chäsmilch: die grünliche Flüssigkeit, die bleibt, wenn der Käse aus dem Kessi herausgehoben wurde.
Strebel	oder Käsevogel: der kleine Rest Käsebruch, der in einem letzten «Fischzug» aus dem Kessi geholt wird, und oft dem Ergötzen der Jugend oder anderer Liebhaber dient.
Turner	Galgen aus Holzbalken oder Eisenträgern, an dem das Käsekessi über das oder vom Feuer geschwenkt wird.
Verkehrstauglich	Ist Käse, der auf Grund eines Alpkontingentes in einem geprüften Betrieb hergestellt wird, und mit einer Identifikationsmarke versehen ist. Nur solcher Alpkäse darf in den Handel gelangen.
Volle	Trichter, der gefüllt mit Volleschübel (Bärlapp) zum Sieben der Milch dient.
Weideführung	Durch Zäune, Mauern, Hüter und Treiber geregelte Beweidung der Alpteile, damit immer gutes Futter da ist, und die Weiden angemessen genutzt werden. Tagweide in Vor- und Nachsommer und auf gefährlichen Weiden; Nachtweide im Hochsommer (Insektenplage am Tag auf niedrigen Alpen) und auf ungefährlichen, weidgängigen Parzellen.
Widder	Eine einfache, robuste, mit überschüssigem Wasser direkt angetriebene Wasserpumpe.
Zügelweg	vgl. Fahrweg

Alphabetisches Register Sennten

Abendberg	304	Oberstockenalp	176
Äusser Bruchgehren	252	Pfruendnacki	160
Babschwand	64	Rämisgummen	32
Baumgarten	44	Richisalp (vordere)	232
Breitwang (Ober)	52	Richisalp Hintere	236
Büffel	108	Rinderalp (2 Sennten)	300
Bunfall	320	Rossschatten	120
Drüschhubel	56	Röstischwand-Bütschi	264
Flühlauenen	112	Rüdli-Talberg	196
Geisshalden	28	Salzmatte-Hohmaad	204
Gestelen(berg) (3 Sennten)	348	Schnabel	76
Grimmi(alp)	288	Schwaderey	230
Grön(hütte)	100	Schwalmfluh	316
Grön-Seeberg	240	Schwarzenberg	260
Günzenen	140	Schwarzmoos	314
Heiti Oberes	152	Seeberg (2 Sennten)	342
Heiti Unteres	164	Seeberg-Grön	240
Honeggli	60	Seelital	256
Hornegg Mittlere	72	Sigriswilerbergli	128
Imbrig (Gross)	36	Sonnig-Ritprächten	220
Justistal	92	Speicherberg	104
Kiley	276	Spitelnacki	156
Kirgeli (Ober)	272	Stalden	248
Längenberg	144	Stieren(see)berg	356
Langenegg	200	Stocken Vorder	172
Loohern	188	Strick-Längmattli	328
Mänigen Hinter (2 Sennten)	336	Talberg-Rüdli	196
Mänigen Vorder	332	Tanni(g)sboden	40
Mastweid Obere	48	Tärfeten Hinter	310
Matten(berg)	148	Tärfeten Vorder	306
Mittelberg Grosser	280	Tschuggen	296
Mittelberg Inner (Kiley)	124	Unterbergli	96
Mittelberg Kleiner	116	Vorder-Allmend	268
Morgeten Mittlist	216	Vorholzallmend	324
Morgeten Obrist	218	Vorzaungassenallmend	268
Morgeten Undrist	214	Wa(a)chli oder Wankli	222
Nacki-Stockhorn	156	Walalp Obere	180
Nessli	228	Walalp Untere	184
Neuenberg (2 Sennten)	226	Zettenalp Obere	84
Nydegg-Senggiweid	284	Zettenalp Untere	80
Oberhofnerberg	132	Zügegg	192

Tabelle: Nummern und Namen

Zulassung	Senntum	Senntum	gehört zu Alp	Gemeinde
6007	1002	Untere Walalp	Unter-Walalp-Grubi	Därstetten
6012	1301	Drüschhubel	Drüschhubel	Eriz
6013	1105	Kiley (Fildrich)	Kiley	Diemtigen
6023	5701	Geisshalden	Geisshalden	Trub
S 2014	4502	Längenberg	Längenberg	Reutigen
S 2027	1302	Breitwang	Ober Breitwang	Eriz
S 2028	8002	Gross Imbrig	Imbrig	Marbach
S 2030	5511	Speicherberg	Speicherberg	Sigriswil
S 2031	5510	Sigriswilerbergli	Sigriswilerbergli	Sigriswil
S 2032	5508	Rossschatten	Rossschatten	Sigriswil
S 2033	5506	Kleiner Mittelberg	Kleiner Mittelberg	Sigriswil
S 2038	4503	Mattenberg	Matten	Reutigen
S 2039	4501	Günzenen	Günzenen	Reutigen
S 2059	1402	Ober-Heiti	Oberes Heiti	Erlenbach
S 2060	1201	Rämisgummen	Rämisgummen	Eggiwil
S 2061	1112	Nydegg-Senggiweid	Senggiweid-Nidegg	Diemtigen
S 2062	1109	Mittelberg (Kiley)	Inner-Mittelberg	Diemtigen
S 2063	1006	Rüdli	Rüdli-Talberg	Därstetten
S 2075	1405	Rinderalp	Rinderalp (2)	Erlenbach
S 2085	9001	Grön-Seeberg	Grön-Seeberg	Guggisberg
S 2089	5201	Baumgarten	Baumgarten	Schangnau
S 2090	5505	Grosser Mittelberg	Grosser Mittelberg	Sigriswil
S 2091	5514	Untere Zettenalp	Untere Zettenalp	Sigriswil
S 2106	5513	Obere Zettenalp	Obere Zettenalp	Sigriswil
S 2110	5905	Gestelen (Grünenw.)	Gestelen (3)	Zweisimmen
S 2140	1303	Babschwand	Babschwand	Eriz
S 2141	1304	Honeggli	Honeggli	Eriz
S 2160	8001	Tannisboden	Tannigsboden	Flühli
S 2161	5509	Schnabel	Schnabel	Sigriswil
S 2162	5504	Grön	Grön	Sigriswil
S 2163	5503	Flühlauenen	Flühlauenen	Sigriswil
S 2164	5502	Büffel	Büffel	Sigriswil
S 2172	1305	Mittlere Hornegg	Mittlere Hornegg	Horrenb.-B.
S 2186	1104	Röstischwand-B.	Röstenschwend-B.	Diemtigen
S 2187	1404	Schwarzmoos	Hinter-Tärfeten (2)	Erlenbach
S 2188	1406	Rinderalp (Abendberg)	Rinderalp (2)	Erlenbach
S 2192	4304	Mittlist Morgeten	Morgeten (4)	Oberwil
S 2193	4309	Schwaderey	Neuenberg (2)	Oberwil

Zulassung	Senntum	Senntum	gehört zu Alp	Gemeinde
S 2194	4310	Schwalmfluh	Schwalmfluh	Oberwil
S 2209	401	Langenegg	Langenegg	Blumenstein
S 2221	1007	Obere Walalp	Obere Walalp	Därstetten
S 2222	1115	Seeberg (Gerber)	Seeberg (2)	Zweisimmen
S 2223	1120	Unteres Heiti	Unteres Heiti	Erlenbach
S 2252	5929	Seeberg (Schorer)	Seeberg (2)	Zweisimmen
S 2256	402	Salzmatte-Hohmaad	Salzmatte-Hohmad	Blumenstein
S 2293	5507	Oberhofnerberg	Oberhofnerberg	Sigriswil
S 2294	5512	Unterbergli	Unteres Bergli	Sigriswil
S 2317	1102	Grimmialp	Grimmi	Diemtigen
S 2318	1107	Vorder Mänigen	Vorder Mänigen	Diemtigen
S 2319	1116	Seelital	Inner-Seelital/Gseess	Diemtigen
S 2320	1121	Vorzaungassenallm.	Vorder-Allmend	Diemtigen
S 2372	5202	Obere Mastweid	Mastweid	Schangnau
S 2378	1108	Hinter Mänigen	Hinter Mänigen	Diemtigen
S 2379	1113	Hinter Mänigen	Hinter Mänigen	Diemtigen
S 2380	1114	Schwarzenberg	Schwarzenberg	Diemtigen
S 2381	1117	Tschuggen	Tschuggen	Diemtigen
S 2440	4316	Wachli	Wankli	Oberwil
S 2441	4315	Obrist Morgeten	Morgeten (4)	Oberwil
S 2442	4311	Vorholzallmend	Vorzholzallmend	Oberwil
S 2443	4308	Hintere Richisalp	Hintere Richisalp	Oberwil
S 2444	4307	Richisalp	Vordere Richisalp	Oberwil
S 2445	4306	Nessli	Neuenberg (2)	Oberwil
S 2446	4305	Undrist Morgeten	Morgeten (4)	Oberwil
S 2447	4303	Sonnig-Ritprächten	Morgeten (4)	Oberwil
S 2448	4301	Bunfall	Bunfall	Oberwil
S 2453	1412	Oberstockenalp	Oberstockenalp	Erlenbach
S 2454	1411	Vordertärfeten	Vorder-Tärfeten	Erlenbach
S 2455	1410	Pfründnacki	Pfruendnacki	Erlenbach
S 2456	1409	Vorderstocken	Vorderstocken	Erlenbach
S 2457	1407	Nacki-Stockhorn	Spitelnacki	Erlenbach
S 2458	1403	Hintertärfeten	Hinter Tärfeten (2)	Erlenbach
S 2459	1122	Äusser Bruchgehren	Äusser Bruchgehren	Diemtigen
S 2460	1008	Zügegg	Zügegg	Därstetten
S 2461	1003	Strick-Längmattli	Längmatte/Strick	Därstetten
	1005	Loohern	Loohern	Därstetten
	1106	Kirgeli	Ober Kirgeli	Diemtigen
	5801	Stalden	Stalden	Wimmis
	5906	Gestelen (Erb)	Gestelen (3)	Zweisimmen
	5907	Gestelen (Wiedmer)	Gestelen (3)	Zweisimmen
	5935	Stierenseeberg	Stierenseeberg	Zweisimmen

Literatur

Am Acher Paul	Adolf Stähli. Komponist, Dichter, Jodler und Dirigent. Ringier/Zürich, 1997
Anonymus	Simmentaler Hausweg Wimmis – Boltigen. Ohne Jahr
AfL des EVD	Land- und alpwirtschaftlicher Produktionskataster: die einzelnen Gemeindebände (einzeln datiert)
AfL des EVD	Schweizerischer Alpkataster: Kanntonsbände aus den Jahren 1962–1988 (z. B. Bern 1982)
Anderegg Felix	Illustriertes Lehrbuch für die gesamte schweizerische Alpwirthschaft. Siebert/Leipzig, 1896
Bratschi A/Trüb R	Simmentaler Wortschatz. Ott Verlag Thun, 1991
BFS	Berglandwirtschaft. Ausgewählte Ergebnisse der eidgenössischen Landwirtschaftszählungen. 1987
Dietl W et al.	Alpwirtschaft. LMZ/Zollikofen, 1994
Doyon Josy	Der letzte Kästräger vom Talberg. Blaukreuz/Bern, 1986
Ebersold Friedrich	Durch das Berner Oberland. In der Reihe Europäische Wanderbilder. Orell Füssli/Zürich, ca. 1892
Eggenberg Paul	Der Jodelliederkomponist und Textdichter Adolf Stähli. Ein Lebensbild. (ed. KK VWK BO) Krebser/Thun, 1988
Egger Thomas (Red.)	Nachhaltige Entwicklung im Berggebiet. SAB (Schweiz. Arbeitsgemeinschaft für die Berggebiete)/Brig, 2000
FAM	Diverse Publikationen über Unterschiede zwischen Alpkäse und Talkäse. Schriftenreihe der FAM, ca. ab 1997
Frehner Otto	Die Molkerei. In: Die Schweizerdeutsche Aelplersprache. Huber/Frauenfeld, 1919
Gotthelf Jeremias	Die Käserei in der Vehfreude. Zahn/La Chaux-de-Fonds, 1899
Hösli G et al.	Handbuch Alp. Handfestes für Alpleute. Erstaunliches für Zaungäste. Octopus/Chur, 1998
Itten Hans	Naturdenkmäler im Kanton Bern. 1970
Lettieri R et al.	Alpi e formaggi delle nostre montagne. Salvioni/Bellinzona, 1997
Leuenberger E/ Rytz D	Erikas Geheimnis. Alpkäse aus dem Berner Oberland (Video). Eyebrowser/CasAlp/Hondrich, 1997
Manuel Rudolf G	Bemerkungen über die ... Preise der auf den Alpen des alten Kantons Bern... Käse... (ed. A G Roth), 1973
Menzi Walter	Sagen aus dem BO. Landschäftler/Liestal, ca. 1910
Ramseyer R J	Das altbernische Küherwesen. Haupt/Bern, 1961
Rettenmund Jürg (ed.)	Grenzpfad Napfbergland: Kultur- und Landschaftsführer. Licorn/Murten, 1998

Roth Alfred G	Alpfahrt. Burgdorf, 1976
Roth Alfred G	Der Rotengrat im Eggiwil. Die Alp der Familie Manuel. Haupt/Bern, 1964
Roth Alfred G	Der Sbrinz und die verwandten Bergkäse der Schweiz. Bern, 1993
Roth Ernst	Die Wege des Berner Alpkäses – wo führen sie hin? «Berner Volkskalender 2000», Langnau, 1999
Roth Ernst	Das Projekt SAMI – eine Datenbank auf www.alporama.ch. in Montagna 3/2002
Rubi Christian	Das Wohnhaus und die Wirtschaftsgebäude («Im Tal von Grindelwald»). Sutter, Grindelwald, 1987
SAB	Perspektive Berggebiet. Kurzfassung des Berichtes von Thomas Egger (vgl. dort). SAB/Brugg, 12/2000
Schatzmann R	Anleitung zum Betrieb der Alpwirthschaft. Eine Volksschrift. Aarau 1876
Schenk Paul	Rämisgummen – eine emmentalische Herrenalp. Bf. Jb./Burgdorf, 1986
SAV	Schweizerische Alpstatistik (um 1900)
Stähli Adolf	vgl. unter Am Acher Paul und Eggenberg Paul
Stauber Vera	SPUREN der Küher auf der Alp. Aufgezeichnet im Eriz. Milchw. Museum Kiesen, 1985
Stauber Vera	SPUREN in Wiesen und Weiden. Aufgezeichnet im Eriz. Milchw. Museum Kiesen, 1984
Stebler F G	Alp- und Weidewirtschaft. Ein Handbuch für Viehzüchter und Alpwirte. 1903
Wanderbuch	3065 der Berner Wanderwege (BWW): Emmental. Kümmerly+Frey/Bern, 1995
Wanderführer	3094 der BWW: Saanenland-Simmental-Diemtigtal. Kümmerly+Frey/Bern, 1999
Wanderführer	3095 der BWW: Thunersee-Frutigland. Kümmerly+Frey/Bern, 1999
Wanderführer	3181 der BWW: Berner Oberland (Rundwanderungen...). Kümmerly+Frey/Bern, 1999
Werthemann A/ Imboden A	Die Alp- und Weidewirtschaft in der Schweiz. Zusammenfassung der Alpkataster. AfL/EVD bei ED/Langnau, 1982
Zinsli P/ Ramseyer R et al.	Ortsnamenbuch des Kantons Bern; vorläufig zwei Bände (bis Buchstabe K). Francke Bern 1976 und 1987.

Für sämtliche Literatur, die im Buchhandel und antiquarisch nicht erhältlich ist, wende man sich an den Autor, der gerne vermittelt:

Ernst Roth, Projekt SAMBEO, Inforama Berner Oberland, 3702 Hondrich; Tel. 033 654 95 45, email: ernstroth@alporama.ch